租税負担削減行動の経済的要因

租税負担削減行動インセンティブの実証分析

大沼 宏 [著]
Ohnuma Hiroshi

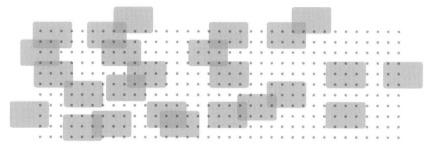

同文舘出版

はじめに

　租税負担削減行動（tax avoidance, tax aggressiveness）とは，筆者を含む何名かの研究者による造語であるが，主に企業の租税負担を削減する行動全般を意味する。租税負担削減行動の中心概念である租税回避行為とは，企業が目的をもって意図的に税金の支払いを減少させようとする行為を意味する。この意図的に税金の支払いを減少させるという点が複雑である。たとえば，組織再編税制や連結納税制度の導入に当たって政府税制調査会は，その答申において，「租税回避を防止する包括的な規定を創設すべき」と指摘した。ここでいう租税回避は，創設された制度を利用することで租税負担の軽減を図る「節税行為」も含まれると解釈される。その意味でいうと，意図的に税金の支払いを減少させるという表現は，非常に広義に解釈可能である。

　もちろん，一般的な企業であれば租税負担を減少させようとするのは当然であろう。しかし，現在この租税負担削減行動は重大な問題を生む。国家的視座，すなわちマクロ的視座に立っていえば，租税歳入基盤が侵されるものであるから租税負担削減行動は最小化が望ましい行動である。一方，個人単位での視座，あるいは本書の主眼とする企業単位でのミクロ的視座に立てば租税負担削減行動は企業の税引後利益を増加させ，さまざまな経済活動を進めていくための重要な行動となる。マクロとミクロで対立する経済的行動，それが租税負担削減行動となる。本書はこの租税負担削減行動に注目し，租税負担削減行動を実行する経営者の動機を明らかにし，この行動を促す経営者と企業，株主との関係について説明していくことを目的とする。

　租税負担削減行動が社会の注目を集める証拠として，この問題に関する新聞報道が最近急増していることが挙げられる。これらの新聞記事から見えてくるものとして，経営者には支払税金の額を減少させて，企業にとっての富を増やしたいとする動機がある。というのも，租税負担削減行動の成功はフリー・キャッシュ・フローを増やし，結果として企業価値を高める。租税負担削減行動によって税引後利益が増えることで，利益連動型報酬制度を採用する企業では経営者報酬が増えることも考えられる（第5章参照）。経営者は

機会主義的行動として租税負担削減行動だけではなく利益調整行動も追求すると思われる（第4章参照）。情報開示を積極的に進める企業はその株主資本コストは低くなるのと同時に，租税負担削減行動についても積極的であると見られる（第7章参照）。

しかし，租税負担削減行動を進めるために，移転価格を操作して海外に資金を流出させたり（第6章参照），タックス・シェルター（第2章参照）を活用して租税回避行為を進めたり，はたまた連結納税制度（第8章参照）や研究開発税制（第9章参照）を活用しながら複雑なスキームを利用して租税負担の削減を図ったりすると，税務当局からの税務調査の入るリスクは高まる。税務調査の進展によっては多額の追徴課税を被る可能性も高い。その意味で，租税負担削減行動とは，正味現在価値はプラスであるものの，非常にリスクの高い経済プロジェクトと考えることが可能なのである。そうなると，租税負担削減行動という高リスク・プロジェクトを実行する経営者の行動を後押しするものとは何であるかを，経済的かつ実証的に検証していくことは大変興味深いものとなる。

本書は各章の議論を通じて，最終的に租税負担削減行動を生むさまざまな誘因や動機を見つめながら，租税負担削減行動の経済的属性とは何であるかを検討する。そこで，本書を読み解くキーワードとしては，節税行為と脱税行為と租税回避行為，経営者（Management），市場（Market），制度（Mandates; Regulation）の3Mというフレームワーク，レント・エクストラクション（rent extraction），そしてコーポレート・ガバナンス（Corporate Governance）を挙げておきたい。

なお，本書の校正においては東京理科大学大学院経営学研究科大学院生の吉田契氏の助力を仰いだ。記してお礼に代えたい。

2015年2月

大沼　宏

目　次

第Ⅰ部　研究の背景

第1章　租税負担削減行動を取り巻く社会情勢と研究上の視角

1　租税負担削減行動がなぜ注目されるのか ………………………………… 3
2　租税負担削減行動に関するわが国の現状 ………………………………… 9
3　本書の構成と理論的枠組み ………………………………………………… 14

第2章　租税負担削減行動の現状と実態

1　租税負担削減行動概念の確認 ……………………………………………… 19
2　租税負担削減行動の裁判事例 ……………………………………………… 23
　　1　本件の概要 …………………………………………………………… 23
　　2　事案の経緯と裁判所の判決 ………………………………………… 26
　　3　主たる争点と東京地裁の判断 ……………………………………… 27
　　4　東京高裁・最高裁の判断 …………………………………………… 30
　　5　裁判所や識者らの評釈 ……………………………………………… 32
3　タックス・シェルターの実態 ……………………………………………… 33
　　1　Lease-in, lease-out（LILO）………………………………………… 35
　　2　Transfer pricing（TP：移転価格）………………………………… 36
　　3　Corporate-owned life insurance（COLI：自家保険）…………… 36
　　4　Cross-border dividend capture（CBDC：国際間配当受領）…… 37
　　5　Contingent-payment installment sales
　　　　（CPIS：条件付き割賦販売）………………………………………… 37
　　6　Liquidation, recontribution（LR：清算，再分配）……………… 37

7　Offshore intellectual property havens
　　　　（OIPH：オフショア知的財産避難地） ………………………………… 38
　　　8　Contested liability acceleration Strategy
　　　　（CLAS：請求債務加速戦略）……………………………………………… 38
　4　租税負担削減行動を実証的に分析していく目的 ……………………… 39

第3章　租税負担削減行動の文献調査とその指標

　1　租税負担削減行動に関する最近の論調 ……………………………… 41
　　　1　租税負担削減行動研究の趨勢と BTD 研究の進展 ……………… 41
　　　2　租税負担削減行動と BTD の関係 ………………………………… 43
　2　租税負担削減行動の文献レビュー …………………………………… 45
　　　1　租税負担削減行動と株式所有構造，企業価値と株価の関係 ………… 45
　　　2　租税負担削減行動とさまざまな関係者の報酬決定や業績尺度
　　　　との関係………………………………………………………………… 48
　　　3　租税負担削減行動と経営者報酬および
　　　　コーポレート・ガバナンスの関連性 ……………………………… 52
　3　租税負担削減行動の尺度 ……………………………………………… 56
　　　1　比率系の租税負担削減行動の尺度 ………………………………… 57
　　　2　差額系の租税負担削減行動の尺度 ………………………………… 60
　4　まとめ …………………………………………………………………… 65

第Ⅱ部　Management（経営者）の視点からの実証分析

第4章　租税負担削減行動と経営者裁量との関係性

　1　はじめに ………………………………………………………………… 69
　2　仮説の展開 ……………………………………………………………… 70

3　サンプルと記述統計量 ……………………………………………… 73
　4　分析結果 …………………………………………………………………… 77
　　1　H1の検証結果 ……………………………………………… 77
　　2　H2の検証結果 ……………………………………………… 80
　　3　H3の検証結果 ……………………………………………… 85
　5　示唆と今後の課題 ……………………………………………………… 87
　Appendix ……………………………………………………………………… 89

第5章　租税負担削減行動と経営者報酬のミッシング・リンク

　1　はじめに …………………………………………………………………… 91
　2　先行研究のレビューと仮説の展開 ………………………………… 92
　3　リサーチ・デザイン …………………………………………………… 94
　　1　租税負担削減行動の指標と分析モデル ……………………… 94
　　2　サンプルと記述統計量 ……………………………………… 98
　4　分析結果 ………………………………………………………………… 101
　5　積極的な租税負担削減行動とCGの関連性 …………………… 102
　6　示唆と今後の方向性 ………………………………………………… 105

第Ⅲ部　Market（市場）の視点からの実証分析

第6章　移転価格税制の適用と資本市場の評価

　1　はじめに ………………………………………………………………… 109
　2　移転価格税制（TPT）の概要および動向 ……………………… 110
　　1　TPTの概要 ……………………………………………… 110
　　2　TPTの動向 ……………………………………………… 111
　3　先行研究 ………………………………………………………………… 113

4　TPT報道の株式市場への影響 …………………………………… 115
　　1　イベント・スタディの分析モデル ………………………… 115
　　2　ARとCARの分析結果 ……………………………………… 118
 5　市場反応の検証 …………………………………………………… 122
　　1　導入 …………………………………………………………… 122
　　2　仮説の展開 …………………………………………………… 122
 6　サンプルとリサーチ・デザイン ………………………………… 125
 7　分析結果 …………………………………………………………… 130
 8　示唆と今後の方向性 ……………………………………………… 134

第7章　IR優良企業の資本コストと租税負担削減行動の関係

 1　はじめに …………………………………………………………… 135
 2　仮説の展開 ………………………………………………………… 136
 3　サンプル選択と変数説明 ………………………………………… 139
　　1　ディスクロージャー優良企業の概要 ……………………… 139
　　2　株主資本コスト ……………………………………………… 140
　　3　利益の質 ……………………………………………………… 143
　　4　実効税率（ETR） …………………………………………… 145
　　5　その他の変数 ………………………………………………… 145
 4　リサーチ・デザイン ……………………………………………… 146
 5　分析結果 …………………………………………………………… 149
 6　要約と今後の議論 ………………………………………………… 151

第Ⅳ部　Mandates／Regulation（制度／規制）の視点からの実証分析

第8章　連結納税制度採用インセンティブとコーポレート・ガバナンス，および租税負担削減行動との関連性

- 1　はじめに ……………………………………………………………… 155
- 2　制度の背景 …………………………………………………………… 157
- 3　先行研究のレビューと仮説の展開 ………………………………… 161
  - 1　コーポレート・ガバナンスとCTR採用との関連性 ………… 161
  - 2　租税負担削減行動とCTR採用との関連性 …………………… 163
  - 3　組織構造と制度趣旨がCTR採用に与える影響 ……………… 164
- 4　リサーチ・デザイン ………………………………………………… 166
  - 1　自己選択バイアスとリサーチ・デザイン …………………… 166
  - 2　租税負担削減行動に与える影響 ……………………………… 170
  - 3　変数の特定化 …………………………………………………… 174
- 5　分析結果 ……………………………………………………………… 179
  - 1　第1段階の分析結果 …………………………………………… 179
  - 2　第2段階の分析結果 …………………………………………… 182
- 6　結論と示唆 …………………………………………………………… 185

第9章　租税負担削減行動と研究開発税制，およびR&D戦略の関係性

- 1　はじめに ……………………………………………………………… 189
- 2　研究開発税制と租税負担削減行動の関係 ………………………… 191
- 3　先行研究と仮説の展開 ……………………………………………… 193
- 4　リサーチ・デザイン ………………………………………………… 198
  - 1　リサーチ・デザイン …………………………………………… 198

    2　データと記述統計 ································· 199
  5　分析結果 ··· 205
    1　H1と2の分析結果 ······························ 205
    2　H3と4の分析結果 ······························ 207
    3　H5の分析結果 ································· 211
  6　追加分析 ··· 214
    1　同時性の推定 ··································· 214
    2　代替的な租税負担削減指標による追加分析 ········· 216
  7　示唆と今後の課題 ································· 218

第Ⅴ部　全体のまとめ

第10章　租税負担削減行動を取り巻く社会情勢と今後の方向

  1　本書の要約 ······································· 223
  2　本書における問題意識と発見 ······················· 231
  3　今後の課題 ······································· 233

あとがき　　237
参考文献
　・欧文献　　243
　・和文献　　253
索　引　　257

第Ⅰ部

研究の背景

第1章
租税負担削減行動を取り巻く社会情勢と研究上の視角

1　租税負担削減行動がなぜ注目されるのか

　本書は租税負担削減行動を分析対象として研究を進めていく。最初に，租税の存在意義は何であるかを検討するところから始めたい。国や地方公共団体（国家）が国民に公共サービスを提供するために必要な資金を調達するために，租税は存在する（金子 2014）。その意味で，租税の本来の機能は公共サービスを提供するための資金を調達することにある。その一方で，なぜ租税が課されるのか，という点についても確認しておきたい。

　金子（2014）によると租税根拠論には大きく2つの考え方がある。1つは利益説または対価説と呼ばれるものである。租税をもって市民が国家から受ける利益の対価とみる考え方である。この考え方は，自然法思想として主張されるもので，国家の目的は市民の身体と財産を保護することにあり，租税はその対価である，とするものである。この考え方は，アングロ・サクソン系の国々においては依然として根強く残っている（金子 2014）。

　もう1つの考え方は義務説または犠牲説と呼ばれるものである。この考え方によると，国家はその任務を達成するために当然に課税権を持ち，国民は当然に納税の義務を負うと考える。この説によると，税負担の配分は各人が国家から受ける利益の程度に対応する必要はないということになる。

　実際はこのどちらかに依拠して租税を負担させるという訳ではなく，日本国憲法30条にある「国民は，法律の定めるところにより，納税の義務を負う」という規定に従って納税の義務が生まれる[1]。この日本国憲法の下で国家か

---

1) 同じく日本国憲法84条の租税法律主義に沿って法律の定めによらずに納税の義務を負うことはないことも同時に規定されることはいうまでもない。

らさまざまな公共サービスを享受しているのは個人も法人も共通であるところから，その対価として個人所得税と法人所得税が規定されていると考えることができる。しかし，民主的な立法過程を通じて租税負担が決められていることを，「対価の決定」とするのはやや強引に思われる。この点について金子（2014）は，「国家は主権者たる国民の自律的団体であるから，その維持及び活動に必要な費用は国民が共同の費用として自ら負担すべきであるという考え方（民主主義的租税観）に基づいて，納税の義務を定めていると解すべき（傍点は筆者が追加）」と説明する。つまり，金子教授の識見に基づく限り，租税とは国家による民主主義を維持するために自ら負担すべきコストと解釈される。本書も主にこの考え方に則して租税負担というものを考えていく。

とはいえ，このように租税を社会が負担すべきコストと前提していても，その負担を免れる個人や企業は一定数存在する。この個人所得税と法人所得税の負担を削減しようという経済的な行動，すなわち「租税負担削減行動」に関して近年特に注目が集まっている。最近の新聞は，企業による租税負担削減行動に関する記事を多数紙面に掲載させていることに気づかされる。

例えば2013年2月20日付けの日本経済新聞では以下の記事が見られる。

スイス「銀行の守秘」揺らぐ，口座情報の提供，米と合意，議会の批准焦点に。
　顧客情報を徹底的に守秘することを売り物にしてきたスイスの金融制度が揺らいでいる。1月に米国人への脱税ほう助を認めた金融機関が廃業に追い込まれたことをきっかけに，スイス政府は米国人の口座情報を米課税当局に提供することで米政府と合意した。（中略）2009年には金融大手UBSが米当局の要請に応じて顧客情報を提供し，預金が流出する騒動もあった。このときに開示した分だけでも，口座を持つ米国人の数は4450人に達した。スイスを含むいわゆるタックス・ヘイブンへの課税逃れなどで，米国は年間1千億ドル（約9兆3500億円）もの損害を被っていると主張する米議員もいる。（後略）

スイスの金融機関は古くから顧客情報を徹底的に秘匿する見返りとして，

多額の資金を集め，これによって脱税やマネー・ロンダリングの温床となってきた。米国政府はこの状態に対して大なたを振るおうということである。

また，以下のような移転価格税制の適用を理由とした新聞記事も急増している。これは2012年7月5日付けの日本経済新聞の記事である。

東エレク，申告漏れ143億円指摘，税金費用24億円計上，異議申し立てへ。

東京エレクトロンは4日，海外子会社との取引を巡り東京国税局から6年間で143億円の申告漏れを指摘されたと発表した。移転価格税制に基づく更正通知で，追徴課税額は地方税などを含め67億円。2012年4～6月期決算で24億円を税金費用として計上する。13年3月期通期の業績予想への影響は精査中としている。(中略) 同社はいったん追加納税するものの，「到底納得できない」として異議を申し立てると同時に，日本が米韓両国と締結している租税条約に基づく政府間協議を申請する。同社は「二重課税は排除される」として，日本での追加納税額と米韓両国での還付税額との差額など計24億円を税金費用として計上する。4月に開示した13年3月期の連結業績予想は，純利益を前期比18％減の300億円としている。(後略)

移転価格税制については第6章において詳細に触れる。この記事は移転価格の操作によって，国内所得を不当に海外へ移転したという疑いから，東京国税局の調査を受け，追加で納税したことを説明する。移転価格税制は，頻繁に納税者と課税当局との間で紛争の起こる分野であり，ここでも租税負担削減行動が原因にある。

こうした租税負担削減行動を積極的に実施するのは，欧米企業である。これについては次の2013年1月10日付け日本経済新聞の記事も目をひく。

法人税の研究(3) 多国籍企業の節税波紋――国家とのあつれき広がる。

昨年12月，世界的なコーヒーチェーン，スターバックスの英国法人トップが声明を発表した。「2013年から14年にかけて，最低でも年間1000万ポンド(約14億円)の法人税を払う」――。米国を本拠とする同社が英国に進出して14年。わざわざ法人税を支払うと明言したのは，これまで累計30億ポンド(約4200億円)の売上高に対し，法人税の支払いは860万ポンド(約12億円)にとどま

っていたからだ。議会の調査でこうした事実が発覚。同社は「英国市場は競争が激しく，赤字が続いた」と説明したが，世論の反発を受けて異例の「納税宣言」に追い込まれた。(中略)グローバル競争が激しさを増すなか，いかに法人税の支払いを節約してキャッシュフロー(現金収支)を確保するか。「グローバル・タックス・プランニング」と呼ばれる国際税務戦略は多国籍企業にとって死活問題になりつつある。各国の税務当局とのあつれきは増している。当局はグループ内の取引価格が第三者との取引価格と比べて不当に操作されていると判断すれば，課税所得を故意に圧縮したとして追徴課税することができる。(後略)

この記事は国際税務戦略を題材としながら，移転価格操作を駆使した強力な租税回避の実態を明らかにしている。こうした租税負担削減行動を進めることで，海外事業の実効税率が一ケタの欧米企業も少なくない。この記事で登場するスターバックスについては，目立ちすぎたといわれるだけで，その行動については意見が分かれる。会社は株主のものという意識が強い米企業にとっては「節税は合法的な競争」と見られる。海外事業で得た利益を再投資してさらなる利益を出せば，米親会社の連結決算上の利益は増え，株式市場は好感する。それゆえ，GE(General Electric)のように租税回避を専門とする部署を設置して，強い権限をふるう欧米企業も少なくない。

近年，国際課税や国際取引の裏側で，こうした租税負担削減行動が注目を集めている。2007年に出版されたクリスチアン・シャヴァニューとロナン・バランによる『タックス・ヘイブン』は，そういった空気を見事につかんだ世界中に張り巡らされた租税負担削減行動のネットワークを見事に描写する。特に象徴的なのは冒頭の次の文章である。

> 新聞・雑誌や国際情報誌に日常的に目を通している者にとって，世界中のどこかの地域で起きているスキャンダラスな企業破産，横領，贈収賄，政党の裏金，マフィアのシンジケートといったニュースが目に飛び込んでこない週はない。これらの全ての出来事に，タックス・ヘイブンが関係している。

タックス・ヘイブンとは「租税避難地」と訳される，外国人の居住者，金

持ちの個人，企業などが，その本来の出自国において課税されるのを回避するために，自分たちのお金を預ける国々のことである（Chavagneux and Palan 2006, 訳書19頁）。

　本書において論じる租税負担削減行動はタックス・ヘイブンを舞台に行われる租税回避行為を含む多彩な税務戦略と強く関わるものと一般的には推測される（Palan et al. 2010, 訳書23頁）。しかし，タックス・ヘイブンが国際金融や国際経済，投資活動，経営戦略にどのように扱われているかを説明することは，本書の主眼とするところではない。日本企業の中にもこうしたタックス・ヘイブンを利用して，租税負担削減行動を実施し，支払税額を何とか減額させようとするものも中にはあると推測される。

　むしろ，本書において強く注目したいのは，租税負担削減行動を実行する経営者の動機であり，租税負担削減行動を促す経営者と企業，株主との関係である。先の新聞記事の根底にあるものも，経営者の税金の支払いを減少させて，企業にとっての富を増やしたいとする動機である。本書はタックス・ヘイブンも視野に入れつつも，租税負担削減行動がなぜ行われるのかを経済的かつ実証的に検証していくことを狙いとする。

　ではなぜ世界的に租税負担削減行動に対して強い注目が集まってきているのか。この謎を解く鍵はオフショアバンキングの拡大にあると推測される。タックス・ヘイブンに関する徹底した調査で知られるShaxxon（2011, 訳書17頁）に次の記述がある。

　　　世界の貿易取引の半分以上が，少なくとも書類上はタックス・ヘイブンを経由している。すべての銀行資産の半分以上，及び多国籍企業の海外直接投資の三分の一がオフショア経由で送金されている。（中略）

　実態のはっきりしないオフショア金融市場が世界経済を動かしていることへの不信感と，結果として税金の大半が支払われていない状況に対する人々の怒りが，タックス・ヘイブンやタックス・シェルター，租税負担削減行動全般への注目を生んでいるのだと考えられる。Shaxxon（2011, 訳書26頁）によると，オフショアにあるタックス・ヘイブンはヨーロッパ，イギリス，

アメリカ，その他の4つのグループに大別される[2]。しかし，どのグループもその実態は不透明である。タックス・ヘイブンという非常に秘匿性の高い地域を使って，支払税金を不当に減少させているという情報は，投資家のみならず消費者にとっても，不安感を生む。

　企業からすれば租税負担削減行動は合理的なコスト削減であったとしても，財政悪化に悩む先進各国の税務当局は「自国で生まれた企業利益は自国に還元されるべきだ」[3]という主張から，タックス・ヘイブンなどを通じた租税負担削減行動は強い反感を買う。それだけではなく，こうしたタックス・ヘイブンの持つある種のうさん臭さや，租税負担削減行動自体の不透明性，租税負担削減行動によって圧縮される支払税額に関する倫理的な問題からも，租税負担削減行動は強い反感を生み出す。行き過ぎた租税負担削減行動が生み出す税務調査，結果としての追徴課税，税務調査が生み出す評判の悪化，などさまざまな側面からの不信感が基となって，租税負担削減行動は合理的な企業行動というよりも，問題ある企業の象徴ととられてしまう。特に，租税は国家が提供する公共サービスを実行可能にするための資金調達手段であるという先述の考え方を踏襲するならば，国家の存立意義に対する挑戦的行為と受け止められかねない。結果として，租税負担削減行動が表沙汰になると，日米を問わず，消費者や投資家などから企業に対して強い反発を生む。

　もっとも，Palan et al. (2010) によると，OECD (Organization for Economic Co-operation and Development：経済協力開発機構) を始めとする先進国のタックス・ヘイブンおよびタックス・ヘイブンを通じた租税回避行為に対する国際的包囲網は年々強化されつつある。OECDによるFATF (The Financial Action Task Force) の設置や「有害な税の競争」に対するキャンペーン，Tax justice networkの活動などによって「タックス・ヘイブンの黄金時代は終焉を迎えた」と見られている (Palan et al. 2010, 訳書第9章372頁)。

---

[2]　1つはヨーロッパのタックス・ヘイブンである。2つ目はシティ・オブ・ロンドン，通称「シティ」を中心とするイギリス圏で，かつてのイギリス帝国を軸に形成されるものである。3つ目はアメリカを中心とする勢力圏。4つ目はソマリアやウルグアイのようなどこにも分類できないものとなる。
[3]　日本経済新聞朝刊　2013年1月10日「法人税の研究 (3)」

2　租税負担削減行動に関するわが国の現状

　租税負担削減行動に関する詳細な概念的議論は第2章で述べることとするものの，この章においても租税負担削減行動について簡単に整理しておきたい。タックス・ヘイブンを使用して租税負担を削減する行動は，図表1－1に示す脱税行為とも租税回避行為とも分類され得る。金子（2014）によると，一般的に租税回避行為とは「私法上の選択可能性を利用し，私的経済取引プロパーの見地からは合理的理由がないのに，通常用いられない法形式を選択することによって，結果的には意図した経済的目的ないし経済的成果を実現しながら，通常用いられる法形式に対応する課税要件の充足を免れ，もって税負担を減少させあるいは排除すること」とある。

　いわゆる「脱税行為」が，課税要件が充足されている事実を故意に仮装隠蔽する行為であるのに対し，「租税回避行為」は，私法上はあくまでも有効

図表1-1　租税負担削減行動の整理

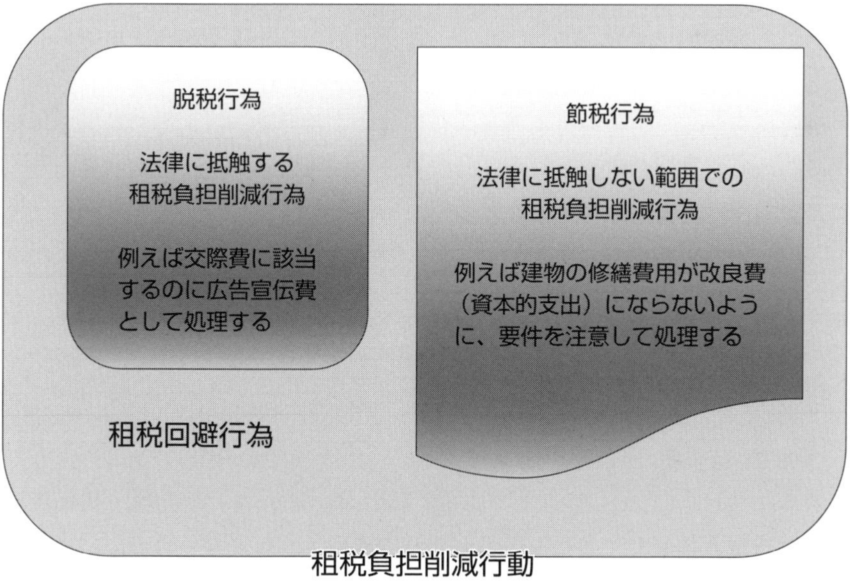

脱税行為
法律に抵触する租税負担削減行為
例えば交際費に該当するのに広告宣伝費として処理する

節税行為
法律に抵触しない範囲での租税負担削減行為
例えば建物の修繕費用が改良費（資本的支出）にならないように，要件を注意して処理する

租税回避行為

租税負担削減行動

な取引を行うことにより，課税要件が充足されることを回避しようとする行為である。私法上は有効な取引であるという点において両者は異なる。また，いわゆる「節税行為」が，法が本来予定している取引により税負担の軽減を図ろうとする行為であるのに対し，租税回避行為は法が想定していない特殊な（異常な）取引を行うことにより税負担の軽減を図ろうとする行為と分類される点においても異なる。ただ，個々の取引行為を詳細に分析してみないと，その行為がいずれに分類されるかは明確ではない。本書は個々の取引全体を俯瞰して検証することを目的とする以上，脱税行為と節税行為と租税回避行為を細かく分類することは難しい。

そこで，脱税行為と節税行為と租税回避行為の概念的な区別について，ここでは深く立ち入らず，日本企業の租税負担の現状についてデータを見ていきたい。日本企業の租税負担の現状をリサーチする意味は，第4章以降の議論とも密接に関係するが，日本企業はあまり激しい租税負担削減行動を実施していないという筆者の推測を確認することにある。その一方で，徐々に企業全体の租税負担は徐々に減少しつつあるというもう1つの筆者の推測も確認することにある。

日本企業の租税負担の現状を俯瞰するために，以下の条件でデータを収集した。日経NEEDS Financial Quest Ver.2.0から全上場企業の財務データをもとに，実効税率ETR（effective tax rate）を算出した。業種については金融関係を除く全業種を対象とし，合併等による財務データへの影響を排除するため，決算期間は12ヶ月の3月決算企業に限定してデータを収集した。全体としての大枠の状況を知るために，期間としては1997年度から2012年度までの連結財務諸表データを利用した。第3章において詳細を説明するが，この章では次の指標を租税負担削減行動の代表的な指標として利用する。

$$ETR_{i,t} = \frac{\text{法人税・事業税・住民税}_{i,t} + \text{法人税等調整額}_{i,t}}{\text{税金等調整前利益}_{i,t}} \quad \cdots (1)$$

ここでiは企業，tは年を表す。

もう1つは，Current_ETRである。これは，法人税・事業税・住民税を税金等調整前利益で除したものとして，次式のように定義される。

$$Current\_ETR_{i,t} = \frac{法人税・事業税・住民税_{i,t}}{税金等調整前利益_{i,t}} \quad \cdots (2)$$

図表1-2に，ETRとCurrent_ETRの平均値（mean）およびETRとCurrent_ETRの中央値（median）の1998年から2013年までの推移を示した[4]。図表1-2から，ETRもCurrent ETRも年々徐々に下がって来ていることがわかる。これは主として法定税率自体が下がって来ていることが原因と思われる。その一方で，上場企業の租税負担割合が年々下がってきているのは国際的な潮流に沿ったものと考えることもできる。平均ETRについていえば，1998年から2013年にかけて10％も下がっている。このデータに基づく1998年度の税金等調整前利益の平均がおよそ50億円なので，10年間かけて単純に1企業あたり平均約5億円の租税負担を削減できている計算になる[5]。

続いて，ETRに絞って中央値よりも低い租税回避水準の企業数の変化を

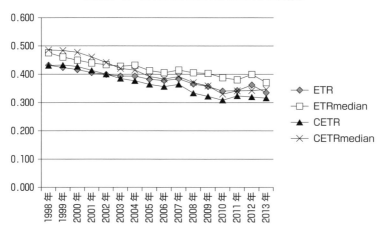

図表1-2　ETRとCurrentETRの変化

---

[4] 異常値を調整するために，ETRとCurrent_ETRについては0と1の間に収まるようwinsorizeしている。
[5] この集計は単純に対象としている企業すべての税金等調整前利益を平均したものである。黒字企業だけに絞って集計すると，税金等調整前利益の平均は約80億円になる。

見ていく。図表1-3は黒字企業全体におけるETRが中央値よりも低い企業数の割合（ratio1），ETRが10％を下回る企業数の割合（ratio2），ETRが20％を下回る企業数の割合（ratio3），ETRが30％を下回る企業数の割合（ratio4）を示したものである。

その見方を簡単に説明すると，ratio1は租税を負担すべき企業のうち，全体の中で負担の軽減化に成功している企業数の全体に占める割合である。ratio2はその中でも極端に負担を軽減させている企業の割合，そしてratio3から4にしたがって徐々に負担割合が高まっていることを示している。その視点からすると，ratio1の割合が最も高いことは分かるものの，負担を減らしている企業数の割合は年々高まっている。この点はきわめて明確に見て取れる。もちろん，これらの割合は市況の動向と密接に関係する。景気が良くなると黒字企業の割合は増える。しかし，ETRが中央値よりも下回る企業数は平均40％弱おり，ETRが10％を下回る企業も毎年3～4％程度は存在する。このデータだけでは断言できないものの，租税負担削減行動を常に実行している企業は一定数いると見なしてもよい。

税率を引き下げている一方で，課税ベースの拡大は進んでいるという点を

図表1-3　ETRが一定割合を下回る企業数の割合

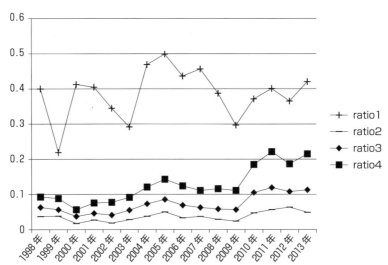

踏まえて考えても租税負担は減少しつつある。しかも ETR が30％, 20％, 10％を下回る企業数は2009年以降着実に増加してきている。ただこうした租税負担の削減は繰越欠損金の活用によるものが多いと推測される。

そこでさらに租税負担削減の状況を調査するために, このデータについてさらなる分析を行った。租税負担削減の状況について, 会計ビッグバン等の影響を調整するために, およびデータを揃えるために調査年度を2002年度から2012年度に絞り, 連結決算上の税金等調整前当期純利益が黒字の企業に限定して, ETR について調査を行った[6]。分析対象はすべて3月期決算企業で, かつ金融業を除く一般事業会社に限定した。さらに, M&A 等の影響を排除するため, 会計期間は12ヶ月の企業に限定した。観測期間において ETR が0～30％に収まる企業数を調べたところ, 観測数は3,016企業－年となった。そのうち, 繰越欠損金を計上する企業数は2,536企業－年であり, 実に約84％の企業が繰越欠損金のお陰で租税負担率の引き下げに成功している。もちろんこの3,016社の租税負担削減行動を厳密に調査したわけではないので, はっきりとした結論は下せない。しかし, このサンプルからはわが国の多くの企業は繰越欠損金を駆使して租税負担削減行動を進めていたことが推測される[7]。

その意味では租税負担削減行動を実行する日本企業は先進的なタックス・シェルターや移転価格操作よりも[8], 過年度の繰越欠損金を活用していると考えられる。

---

6) 2002年度以降に分析期間を絞ったのは, 山下ほか (2011) と問題意識が共通するが, 会計ビッグバンによって一時的に多くの企業の税引前利益が大きく引き下げられたからである。特に「退職給付に係る会計基準」導入によって巨額損失を計上した企業が相次いだことが背景にある。一方でこの2002～2012年度という期間中に IT バブルもあればリーマン・ショックもあり, あまり合理性を有しないという批判もある。便宜的に10年間での租税負担削減行動の水準の変化を追ったものと考えて欲しい。

7) 一方で, 繰越欠損金を利用せずに租税負担の削減に成功している企業は479企業－年存在し, 同じ企業が何度も実行している。こうした企業の属性については別稿にて分析を行う予定である。

8) この点について, もちろん詳細は調査していないので断定はできない。ETR の極端に低い企業についての調査は今後の課題である。

3　本書の構成と理論的枠組み

　本書は租税負担削減行動という経済的な事象を，財務データを使用して会計的かつ財務的に分析することを目的とする。一方で，この分野の研究は，わが国でも端緒についたばかりである。それゆえ，ある程度のフレームワークに沿って分析を進めていく必要がある。

　本書では3Mというディメンジョンに沿って租税負担削減行動を分析していく。この3Mとは Management（経営者），Market（市場），そしてMandates（命令・強制力）である。やや強引であるが，経営者と市場，制度の3つの分析視点から検証していく。

　最初のディメンジョンとして，経営者の意向が働く形で実行される租税負担削減行動に関する Management（経営者）の視点からの検証を行う。経営者が租税負担削減行動をいかなる見地から実行するか，どういったインセンティブがあるかを検討する。少なくとも経営者は租税負担削減行動の意思決定に何を踏まえて行っているかを検証する。続いて，租税負担削減行動を市場はどう評価するかという Market（市場）からの評価というディメンジョンについて検証する。租税負担削減行動を市場参加者である投資家はどう評価するかがこのディメンジョンでは重視する。最後に，租税制度を利用した形で進められる租税負担削減行動は経営者や市場とどう結びついているかを検証する。Mandates; Regulation（制度）を前提に行われる租税負担削減行動は，経営者の視点と市場の視点が結びあって進められる。3Mが相互に結びつきながら進む租税負担削減行動は，その根底に何が潜むのかを検討する。以上の分析の1つの枠組みとして，3Mを柱に研究を進めていく。図で示すと図表1-3のように示すことができる。

　とはいえ，本書全体が3Mを軸に構成されているからといっても，そもそも各章はそれぞれ別々の論文として執筆されてきた経緯を持つ。それゆえ，本書全体としての枠組みは図表1-4のようになるが，各章の中でも暗黙のうちに3Mというディメンジョンを念頭におく。その意味で，本書は租税負担削減行動を3Mという視点から重層的に議論することで，その本質を1つの

第1章　租税負担削減行動を取り巻く社会情勢と研究上の視角

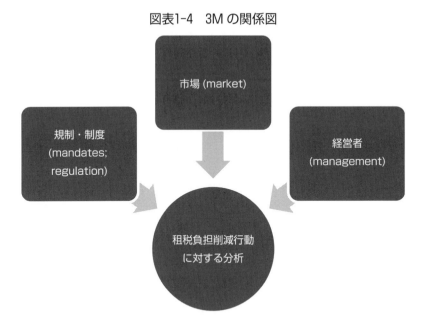

図表1-4　3Mの関係図

視点に偏らないように見つめようと試みている。

　具体的には，本章以降は以下のように構成されていく。本章において明らかにしたように，日本企業の中で租税負担削減行動を実行する企業は先進的なタックス・シェルターや移転価格操作を利用しているというよりも，過年度の繰越欠損金の有効活用がメイン・ツールと考えられる。この結果から，日本企業の租税負担削減行動は極端に攻撃的なものではないという推論に基づいて研究を進めようと思う。それでも進められる租税負担削減行動とは一体何か。この推論をもとに，第2章と第3章では総論として租税負担削減行動の理論的検証を行う。

　第2章は租税負担削減行動の現状と実態を分析する。租税負担削減行動は，これまでの説明を通じて，節税行為と脱税行為，そして租税回避行為の3領域から構成されていることを明確にしてきた。再び，この3領域の相違を法学的な見地から説明していく。その上で，租税回避行為の実例としてオウブンシャ・ホールディング事件を取り上げて，租税負担削減行動の具体的な形態を観察する。租税負担削減行動の中心概念である租税回避行為の具体例で

あるタックス・シェルターについても説明を進める。

　第3章は租税負担削減行動についての諸研究を取り上げて，租税負担削減行動についての実証研究がどこから始まってどこに向かいつつあるかを振り返る。

　第4章から第9章において，3Mというディメンジョンに従って実証研究を進める。まず第4章と第5章は経営者のインセンティブが租税負担削減行動の主要なドライバーとなっていることを明らかにしていく。

　第4章ではManagement（経営者）というディメンジョンから，利益調整と租税負担削減行動との関連性を中心に検証する。経営者の利益調整行動については首藤（2010）などにおいてもかなり詳細に分析されている。租税負担削減行動も一定の目的を達成するために実施されるとFrank et al.（2009）において指摘されている。そこで，利益調整行動と租税負担削減行動との関係に影響を与える経営者の視点から調査することが第4章の目的である。さらに，租税負担削減行動とグループの地域セグメントとの関係を調査して，どの地域の営業活動と関係があるかを分析する。

　第5章は，経営者報酬と租税負担削減行動との関係について実証研究を進める。この章では経営者の企業価値最大化に向けての動機づけの機能として，租税負担削減行動が機能すると推測する。その鍵として，経営者に対し企業価値最大化に向けてのインセンティブを付与する報酬形態であるストック・オプション（stock option：以下，SO）の役割を本書では検討する。この検証を通じて，コーポレート・ガバナンス（corporate governance：以下，CG）と租税負担削減行動と経営者報酬とが相互に関連し合っていることを明らかにする。この章では，経営者報酬と租税負担削減行動の関係を検証することで，経営者のインセンティブが租税負担削減行動の中心的な要因となっていることを明らかにしていく。

　続いてMarketに議論を進める。このセクションに属する第6章と第7章では企業が進める租税負担削減行動を市場はどう評価するかという視点に立って検証を行う。

　第6章は移転価格税制についての分析を進める。移転価格税制にある移転価格とは，ある企業が海外に子会社や関連会社を有する場合，それらの企業

との間で取引を行う際の価格のことをいう。この価格の設定次第では，課税所得の源泉となる利益がどちらか一方に移転してしまい，国際的な課税の不平等が生じてしまう可能性がある。移転価格税制とは，国外関連者と行った取引の移転価格が外部の独立した第三者との間の取引であったならば適用されたであろう価格（独立企業間価格 arm's length price）に比べて差（仕入れが高すぎる，または，販売価額が安すぎる）がある場合，独立企業間価格で行われたものと見なして利益および課税所得を再計算し，実際の課税額との差額を納税させる制度を指す[9]。第6章では移転価格税制の概要および動向にふれた後，移転価格税制の適用に関する新聞報道について，資本市場はどのような反応をするかイベント・スタディ分析を実施する。移転価格税制も租税負担削減行動の範疇に入ってくると考えるので，この新聞報道に対する資本市場の反応は，翻って考えれば租税負担削減行動への資本市場からの評価と見なすことができる。

第7章では企業のCGの状況を反映する活動として，IR活動に焦点を当てる。ディスクロージャーへの積極性と株主資本コストとの関係についての分析を通じ，IR活動を表彰されるIR優良企業への市場からのポジティブ・フィードバックの存在を検証する。本章は株主資本コストに反映される市場評価に焦点を当てる。ディスクロージャーの積極性とともに株主資本コストへ影響を与える要素として，租税負担削減行動のレベルが関係するかについても検証を行う。

続いて，Mandates をキーワードに，租税制度と租税負担削減行動の関連性を検証する。ここで分析の俎上に挙げるのは，連結納税制度（Consolidated tax return system：以下，CTR）と研究開発（Research and Development：以下，R&D）投資についての研究開発税制である。第8章と第9章は租税制度を利用して租税負担削減行動を実行する経営者の狙い，組織の目的を明確にすることが目的となる。

---

9) こうした移転価格税制の骨子は OECD 租税委員会のガイドライン（OECD guideline）に概ね沿った形で形成されている。各国はある程度国際的に共通のルールで，移転価格税制の運用を行っている。詳細は第6章に譲る。

第8章は連結納税制度（CTR）を採用する企業の特徴は何かを検証することが，この章の最大のリサーチ・クエスチョンである。もう1つのリサーチ・クエスチョンはCTRを採用することが企業の租税負担削減行動と関係するのかという問題である。CTR加入のためには企業グループの組織構造そのものを大きく見直す必要があるため，経営者は加入に向けて大きな決断を迫られる。この決断を促す要因として，経営戦略，組織構造，統治構造を含むさまざまな影響がその意思決定に関与すると推測される。こうした諸要因の中から，第8章はCTR採用に企業統治構造すなわちCGが，どのような影響をもたらしたか，そして租税負担削減行動にもどう関係したかをHeckmanの2段階推定法を用いて検証する。

　第9章はR&D投資に関する租税制度である研究開発税制を中心に据えて，この制度とさまざまな裁量的行為，例えば租税負担削減行動とどのように結び付けて検討しているか，あるいは租税負担削減行動の水準とどのように関連させているかを検証する。R&D投資は企業の競争力と直結するといわれながらも，詳細については専門性の問題もあって，よくいえば聖域化，悪くいえば不透明な状況にある。結果として，R&D投資を通じて租税負担削減行動が進められる可能性は十分に高い。第9章はR&D投資と租税負担削減行動の関連性，および企業のCGの状況との関係についても分析する。

　最後に租税負担削減行動を誘導するさまざまな要因を振り返ってから，租税負担削減行動とは何かを改めて考えてみる。租税負担削減行動についてさまざまな論者，課税当局などから痛烈な批判がなされる一方で，これを追求する企業はわが国においても一定数あると推測される。この行動の根底にある経済的な誘因や動機，属性とは何であるかを，各章の議論を振り返りながら検討する。

第2章

租税負担削減行動の現状と実態

1 租税負担削減行動概念の確認

　租税負担削減行動（tax avoidance）とはなんであるか。本章の出発点は，この難題を解き明かすことから始まる。

　第1章でも触れたが，租税負担削減行動は脱税行為と節税行為，そして租税回避行為の3者から構成される。このうち，租税回避行為とは，企業が目的をもって意図的に税金の支払いを減少させようとする行為を意味する。この意図的に税金の支払いを減少させるという点が複雑である。例えば，組織再編税制や連結納税制度の導入にあたっての政府税制調査会は，その答申において，「租税回避を防止する包括的な規定を創設すべき」と指摘した。ここでいう租税回避は，創設された制度を利用することで過度に租税負担の軽減を目的とした「節税行為」も含まれると解釈される。その意味でいうと，意図的に税金の支払いを減少させるという表現は，非常に広義に解釈可能である。

　この点について「租税回避行為」研究特別委員会（2008）（以下，特別委員会2008）は，一般に使用されている「租税回避」概念を次のように整理している。

①法が予定する節税行為
②経済的実質と乖離をしている法形式を採用して課税要件規定の充足を回避している場合
③課税される通常の法形式に代えて異常，不合理な法形式を採用して課税要件規定の充足を回避している場合
④仮装行為により課税要件規定の充足を回避している場合

以上を整理すると図表2-1のようにまとめられる。

図表2-1 租税負担削減行動の分類

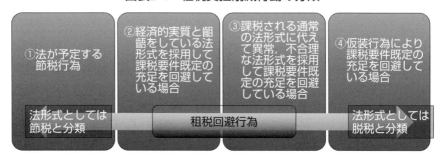

出所：特別委員会（2008）の内容をもとに筆者が作成。

　特別委員会（2008）が整理した概念のうち，①は節税行為と社会的に容認されるものである。一例を挙げれば，交際費を法規定の上限まで会議費として計上するというものが想定される。④の仮装行為については，真実と異なる法形式を採用したものであるから，その採用した外形の法形式を否定して真実の法形式に置き換えることが必要とされる。すなわち，ある種の脱税行為が④について想定できる。特別委員会（2008）はこうした仮装行為の否認の法理による認定は，司法上の事実認定による「事実の確定」という作業なので，税法上特別の規定は要しないと説明する。

　この仮装行為と非常に近接するのが，②の外形と実質とが乖離を来たしている場合となる。この場合には，外形上の法形式を採用する真の意思は存在しないと見なすことができる。その意味で，当事者の真の狙いは，現実に具現されている経済的実質に即した法形式ではないので，課税当局からすれば現に使用されている課税要件既定のあてはめを行うことになる。これについては，実質課税の原則の適用の一形態として理解される事実認定の場面における実質主義の適用といわれるものである[1]。

---

1) 特別委員会（2008）によると，このような事実認定の実質主義と仮装行為の否認の法理の特徴は，前者が意図した法形式と現実の実質との相違から，その実質に即した真の合理的意思の下での法形式を認定するというものである。一方，後者については，当事者の意図しない法形式を採用した場合の真実の法形式を認定するというところに相違がある。

こうして考えると，租税回避行為と呼ばれるものは4つに分類できたとしても，実務上，課税当局がその対応に問題を抱えるのは③の租税回避行為となる。企業側も租税回避行為に取り組むならば，③の領域においてスキームを構築するのが現実的であると，筆者は考える。③の租税回避行為とは特別委員会（2008）が「講学上の租税回避行為」と称する，税法に固有の否認規定が存在しない租税回避行為を指す。すなわち，節税を含む「広義の租税回避行為」を広く否認する個別規定（過大給与等）や，同族会社を対象としたやや包括的な否認規定である「同族会社等の行為計算の否認規定（法人税法132条）」，「組織再編成に係る行為または計算の否認（法人税法132条の2）および「連結法人に係る行為または計算の否認（法人税法132条の3）」以外での否認が難しい領域が③の租税回避行為となる。

　このように租税回避行為の内容を精査すると，大きく分けて4つの領域から構成され，本章はそのうち③を中心とする領域に注目している。一方で，この領域は税法固有の解釈適用における否認の法理であるという点で，その法理は異質である。租税回避行為の否認は，私法上の法形式および経済的実質を前提として，税法上の解釈適用において，他の通常採用される法形式に置き換えるというもので，決して私法上の法形式の効力または経済的実質を否定する法理ではない。しかし③の領域は一般に「租税回避」と呼ばれる概念と最も的確に当てはまるものであり，広く租税負担を軽減するための行為として多義的に理解されているところである。

　それゆえ③の租税回避行為は節税と脱税の区別を付けにくい領域といえる。通常の法形式に代えて異常，不合理な法形式を採用したとしても，租税負担を軽減しようとするときに外見的には，節税なのか脱税なのか，それとも租税回避行為なのか，区別を付けるのは困難であろう。例えば，脱税であれば課税要件の充足という事実を隠匿する行為であり，不法に税の負担を逃れることであり，違法行為と見なされる。しかし，脱税かどうかは，納税後の詳細な調査によって，その取引が課税要件を充足していないと判定されて初めて決まるものである[2]。また単なる節税とみられる行為，例えば中小

---

2) 脱税行為と課税当局に認定され，追徴課税をされたとしても法的に確定するまではある程度の時

企業について貸倒引当金繰入額を貸倒実績率ではなく法定繰入率に沿って算出する行為は，租税回避行為と重複するものともいえる[3]。つまり①から④に区分される租税負担削減行動の内容については，実はそれほど簡単に見分けることはできない。特に本書のように実証的に租税負担削減行動を検証する場合，必ずしも厳密な区分は現実的とはいえない。

　本書では脱税行為と節税行為，そして租税回避行為を包括的に含む租税負担削減行動という用語の使用を提案する。この租税負担削減行動を欧米文献で一般に私用される tax avoidance と同義と見なし，Hanlon and Heizman（2011）に従い，明示的税金（explicit taxes）を減少させる行為と定義する。また Dyreng et al.（2008）に従って定義を行うとすれば，企業の明示的な租税債務に影響を与える行為全般を租税負担削減行動と考える。Frank et al.（2009）は租税負担削減行動をタックス・シェルター等を通じて意図的に課税所得および納税額を引き下げようとする行為も包括的に含むと定義するが，本書もこの定義に従う。

　したがって，租税負担削減行動は必ずしも違法な脱税行為のみを意味するのではなく，合法的な仕組みを通じて課税所得および納税額を引き下げる行為も含まれると考えている。また意図的に課税要件の充足を外す租税回避行為も含む。これは利益調整（earnings management）とも共通する。Healy and Wahlen（1999）は，利益調整についても GAAP（Generally accepted accounting principles）の枠内に該当しないものばかりではなく，枠内に収まるものも含むと指摘する。本書においても，租税負担削減行動は違法かどうかではなく節税といわれるものも含むと考える。

　　間を要する。納税者がその判定に不服があれば，納税者からの異議申し立てがあり，これに基づいて納税者の審査請求があれば，課税当局は詳細に調査する必要がある。審査請求に基づく調査結果が納税者に示されたとしても，そこで納得が得られなければ，さらに国税庁に設置される国税不服審判所に訴え出ることができる。しかし，審査請求に基づく調査も，国税不服審判所も，基本的に身内による調査であり，いったん脱税であると認定されたものが覆ることは困難である。そこでさらに納得が得られなければその地の地方裁判所へ提訴となる。したがって，ある経済取引が脱税と認定されるためには，長い法律上の手続きが必要となる。それゆえ，経済分析において，概念的に説明する以上に租税回避行為と脱税を判別するのは難しい。

3）　中小法人が法定繰入率に沿って貸倒引当金繰入額を算出できるのは，租税特別措置法第57条の10が改正されていないからである（租税特別措置法施行令33条の 9 ）。法律が変われば，脱税行為になり得るという意味で，節税と租税回避行為を分けるラインは非常に曖昧である。

以下，第2節では，一般に「オウブンシャ・ホールディング事件」と呼ばれる裁判事例を題材に，司法は租税負担削減行動と節税行為との境界線がどこに引かれるかを見ていく。第3節では Graham and Tucker（2006）の論説を参考に，租税負担削減行動の主材料として利用されるタックス・シェルターについて見ていく。最後に租税負担削減行動を法的アプローチではなく実証分析による経済学的アプローチによって分析していく目的と意義について説明する。

2 租税負担削減行動の裁判事例

租税負担削減行動については企業と課税庁とで意見が対立することは頻繁にある。この節では実際の裁判事例を取り上げて，租税負担削減行動のいかなる要素に関して企業側と課税庁側とで意見が対立するかを検証する。

典型的な租税負担削減行動事例として，本章では，渡辺（2005）と八ツ尾（2011）を参考にオウブンシャ・ホールディング事件を取り上げる。この事例は，オウブンシャ・ホールディングが長期間にわたって国際的な規模で行われた大がかりな租税回避スキームを利用したものである。本節では，スキームの詳細に触れるとともに，租税負担削減行動の具体的な形態として観察する。この検証を通じて，裁判所はこうした，ある種露骨な租税負担削減行動をどのように評価するのか，どういった視点で法律の範囲内にあるか，外にあるかを判断し得るのか見ていく。また，本件に関する裁判所の判断と外部識者の評釈や分析から，租税負担削減行動の実行困難性についても検討する。

1 本件の概要

本件のスキームを渡辺（2005）に従って図表2－2に示す。図表2－2は川田（2004）からの転載である。以下の説明における番号と説明は図表2－2の番号と対応している。

① オウブンシャ・ホールディング（以下，O社）は，1991年にテレビ朝日株式等を現物出資することにより，オランダにオウブンシャ・アトラ

ンティック（以下，A社）という子会社を設立し，A社の発行済み株式全部である200株を保有することになっていた。1998年の法人税改正前の旧51条は外国子会社設立時の現物出資についても，圧縮記帳により簿価ベースで行うことを認めていたため，この時点での含み益への課税はなかった。これにより，A社は大きな含み益を持つテレビ朝日株式を所有することになった。

② O社株主であるセンチュリー文化財団は1995年オランダにアスカファンド（以下，AF）という100％子会社を設立した。一方，A社は株主総会で新株3,000株を発行し，それをAFに割り当てる決議を行った。

③ その後AFはA社に増資の払い込みを行い，この結果A社株式のほとんどはAFの所有下におかれることになった。この結果O社のA社持分割合は6.25％まで減少した。

④ 一方，O社は日本国内に旺文社メディア（以下，M社）を設立した。

⑤ 1995年3月にO社はテレビ朝日株式1242株をM社に67億6,000万円で売却した。

⑥ 1996年，A社は新たに発行する新株全部をO社の外国における関連会社であるオランダのJGI社へテレビ朝日株式を売却した。このとき，約250億円の含み益が実現したが，この譲渡益はオランダの税制では課税されないことになっていた（親会社の持分が5％以上のとき，資本参加免税の対象となる）。また，親会社の持分が50％以下になっていたため，親会社であるO社に対して，日本のタックス・ヘイブン対策税制が適用される可能性もなかった。一方，A社株の大部分を持つAF社の親会社であるセンチュリー文化財団は，公益法人であるために，収益事業からの所得以外は課税されなかった。結果として，同財団に対してタックス・ヘイブン対策税制が適用されることもなかった。

⑦ JGI社はテレビ朝日株式を購入してまもなく，それを日本のM社へ売却した。

非常に複雑な図解であるものの，特に問題になったのはO社とA社およびAF社の間で行われたテレビ朝日株式の譲渡①②③についてであった。

第2章 租税負担削減行動の現状と実態

図表2-2 O社のスキーム

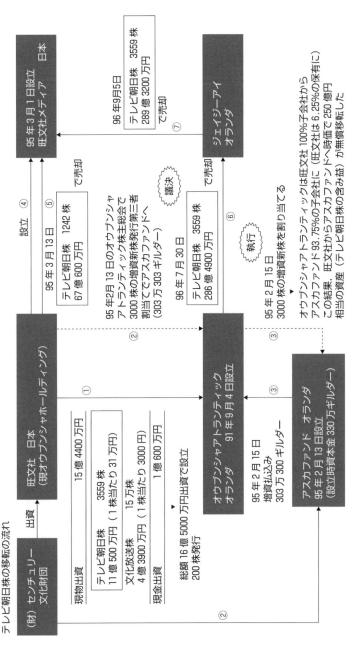

(資料) 法務省および「日経ビジネス」。
出所：川田 (2002)。

2 事案の経緯と裁判所の判決

　渡辺（2005）によると，O社の保有する巨額な含み益を抱えたテレビ朝日株式は，ほとんど課税を受けることなく，グループ内法人であるM社への移転に成功していたというのがこの事例の概略である。この取引について，渡辺（2005）は次のように説明する。

　O社が当初保有していた時点で11億円だったテレビ朝日株式の簿価も，移転を繰り返すごとにその価値を増加させ，最終的にM社移転時の簿価は約300億円にまで嵩上げされた。また，実現した譲渡益はA社内部に留保された。O社およびその株主のセンチュリー文化財団は，オランダにA社とAF社を設立するなどして，数年がかりで，非常に複雑で国際的な租税回避スキームを作り上げ，テレビ朝日株式を非課税譲渡を行った。

　このスキームに対して，課税庁は法人税法132条1項（同族会社に関する行為・計算否認規定）を適用して否認した。1998年に課税庁は所得金額約250億円，納付すべき税額約96億円とする更正処分と約14億円の過少申告加算税を賦課する決定を行った。これに対して，O社も不服を申し立て，その後訴訟となった。もう少し細かく見ていくと，O社がAF社に何らかの対価も得ずに移転させたとして，課税庁がその移転した資産価値相当額をAF社に対する寄附金と認定したのが本件の発端である。ところがO社は法人税の更正処分のうち納付すべき税額を超える部分および本件賦課処分は，いずれも違法であるとしてその取り消しを求めたのが本件の概要である。

　これについて東京地裁平13年11月9日判決では，実質的に見てO社の保有するA社株式の資産価値はAF社に移転したとしてもそれが原告の行為によるものとは認められないとして，O社の請求を認めた。

　これに対して，東京高裁平16年1月28日判決は「関係当事者の意思及びその結果生じた事実を全体として見ず，一部を恣意的に切り取って結論を導いた誹りを免れず，争点について判断し，紛争を解決に導くべき裁判所の責任を疎かにするものと評せざるを得ない」とし，東京地裁の判断と異なる結論を導いている。

3 主たる争点と東京地裁の判断

八ツ尾（2011）によると，この事件の主たる争点は次の3つである。

①課税庁の主張が時期に遅れた攻撃防御法にあたるのか。

この主張は東京地裁の判断である。東京地裁によると，被告である課税庁は，審理の最終局面において，新たに主位的主張を追加し，従前の主張を予備的主張とした。その新主張は裁判所の被告課税庁への求釈明を契機として主張されたものであること，その基礎となる事実関係は従前の主張に含まれるもので，新たな証拠調べを必要とするものではないこと，本件訴訟の進行を遅延させることもなく弁論の終結に至ったことを踏まえると，被告の主位的主張は民事訴訟法157条①が時期に遅れた攻撃防御方法の却下の要件として定める「これにより訴訟の完結を遅延させることとなる」ものとは認められない。それゆえ，課税庁の主張は却下の事由にはあたらない。

②法人税法22条2項の適用の可否

O社の外国子会社であるA社がAF社へ増資新株を割り当てて取得させた行為は，実質的には内国法人O社の有するA社株式に含まれる経済的価値を新株取得者であるAF社に移転させる行為と見なすことができる。しかし法形式的にはA社の執行機関が当社の株主総会決議を受けて，当社の行為として増資を実行するという行為と，AF社が新株の払い込みをするという行為により構成されている。AF社からの払込金額と本件増資により発行される株式の時価との差額がAF社に帰属することになったことを取引的行為として捉えるとすれば，その取引はA社とAF社との間の行為に過ぎず，O社はAF社に対して何らかの行為もしていないと判断するのが妥当である。ここから，実質的にはO社の有するA社株式の資産価値はAF社へ移転したといえるものの，これが，O社自らの行為といえるかどうかは難しいと判断される。それゆえ，東京地裁は，O社の外国子会社であるA社がAF社へ増資新株を割り当てて取得させた行為は，この法人税法22条2項でいう資産価値の無償移転にはあたらないと判断した。

③外国子会社における増資資産株の第三者割当発行により親会社の有する子会社株式の資産価値が新株取得者に移転したことについて，同族会社の行為計算の否認規定により否認できるか。

前述の通り，内国法人O社の外国子会社であるA社がAF社へ増資新株を割り当てて取得させた行為は，経済的にはO社の有するA社株式に含まれていた経済的価値を新株取得者であるAF社へ移転させる行為と見なすことができる。しかし，法形式的には，この取引にO社は登場せず，あくまでA社とAF社との間の取引行為に過ぎない。それゆえ，この取引を親会社であるO社の行為と見なして，法人税法132条1項の同族会社の行為計算の否認規定により否認することは難しい。また，有利な価額による新株発行に代わる通常の行為計算として，A社が新株の時価発行によりAF社に時価相当額を払い込ませる行為を選択した場合，O社には形式的にも実質的にも資産の増減はない。AF社も支払った対価と同価値の新株を取得したに過ぎないから，資産の増減はなく，法人税の課税はない。さらにA社にとってみると増資による資産増加は資本取引と見なされるので，法人課税はない。このように考えると，O社には法人税が課されないので法人税の負担を不当に減少させる理屈にならない。また現に行われた有利な価額による新株発行によって，AF社は益金が生じたとしても，外国法人なので日本の課税権は及ばないとされる。よって，この観点からも，東京地裁はO社への請求は難しいと判断した。

法人税法22条2項の適用について，東京地裁は，原告と法人格の異なるA社が第三者に対する新株の有利発行をAF社に対して行い，この経済行為は実質的にテレビ朝日株式を保有しているO社からAF社に「株式の資産価値」を移転させたと見ることができるかどうかを検討した。

法人税法22条2項とは，「内国法人の各事業年度の所得の金額の計算上当該事業年度の益金の額に算入すべき金額は，別段の定めがあるものを除き，資産の販売，有償又は無償による資産の譲渡又は役務の提供，無償による資産の譲受けその他の取引で資本等取引以外のものに係る当該事業年度の収益の額とする。」という法文である[4]。つまり，益金の額とは，(1)資産の販売で生ずる収益，(2)有償による資産の譲渡で生ずる収益，(3)有償による役務の

提供で生ずる収益，(4)無償による資産の譲渡で生ずる収益，(5)無償による役務の提供で生ずる収益，(6)無償による資産の譲受けで生ずる収益，(7)その他の取引で生ずる収益から構成されると定義される。資産の「販売」(1)とは商品や製品の売上げ，「譲渡」(2)は有価証券や固定資産など棚卸資産以外の資産の売却を指す。「役務の提供」(3)はサービス業における売上げであり，さらに無償で資産を取得したとき(6)は，受け入れた経済的利益を益金として認識する。(4)と(5)は低廉譲渡による受贈益と理解できる。

　第三者に対する有利発行によって，従前の株主から新株主へ資産価値移転があったとして，その取引に法人税法22条2項を適用できるかという点が問題となっていたものの，東京地裁の判断は基本的に同条でいうところの「譲渡」には該当しないというものであった。

　この点について，東京地裁はその第三者に対する有利発行取引はA社とAF社との間の行為に過ぎず，O社はAF社に対して何らかの行為もしていないと判断する。結果として，O社には行為そのものがないと断定している。つまり，法形式的にはA社の執行機関が株主総会における決議を受けて，自発的に増資を実行したと東京地裁は判断したようである。

　東京地裁は結論的に次のように説明する。

>　「・・・圧縮記帳の方法により外国法人の設立を許した場合には容易に想定しうるにもかかわらず，法が何らの措置を講じていないことからすると，法自体がやむを得ないものとして放置していたといわざるを得ないのであるから，結局，本件のような事態の起こることは，当時の法人税法上やむを得なかったと考えらのである。」

と述べ，納税者のとった租税負担削減行動に言及するよりも，それを制約で

---

4) 一方，損金の額は法人税法22条3項に次のように規定される。
　　内国法人の各事業年度の所得の金額の計算上当該事業年度の損金の額に算入すべき金額は，別段の定めがあるものを除き，次に掲げる額とする。
　一　当該事業年度の収益に係る売上原価，完成工事原価その他これらに準ずる原価の額
　二　前号に掲げるもののほか，当該事業年度の販売費，一般管理費その他の費用（償却費以外の費用で当該事業年度終了の日までに債務の確定しないものを除く。）の額
　三　当該事業年度の損失の額で資本等取引以外の取引に係るもの
　　一が原価，二が費用，三が損失となり，損金はこれら三要素から構成されると定義される。

きなかった立法の問題であることを指摘している。

4 東京高裁・最高裁の判断

東京地裁における判断は，A社からAF社への有利発行と法人税法22条2項とには有機的な関係があると考えるのは困難というものだった。一方，控訴審である東京高裁では，その点について，次のような判示を示した。

> 「・・・A社における上記持株割合の変化（当該有利発行：著者注）は，上記各法人及び役員等が意思を相通じた結果に他ならず，O社はAF社との合意に基づき，同社からなんらかの対価を得ることもなく，A社の資産に付き，株主として保有する持分16分の15及び株主としての支配権を失い，AF社がこれらを取得したと認定することができる。・・・両社間において無償による上記持分の譲渡がされたと認定することができる。」

こうして東京高裁は，地裁とは異なる判断を示した。東京高裁は法人税法22条2項を適用するために，本件取引をO社とAF社の間での取引と見なし，以下のように説明する。

> 「・・・上記持分は両社の合意に基づくものであり，O社の（株主としての）行為が子会社であるA社の行為と見なされることによるものではないし，その実現に付き，A社の株主総会における本件増資決議を介在させていることの故に，両社の合意に基づくものであることが否定されるものでもない。」

図表2-3 中核企業群の関係

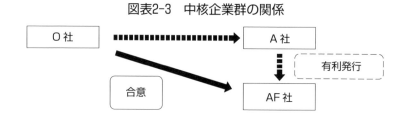

東京高裁判決の趣旨としては，間にA社を介在させているものの，あくまでもO社とAF社の間における「合意」に基づくものであると東京高裁は認定している[5]。またO社はA社に譲渡したとする「持分」は法人税法22条2項の「資産の譲渡」にあたるものかどうかが問題となる。

この点について東京高裁は判決文の中で，次のように説明する。

> 「持分の譲渡は，同項に規定する『資産の譲渡』に当たるとすることには疑義を生じ得ないではないが，『無償による・・・その他の取引』には当たると認定判断することが出来る」

としている。さらに東京高裁は，「取引」を関係者間の意思の合意に基づいて生じた法的および経済的な結果を把握する概念として用いられると解釈する。その上で，法人税法22条2項でいう取引は何らかの対価を直接的に相手方に譲渡することを前提としており，本件のような有利発行によって生じる（間接的な）価値の移転は想定していないと，思われる。

こうして東京地裁は本件事例を「租税法律主義」を背景として認容したのに対して，東京高裁は「公平負担の原則」「実質課税の原則」を念頭に本件控訴を棄却した[6]。

最高裁平成18年1月24日判決は東京高裁と同様に，本件取引については，法人税法22条2項が適用されるとして，次のように述べている。

> 「以上によれば，上告人（オーブン社・ホールディング社：著者注）の保有するテレビ朝日株式に表彰された同社の資産価値については，上告人が支配し，処分することが出来る利益として明確に認めることが出来るところ，上告人は，このような利益をA社との合意に基づいて同社に移転したというべきである。したがって，この資産価値の移転は，上告人の支配の及ばない外的要

---

[5] この認定について八ツ尾（2011）は有利発行を行っているという事実を無視してO社がAF社と直接合意したという判断には無理があると批判する。

[6] 東京高裁の判決文の中で，納税者自身の行為に対して「いわゆる節税を意図して企画されたことは明らかで，納税者として，いわゆる節税を図ることは，もとより何ら正義に反することではない」と指摘する。問題は不自然な取引形態の目的は租税回避行為にあると高裁は考えていることが，さまざまな指摘より窺える。

因によって生じたものではなく，上告人において意図し，かつ，A 社において了解したところが実現したものということが出来るから，法人税法22条2項にいう取引に当たるというべきである。そうすると，上記の通り移転した資産価値を上告人の本件事業年度の益金の額に算入すべきものとした原審（東京高裁：著者注）の判断は是認することが出来る。（後略）」

5 裁判所や識者らの評釈

東京地裁は A 社から AF 社への有利発行による利益は O 社の益金にはならないと認め，O 社への課税は見送るよう求めた。一方，東京高裁および最高裁はこのスキームの構築および株式の有利発行に O 社が積極的に関わったと見なし，当該有利発行による利益は法人税法22条2項に示す資産譲渡による利益と認め，O 社の益金を構成するものと認定した。こうした判例を踏まえて，租税負担削減行動に対する社会の評価はどうなっていると考えるべきであろうか。

東京地裁の判断について，武田（2002）は「第三者割当ありきという前提の下で，その枠内での議論がなされており，経済的実態に即しない事実認定をしているところに，本判決のみ誤りがあったと考える。」と批判する。その上で，「本件のように，特殊な個別事情のもとにおいて，株主が極端な経済的価値の犠牲のもとに，第三者割当を受ける者に対して大きな利益を与えた場合においては，この取引は，租税回避のみを目的とした行為であうと認定できるものと考える。すなわち，租税負担削減行動として，贈与（寄附金）として扱うべきものと考える。」と指摘した。また東京高裁も判決文の中で，「本件訴訟につき，A 社と AF 社間の行為で，被控訴人（O 社：著者注）と AF 社間に何らの行為もないことを理由に法人税法22条2項の適用を否定するのは，裁判所としての事実認定の責務を果たしておらず，判決の理由としても，不備がある。」と厳しく批判する。つまり，租税負担削減行動という事実認定がなされていないことへの指摘がある。

その一方で，八ツ尾（2011）は東京高裁の論述は O 社と AF 社の取引を作り出すためのこじつけであると批判する。しかしこうした見解は少数説で有り，渡辺（2004）は次のように述べて，東京高裁の判断を条件付きながら

評価する。

「・・・本件東京高裁判決は，残念ながら法人税法22条2項の課税適状となる判断基準を具体的に示していないが，内国法人であるオウブンシャの本件行為が贈与として認定される基準として『一般基準』を当然の念頭におき，わが国法人税法で十分課税が行われる論理を改めて確認したものと評価する。」

こうした批判等を踏まえると，租税負担削減行動に対するわが国の視点は辛辣で有り，安易なスキームを以て行う租税負担削減行動については，容易に看過されないと考えるべきであろう。この事例だけで判断することは難しいものの，日本では欧米のような複雑なスキームを使用した租税負担削減行動は，試みられたとしても成功する確率は非常に低いと考えられる。

3 タックス・シェルターの実態

第2節の税法の解釈論を通じて本章の分析対象が確認された。第3節で詳述したオウブンシャ・ホールディングの事例は，タックス・シェルターを裁判所はいかに押さえ込むかについて，議論が重ねられていることが明らかとなった。またこうした判断を専門家は評価する傾向にある。その一方で，欧米を中心にさまざまな租税負担削減行動を後押しする金融商品が生まれている。これをタックス・シェルターと呼ぶ。タックス・シェルターは第2節で指摘した③の領域を表す租税負担削減行動を進めて行くにあたり，非常に重要なツールである。

本節ではタックス・シェルターとはなにかを見ていくことで，租税負担削減行動の最前線で何が行われているかを見ていく。

タックス・シェルターとは，中里（2002）によれば，租税裁定取引を用いてタックス・ポジションの変更を行うことを目的とする取引を法的に定型化し，それにファイナンス取引に代表されるような投資商品等の装いを施して，納税者に対して販売する「課税逃れ商品」と定義される。「課税逃れ商品」といっても，表面的には投資商品等のかたちをとって販売されることが多く，

図表2-4 タックス・シェルター事例

Firm	Shelter type	Years
Colgate Palmoiive	CPIS	1988
Allied Signal	CPIS	1990-1992
American Home Products	CPIS	1990-1993
Brunswick	CPIS	1990-1991
Borden Inc.	CPIS	1995
Compaq Computer	CBDC/TP	1991-1992
IES Industries	CBDC	1991-1992
Florida Power and Light	LR	1992-1994
Seagate Tech Inc.	TP	1981-1987
St.Jude Medical	TP	1981-1983
Microsoft Corp.	TP	1987-1989, 1991
Bausch & Lomb	TP	1983-1987
National Semiconductor	TP	1976-1981
Exxon Corp.	TP	1980-1982
Intel Corp.	TP	1978-1980
Boeing Co.	TP	1979-1987
Archer-Daniels-Midland Co.	TP	1975-1978
Phillips Petroleum	TP	1979-1982
Perkin-Elmer Corp.	TP	1975-1981
Computervision Corp.	TP	1981
Sunstrand Corp.	TP	1977-1978
Brown-Forman Corp.	TP	1981,1983
Chevron Corp.	TP	1977-1978
American Electric Power	COLI	1990-1996
Winn-Dixie	COLI	1993
Dow Chemical Co.	COLI	1989-1991
CM Holding Inc.	COLI	1991-1994
Bmc Software Inc.	OIPH	1993
W.R.Grace & Co.	COLI	1989-1998
Hershey Foods Corp.	COLI	1989-1998
Western Resources Co.	COLI	1992-1993
Hillenbrand Industries Inc.	COLI	1996-1998
Donnelly RR and Son Inc.	COLI	1990-1998
Ruddick Corp.	COLI	1993-1998
National City Corp.	COLI	1990-1995
AmSouth Bancorp	LILO	1998-1999
FleetBoston Financial Corp.	LILO	1995-1997
BB & T Corp.	LILO	1996-1998
Delta Air Lines	CLAS	2000
Whirlpool Corp.	CLAS	2000
Clear Channel Com.Inc.	CLAS	2000
WorldCom Inc.	CLAS	2000
Tenet Healthcare Corp.	CLAS	2000

出所：Graham and Tucker (2006) Table1.

正面から純粋に「課税逃れ」を売りに販売される例は少ないとされる。タックス・シェルターの特徴は，人為的に所得税・法人税の軽減を図ることを目的としている点にある。

　Graham and Tucker（2006）はタックス・シェルターを用いる企業は用いていない企業に比べ負債比率が低いことから，負債の節税効果の代わりにタックス・シェルターを用いるという仮説を検証する。分析の結果として，タックス・シェルターを用いた所得控除額の平均額は1,000万ドル，またはシェルター企業の総資産の9％程度という高い控除額が算出された。またタックス・シェルターを用いていない企業の平均負債比率は19％，タックス・シェルターを用いていない企業の負債比率27.4％となり，タックス・シェルター導入企業の負債比率の方がいかに低いかを示す。この結果から租税負担削減行動が企業の資本構成に及ぼす影響の大きさが明らかとなった。

　Graham and Tucker（2006）はさらに，タックス・シェルターの事例調査を進め，図表2－4にあるようにタックス・シェルターの告発事例を整理した。彼らは1970年代から2000年にかけて代表的アメリカ企業43社が実行した44のタックス・シェルターの事例を Borden Inc. のサイトから抽出してまとめる。左から企業名，実行したタックス・シェルター，実行年である。いずれの事例も政府から追徴税通知書（Notice of Deficiency）を送られ，租税回避行為として指摘を受けたものである。ここで Graham and Tucker（2006）がタックス・シェルターとして指摘したスキームのいくつかについて説明する。中には税法改正によってすでに使われなくなったスキームも含まれている。

1　Lease-in, lease-out（LILO）

　Lease-in, lease-out（LILO）は1995年から1999年にかけて頻繁に行われた取引である。典型的な形式としては，ある米国法人が耐用年数の長い固定資産を，非課税の企業（通常は国外企業）からリースすると同時に，当該資産を当該企業へサブリースする取引である。前払リース料に対する税務上の扱いの相違から，法人はリース費用のほぼ全額を損金として経理でき，結果大幅な税額を繰り延べることができる。

　1999年にアメリカ財務省と内国歳入庁（IRS）は，LILO 取引に経済的合

理性はない取引であるとの通達を公表したために，このスキームを活用したタックス・シェルターは存在していない。

2 Transfer pricing（TP：移転価格）

内国法人が税率の低い外国子会社で製造した製品を，市場価格よりも高い市価で購入する。しかし価格は，資産価値を反映した独立企業間価格（arm's length price）ではない。これによって低税率国において税金を支払い，グループ全体の税負担を軽減することができる。親会社の課税所得が独立企業間価格で物品を購入した場合よりも少なければ，支払利息による節税効果はあまり必要ではない。

わが国では移転価格を通じた租税回避は，米国と同様，租税特別措置法第66条の4「移転価格税制」において規制されている。移転価格税制については第6章で詳細に触れる。

3 Corporate-owned life insurance（COLI：自家保険）

一般的な COLI 取引では，会社は従業員の生命保険に加入し，その掛け金分を金融機関から借り入れる。満期が近づくと保険証券の価値は上昇するので，借入可能額も増加する。

保険の最終支払額は非課税であり，一方で支払利息は損金算入される。COLI からのリターンは決して大きくはないが，税引き後ベースで考えた場合，投資の一つと考えると正味現在価値はプラスとなる。COLI は利息支払いによって課税所得を圧縮できることから，COLI は非シェルター関連の利息の代用として扱われる。つまり，COLI を利用すると法人が保険の掛け金支払いのための追加借入が増えるので，COLI の利用と負債比率にはプラスの相関が予想される。

Brown（2011）は COLI の利用拡大の原因について検証する。彼女はCOLI の活用は取締役ネットワークの関係性が強く影響することを示す。特に COLI を利用して租税負担の削減に成功したというある企業での実績が，取締役ネットワークでの評判から別の企業での COLI 採用に繋がったことを示す。またネットワークの地理的な近接性も COLI 利用拡大にある程度関係

することを実証した。

4　Cross-border dividend capture（CBDC：国際間配当受領）

　CBDGを利用する課税法人は，通常ADRs（アメリカ預託証券）を購入し，配当を受け取る。このときに，配当と海外源泉課税についての外国税額控除も得る。当該法人が配当落ち後の源泉徴収税調整後の価格でADRsを再売買する。取引によって損失を被るものの，取引コストとスポンサーフィーを無視すれば，この損失は受取配当金と相殺される。これによって租税回避が達成される。

　税額控除は税負担の削減に用いられる。ADRsの売却と再購入は仲介機関を介して行われる。

5　Contingent-payment installment sales（CPIS：条件付き割賦販売）

　多額のキャピタルゲインを持つ国内企業が非課税の外国企業とオフショアにおいてパートナーシップを組成する。このとき外国企業の方がパートナーシップの持分の過半数を持つ。当該パートナーシップは支払条件のついた金融証券を対価とした既存資産の売却が伴う，一連の証券取引と関わる。当時のIRS基本通達の下では，この取引はパートナーシップに多額のキャピタルゲインをもたらすものとされていた。このキャピタルゲインの大半が非課税の外国企業へ譲渡される構造になっていた。

　その後，金融証券売却による譲渡損は納税申告書に算入される。結果として，キャピタルゲインと売却損が相殺されることになる。ただ，このスキームがベースとなった基本通達はもうすでに改正されたため，この種のタックス・シェルターは現在実行することはできない。

6　Liquidation, recontribution（LR：清算，再分配）

　海外パートナーシップAが非課税海外法人BとCが組むことで創設される。パートナーシップAはリターンが不確定の証券投資に従事する。別の国内企業Dがパートナーシップの持分の大半を買い占めた後Aを清算し，

その直後に新たなパートナーシップEを再創設する。

　パートナーシップの基礎となる資産負債の計算および配分についての米国IRS通達に基づいて，この清算・再分配租税戦略は実行される。LR取引は譲渡所得を生むものであり，経常所得を生むわけではない。そこでLR取引の後，譲渡損失は経常損失に転換される。

7　Offshore intellectual property havens
　　（OIPH：オフショア知的財産避難地）

　米国の多国籍企業には，知的財産を国外に拠出して海外売上からの所得を秘匿するインセンティブを持つ。例えば，ある多国籍企業はバミューダ島に新設した子会社に特許権を譲渡し，国外製品売上げからのロイヤリティをこの子会社に渡るように設定する。これにより，非課税所得がこの子会社に集中する。子会社は特許権対価の一部を支払うが，その価格は至極主観的である。多国籍企業といえど，子会社に集中するロイヤリティ収入をIRSに報告する義務はある。しかしアメリカ国内税制のもとで親会社に戻す収入額は人為的に低くなっている。つまり，OIPHのスキームはTPと類似している。

　2004年10月に議会を通過したAJC（米国職業創造法）によって，海外タックス・ヘイブンでの留保利益環流に係る税率は一時的に5.25％引き下げられ，国内環流が期待されている。

8　Contested liability acceleration strategy
　　（CLAS：請求債務加速戦略）

　この取引においては，企業は自らを信託受益者とする「請求債務信託」（contested liability trust）を設定する。企業は当該信託に異議申立請求を解決するのに必要な額とほぼ同額の非現金資産を信託設定する。異議申立請求の例としては，医療過誤や株主代表訴訟，個人的な傷害，あるいは環境訴訟と関係する未確定債務が含まれる。

　企業は信託設定した額と同額を損金算入し所得から控除することができる。しかも結審までの期間が10年以内であれば，請求額を一括して損金算入することが可能である。

4　租税負担削減行動を実証的に分析していく目的

　この章では，租税負担削減行動の定義を法律的な見地から確認してきた。その上で，法律の範囲内もしくは外にはみ出す租税負担削減行動の事例を判例や研究から観察することで，租税負担削減行動への周囲の見解と実務的な問題について見てきた。節税行為と脱税行為，租税回避行為との相違は課税要件の充足が重要なポイントであり，意図的に課税要件の充足を回避しているかどうかが概念的な相違の根底にある。また，具体的な租税負担削減行動の例として，オウブンシャ・ホールディング事件の判例を取り上げて，法的な視点からの租税負担削減行動の認定は非常に困難を極めることが明らかになった。日本では租税回避行為に対する批判的な見解が大半であり，これを達成させるためには非常な困難が予想される。また租税負担削減行動を実現するための数々のタックス・シェルターを調査し，どのように租税負担削減行動を企業は実施するかを確認してきた。

　現在，租税回避行為やタックス・シェルター，タックス・ヘイブンなどの議論は現在非常にかまびすしい。例えば志賀（2013）はタックス・ヘイブンの実態を明らかにしながら，こうした租税法域を活用して租税回避行為を実行する高額所得者や世界的な大企業を糾弾する。藤井（2013）は租税回避行為に関する詳細な調査内容を踏まえた上で，タックス・ヘイブンの実態を明らかにする。その一方で，租税負担削減行動を単に倫理に反することだから，経済基盤を破壊するものだから，反社会的な行動だから・・・と批判的に論じても，租税負担削減行動の意味や目的についてのより本質的な議論は生まれてこないのではないかと思われる。さらに，租税回避行為と節税行為の相違，脱税行為との相違などの法的議論や規範的な議論は十分な意味を持つものの，その議論だけでは租税負担削減行動を推し進める経営者の狙いや動機を知ることは難しい。

　経営者が租税負担削減行動をなぜ実施するのか，どういう動機を持ってどのように実行するのか，経営者は何を目的としているのか。租税負担削減行動は裁量的会計行動と有意な関係を持つのか。資本市場は租税負担削減行動

をどのように評価するのか。租税制度と租税負担削減行動は関係しないのか。こうした疑問に対し，単に規範的な議論を進めたとしても租税負担削減行動が生み出される社会構造を明らかにするわけではないと考える。

例えば特別委員会（2008）のように，租税回避行為に関する法的な定義や数々の裁判判例を挙げて，なぜ判決において1つの事案は容認され，別の事案は否認されるかを検証することは，重要な分析の1つである。また本庄（2002）も租税回避行為の実情を明らかにするという点では大変有用な研究である。ただし，こうした研究も特定の側面についての検証に過ぎない。こうした検証作業が非常に有用であったとしても，これだけで租税負担削減行動の解明が済んだと納得してしまうのだとしたら，まったくもって不十分である。例えば個人の所為としての租税負担削減行動は倫理観の問題に帰結させても，検証内容がたとえ不十分なものであったとしても，大概の読者は納得するであろう。しかし組織の所為としての租税負担削減行動は，単なる倫理観の問題であったり，道徳上の問題として片付けては何も明らかにしたことにはならない。Jensen and Meckling（1976）の記述を用いるならば，企業は相互に関わりを持つ諸個人間の契約関係の束（nexus of legal relationships）となる。企業と企業，企業と個人の間の諸問題を解明するためには，その背後にある経済的な事情を説明する必要がある。組織的な意思決定として租税負担削減行動の遂行を経営者が決断したのだとしたら，これは経済学の問題であり，会計学が応用ミクロ経済学の一領域である以上，会計の問題である。法的な視点に立った議論（legal studies），規範的な視点に立つ議論は租税負担削減行動のある一面を明らかにしたに過ぎない。

今必要な議論は，何故経営者は租税負担削減行動を実行するのかという問題について，租税負担削減行動の経済的な含意を分析することと考える。加えて，実証的な仮説命題の構築から検証へと進めることによって，租税負担削減行動の構造が見えてくるのである。本書の目的は，これらの課題を明らかにすることなのである。

第3章 租税負担削減行動の文献調査とその指標

1 租税負担削減行動に関する最近の論調

1 租税負担削減行動研究の趨勢とBTD研究の進展

　租税負担削減行動に関する研究は，非常に注目を集めている。文献検索システム EBSCO host を利用して1990年から2013年の世界の主要な会計ジャーナルに掲載された論文を検索したところ[1]，全部で1,395本ヒットした。特に2000年以降の論文数の急増ぶりは目を引く。

　これを裏づけるように，租税負担削減行動についての研究は着実に行われてきた。以前から税務計画（tax planning）という用語は一般的であり，Hoffman（1961）は税務計画を「被る支払税額を最小に止めるような金融手法を駆使する納税者の能力」と定義する。また Scholes et al.（2009）は租税が企業経営に与える影響を解明するために，税務計画アプローチを採用して，企業行動を詳細に分析する。彼らのアプローチを基礎とする研究は潤沢に存在する。こうした研究がなされてきたのは，Scholes et al.（2009，訳書 p.9）でも書かれているように，米国においては次の判例が米国国家の基礎にあるからである。

　　「何度も繰り返して，裁判所は，租税をできる限り低くするように取引の取り決めを行うことは，何ら非難されるべきことではないと判示してきた。富めるものも貧しいものも，誰でもそうするし，それは正しいことである。なぜなら，

---

1) 検索にあたっては1990年から2013年の期間にわたって"tax avoidance"もしくは"tax aggressive"という単語が本文および要旨に含まれることを条件とした。

何人も,法が要求する以上に税金を支払うという公法上の義務を負わないからである。租税は,強制的に取り立てられるものであり,自発的に支払われるものではない。倫理の名において,より多くを要求することは,単なるまやかしである。」(Commissioner v.Newman, 159 F.2d 848 (CA-2, 1947))

 ところが,税務計画という視点を超えて,近年社会の注目を集めるのは,極端に進行する租税回避行為の進展に対する国家的な懸念であると思われる。こうした問題を読み解く,1つのキーワードがBTD (Book-Tax differences) の拡大である。U. S. Treasury (1999) の指摘以降,BTDの拡大は社会的にも大きな問題として認識されてきた。
 このBTDとは何か。BTDとは会計利益(book income)と課税所得(taxable income)の差額をいう。例えば税引き前利益が100で課税所得が80であれば,BTDは20(＝100－80)となる。この差額の源泉は,財務会計と税務会計の収益および費用の認識時点の相違や資産負債の評価額の相違に起因する。制度的にいえば,税引き後利益に調整計算を加えていくことによって課税所得は算出される。しかし,財務会計上の税金費用と税務会計上の税金費用(納税額)が独立に計算できると仮定すれば,BTDは両税金費用の差額を法人実効税率で割り戻した金額と説明できる。
 米国では,算出目的の異なる会計利益と課税所得の間に差異が生じるのは当然である。租税調査会研究報告第20号(以下,租税調査会)(2010)によると,米国においては財務会計と課税所得計算は基本的に分離しており,利益計算もそれぞれ別に行われる。すなわち,財務会計は証券法(Securities Act of 1933)および証券取引法(Securities Exchange Act of 1934)に基づき,一連の米国会計基準書等に基づいて行われる。一方,課税所得は内国歳入法(Internal Revenue Code：以下,IRC)に基づいて計算される。課税所得算定の際にはIRC第446条で定める「会計方法の総則(General rule for methods of accounting)」があり[2],これは一般に公正妥当と認められる会

---

2) 米国は会計基準と税法との分離が最も進んでいるとされているものの,米国の税法においても会計基準へ準拠する旨の規定は有している。しかし,米国の税制そのものは,会計基準が整備される以前から納税のために法律が整備されてきており,独自の規定等が発達してきたため,企業会計とは別に課税所得を申告書上で計算している。

計処理の基準に従って申告書においても計算が行われることを意味しており，課税所得計算が財務会計に依拠しているともいえる[3]。

　成道（2009）は米国において利益計算と課税所得が別個に決定される分離主義が採用されるのは，統一的な連邦会社法のようなものがないことに理由を求める。そうであっても，米国税法は完全な分離主義に依拠して確定決算主義に見られる損金経理要件を完全に排除している訳ではないと説明する[4]。つまり，確定決算主義を採用しないといわれる米国であっても，税法から完全に離れて企業会計の基準だけで会計処理を進めていくことは非常に困難であり，税法から離れて企業会計を行う困難さを指摘する。

2　租税負担削減行動と BTD の関係

　企業会計と税務会計の完全な分離は難しいという現実がある一方で，BTD の拡大は米国においても問題とされる。ただ，大きく取り上げられる理由の1つは，これが単に会計利益と課税所得の計算システムの相違によって生じているのではなく，経営者による利益調整行動（earnings management）の結果を反映していると考えられているからという疑念である。Healy and Palepu（2001）や Penman（2003），Dhaliwal et al.（2004）等において頻繁に指摘されるように，税引前利益に含む会計発生高（accrual）は経営者の裁量によって操作されやすい。結果として，BTD は企業の利益の質（quality of earnings）に関する情報を含んでいると考えられている。

　例えばエンロン社やグローバル・クロッシング社，ワールドコム社などによる負債隠しなどの不正会計のもう1つの特徴は，多額の利益を計上していた一方で，納税を一切行っていなかったことであった。こうした状況のため，BTD の大きな企業は何らかのスキームを通じて，利益を計上する一方で課税所得を隠蔽するような租税負担削減行動を実行していると疑われるように

---

[3] 租税調査会（2010）によると，課税所得の算定については内国歳入法（IRC）§446（a）「原則として，課税所得は，納税者が正式に財務会計上の利益を算定するときに用いる会計処理基準に従って計算するものとする。」という規定に従うものとされている。

[4] 成道（2009）は後入先出法と貸倒損失をその例として挙げる。ただ，後入先出法については IFRS では2005年から使用できなくなっており，貸倒損失についても損金経理を条件に損金算入が認められている。このように損金経理要件を課している項目は限定的である。成道（2009）参照。

なってきた。Manzon and Plesko（2002）によれば，BTDは当期と次期以降の繰延税金費用（法人税等調整額）とに区分される。繰延税金費用は会計利益と税務会計の一時差異（temporary differences）であり，いずれ解消する。これに対して，BTDを構成する差異には，財務会計上は費用収益として認識されるものの，税務会計上は益金損金として認識されないものである。これを永久差異（permanent differences）という[5]。この永久差異におそらく，タックス・シェルターを含む幅広く租税負担削減行動に起因する要因も含まれると考えられる。Manzon and Plesko（2002）やHanlon（2005），Hanlon et al.（2005），Ayers et al.（2008）などのBTDを分析する研究が次々と生まれてきているのは，こうした状況が背景にある。Hanlon（2005）によると，BTDと租税回避に向けたインセンティブには強い正の相関があり，同時に利益調整もプラスに関係すると指摘する。Hanlon et al.（2005）やAyers et al.（2008）は推定課税所得と会計利益の価値関連性を比較した上で，強い税務計画を実施する企業の課税所得ほど情報内容は乏しく，利益の質の低い企業ほど利益の情報内容も同様に乏しいと主張する。

　とはいえ，米国の状況がそのまま当てはまり，わが国でもBTDが利益調整行動と関係するかどうかは実証的な疑問である。

　日本の法人税法は，確定した決算（株主総会で承認された計算書類）に基づき，（課税）所得の金額および法人税額を記載した申告書を提出しなければならない（確定決算基準）と規定している（法人税法第74条）。すなわち日本では，基礎となる会計利益に税務上の調整がなされて課税所得が測定される。これらの多くは，経営者の裁量によって操作し得る部分を規制している。その一方で大沼ほか（2009）が指摘するように，1998年の税制改正と1998年度より導入された税効果会計によって，経営者の裁量が以前よりも働きやすくなったと推測される。

　以上を踏まえ，第2節ではHanlon and Heitzman（2010）と山下（2010）

---

[5] 永久差異とは時間の経過を経ても会計利益と課税所得の差額のうち，解消しないものをいう。永久差異には受取配当金の益金不算入額や，交際費等の損金不算入額，罰科金，寄附金などの損金不算入額などが含まれる。あるいは，在外子会社に利益を累積して，本国に還流せず再投資を繰り返すことも，永久差異の源泉となる。

の包括的な文献レビューを参考に，租税負担削減行動の理論を考えていく上で，いくつかの局面における租税負担削減行動に関する諸研究をレビューする。第3節では第4章以降で行う租税負担削減行動の分析を進めていく上で，基礎となる租税回避変数とその計算法について説明を行う。第4節では租税負担削減行動の分析手法に関してまとめる。

2　租税負担削減行動の文献レビュー

　山下（2010）によると，租税負担削減行動に関する研究はおおよそ4つの領域に分類される。第1の領域は税負担削減行動と株式所有構造の関係を明らかにしようとする研究領域である。第2の領域が，租税負担削減行動と企業価値および株価の関係を明らかにしようとする研究領域である。第3の領域が，租税負担削減行動と経営者等の報酬との関係を明らかにしようとする研究領域，そして第4の領域が，租税負担削減行動と利益調整行動の関係を明らかにしようとする領域である。これら領域に分類できないその他の研究領域が第5の領域となる。第5の研究領域の分野において，近年急増している研究が，すべての領域と密接に関係する租税負担削減行動と企業統治の関係を明らかにしようとする研究領域である。以下，それぞれの領域別に近年の租税負担削減行動に関する諸研究を概観していく。

1　租税負担削減行動と株式所有構造，企業価値と株価の関係

　第1の領域は，Shackelford and Shevlin（2001）が指摘する株式所有構造のような企業の組織構造が潜在的に租税負担削減行動のドライバーとなるという考えに基づく研究領域である。この領域に属する研究は，主として株式所有構造と租税負担削減行動が関係するというものである。例えばChen et al.（2010）は創業者一族のメンバーが経営者であるかもしくは大株主となっている同族企業（family firm）では租税負担削減行動が抑制されることを示している。彼らはこの結果について，租税負担削減行動を起点として税務当局による調査リスクが増大し，調査の結果によって追加的な税金の支払や企業の評判の低下が生じることになる税金以外のコストを回避するためと説明

する。一方，Badertscher et al.（2013）は経営者が実質的に所有する非公開企業（management owned firms）と PE ファンド（private equity fund）が実質的に所有する非公開企業（PE-backed firms）を対象に，株式所有構造と租税負担削減行動との関連性について調査した。彼らの分析によると，経営者が実質的に支配する非公開企業の方が，PE ファンドが実質的に支配する非公開企業よりも租税負担削減行動に余り積極的ではないと説明する。彼らの分析によると，より少数の経営者─株主の支配する企業の方がリスク回避的となるので，租税負担削減行動のような高リスクプロジェクトに取り組まないからと論じる。

　Khurana and Moser（2013）は投資期間が長期にわたる機関投資家の株式保有水準が上がると租税負担削減行動が抑制されることを示す。機関投資家は企業に対して一定のモニタリング機能を果たすため，経営者による機会主義的行動や不透明な取引などはなされにくくなり，結果として租税負担削減行動も制限されると彼らは解釈する。その一方で，Cheng et al.（2012）は活動的なヘッジファンドによって標的とされた企業は租税負担削減行動に対して最初から積極的ではないことを示す。すなわち，活動的なヘッジファンドの標的とされた企業は買収防衛のために，投資活動や営業活動を効率的に進める。そうした行動の結果として，租税負担削減に積極的となり，納税額が減少するというものである。租税負担削減行動は目的ではなく，ヘッジファンドからの圧力の結果という解釈である。また山下・音川（2009）は，日本型経営の特徴である企業間の株式持ち合いと租税負担削減行動には，非線形の関係があることを明確にする。

　第 2 の領域が，租税負担削減行動と企業価値および株価の関係を明らかにする研究領域である。租税負担削減行動を行うことは税引後利益と税引後キャッシュ・フローを増加させ，企業価値を高める。その一方で，税負担削減行動は経営者にどのような便益とコストをもたらすかという点に関して，山下ほか（2011）は，租税負担削減行動に係る代表的な便益とコストとして以下をそれぞれ指摘している。まず他の条件が変わらなければ，租税負担削減行動の第一の便益は，企業価値を増加させた結果として，経営者が直接的あるいは間接的な報酬を得ることである。また租税負担削減のためには，しば

しばきわめて複雑なスキームが利用される。その実態は外部から把握し難いので，経営者には，複雑な租税回避スキームを通じて取引の詳細を隠蔽し自己の利益を追求（diversion of rent）する機会が存在すると考えられる。こうした経営者行動をレント・エクストラクション（rent extraction）という。レント・エクストラクションによる利益を得る可能性を有することこそが経営者にとっての第二の便益である。

　他方，租税負担削減行動の第一のコストは，税務当局による調査リスクが増大し，調査の結果によって追加的な税金の支払や企業の評判の低下が生じ，これらが経営者の業績評価において負の要因となり得ることである。第二のコストは，経営者が自己の利益を追求していると疑われることによって，株価が低くなることである。こうした租税負担削減行動と関係するレント・エクストラクションはほとんど投資家に知られることはないために，かえって投資家からの不信感を招く原因となっている。このとき重要になるのは，コーポレート・ガバナンス（CG）に即しているかという視点である。

　詳細は後述するが，CG とは，簡単にいえば会社の不正行為を防止，あるいは適正な事業活動の維持・確保を実現するための株主価値を最大化するためのシステムといえる[6]。ここで，Jensen and Mechling（1976）に代表されるエイジェンシー理論を前提に企業組織を考えた場合，株主のエイジェントである経営者が租税負担削減行動を行うことは企業価値，すなわち株主価値を創造しているであろうか。

　Hanlon and Slemrod（2009）は，企業がタックス・シェルター（tax shelter）と呼ばれる租税回避ツールを利用して税金を削減しているという報道に対して市場はどう反応したか検証している。タックス・シェルターという用語にヒットした新聞記事，企業記事，インターネット記事が発信された日時をイベント・デイトに特定してイベント・スタディ分析を行った。分析結果から，記事が配信された日時では平均的に有意にマイナスの株価超過

---

[6] 久保（2010）は CG に関して重要なことは，経営者の交代，もう1つは金銭的なインセンティブであるとする。本書も随所でこの認識を踏まえている。その一方で，Yang et al.（2011）は，アジア，特に中国企業の組織形態は欧米企業の組織形態と異なることから，CG についても先進国の仕組みと異なるアプローチが必要と説明する。

収益率が測定された。特に，小売部門を持つ企業ほど有意にマイナスの超過収益率が得られた。こうした反応は，納税者＝消費者は経営者のレント・エクストラクションへの疑念が反発の背景にあると推測する。また Kim et al.（2011）は，租税負担削減行動自体に経営者にとって好ましくない情報（バッドニュース）を秘匿する機会が生まれるため，その後の期間に株価が暴落するリスクが高まることを示す。彼らも租税負担削減行動が生み出す投資家からの不信感が株価に及ぼすマイナスの影響を明らかにする。

Desai and Dharmapala（2009）は，租税負担削減行動の企業価値に及ぼす影響はプラスであるものの，その関係は CG の関数と説明する。つまり，租税負担削減行動自体は税引後利益や税引後 CF を増加させることで，企業価値を高める効果は持つものの，そのためには CG が強くなければ経営者の機会主義的行動やレント・エクストラクションによってその効果は減殺されてしまうと論じる。Wilson（2009）は，タックス・シェルターを利用している企業はより大きな BTD を生じさせることを明らかにした上で，CG の強い企業が積極的にタックス・シェルターを利用していると，プラスの超過リターンを得ていることを示す。彼の分析結果から，CG が強固な企業における租税負担削減行動は，企業価値を増加させることを指摘している。

2 租税負担削減行動とさまざまな関係者の報酬決定や業績尺度との関係

第3の領域は，租税負担削減行動とさまざまな関係者の報酬決定や業績尺度との関係を明らかにしようとする研究領域である。ここに属する研究として，Phillips（2003），Geisler and Wallace（2005），Desai and Dharmapala（2006），Rego and Wilson（2008）（2012），Robinson et al.（2010），Gaertner（2010），Armstrong et al.（2011）等が挙げられる。Phillips（2003）は税引後の財務数値を業績指標に用いて事業単位管理者の報酬が決定される状況では，その企業の ETR（effective tax rate）が引き下げられることを示す。Geisler and Wallace（2005）は米国における小規模企業形態のうち非課税法人である S corporation と課税法人 C corporation のオーナーの報酬に租税支払額が大きな影響を及ぼすことを実証する。特に，比較すると課税法人のオーナーの報酬額が多くなる

のは，租税負担削減行動に積極的な企業形態の方が報酬に加算される金額も多くなるからと説明する。Gaertner (2010) は CEO の報酬が税引後の評価尺度で決定される場合，ETR を引き下げる傾向にあることを示す。

分析的研究の1つとして Crocker and Slemrod (2005) によると，租税負担削減行動は税務について独占情報を有する経営者と税務についての情報の非対称下にある株主との報酬契約等が租税負担削減行動への罰則を十分に織り込んでいないことが原因となって生じると説明する。

Desai and Dharmapala (2006) は租税負担削減行動実行に向けた意思決定は，経営者報酬およびコーポレート・ガバナンス (CG) に関連性があることを指摘し，CG が十分に機能する企業では租税負担削減行動を通じた経営者によるレント・エクストラクションは行われないことを説明する。Rego and Wilson (2008) は租税負担削減行動の6指標を用いて，租税負担削減行動と CEO と CFO の報酬水準の間にプラスの関係があることを示している。Armstrong et al. (2011) は税務部門管理者 (tax director) の報酬と租税負担削減行動水準との関連性を調査した。彼らは税務管理者の報酬は ETR と有意な負の関係を有するが，その他の租税負担削減行動指標とは有意な関係は見いだせないとした。このことから，税務管理者には財務諸表上の税金費用を削減するような，租税負担削減行動へのインセンティブが報酬体系に含まれていることを示唆する。Rego and Wilson (2011) は，租税負担削減行動の決定要因の1つに株式報酬に含まれるリスク・インセンティブが存在することを検証した。彼らは，経営者（ここでは CEO と CFO）のエクイティ・ベース報酬水準と租税負担削減行動との間にプラスの関係を見いだし，これは企業にハイリスクな税務計画に対して報酬を支払っているからであると説明する。上記の諸研究からの示唆としては，租税負担削減行動のリスクをインセンティブとして報酬に反映させると，経営者はより攻撃的な租税負担削減行動を引き受けるとなるであろう。

Robinson et al. (2010) は企業の税務部門がプロフィット・センターとして，もしくはコスト・センターとして評価されているかを検証し，その際に ETR が業績評価指標として利用されているかを調査した。彼らは分析結果から，税務部門をプロフィット・センターとして評価するかどうかは，税務

部門の税務計画の実施状況が大きく関わっていることを発見した。ETR に応じた業績評価が行われることが，税務部門を租税負担削減行動に向かわせる誘因となっていることを彼らは示唆する。

　第4の領域は，租税負担削減行動と利益調整行動の関係を明らかにしようとする研究領域である。Frank et al.(2009) は積極的な利益調整を行う企業は同時に積極的な税務戦略を実行しやすく，また利益調整を実行する企業は，利益連動型報酬制度と強い関連性を有することから，租税負担削減行動とも一定の関連性が予想される。そうした企業を市場も過度に高く評価しがちであることを示す。Frank et al.(2012) は攻撃的な利益調整を行う企業は同時に攻撃的な税務計画戦略を実行しやすく，またそうした企業ほど投資戦略，財務戦略についてもリスク・テイキングな行動を選択することを示す。

　Badertscher et al.(2009) は当期の課税所得に影響を及ぼす利益調整（book-tax conforming earnings management）と当期の課税所得には影響を及ぼさない利益調整（nonconforming earnings management）の2種類の利益調整を取り上げ，2つの選択肢のいずれかを選択する企業の属性を調査した。分析結果から，繰越欠損金を抱えて節税コストの低い企業ほど課税所得に影響を与えない利益調整に依存せず，当期の BTD が大きい企業ほど課税所得に影響を及ぼす利益調整を利用することを示した。Wilson (2009) はタックス・シェルターを利用して租税負担削減行動に積極的な企業ほど，利益調整行動も積極的であることを明らかにしている。こうした知見とは対照的に，Blaylock et al. (2012) は Hanlon (2005) の研究を発展させて，BTD がプラスで大きく，かつ会計発生高もプラスの企業の経営者は裁量的会計発生高を利用した利益調整を実行しやすいことを発見した。また，彼らは租税負担削減行動によって BTD が拡大した企業は将来利益と会計発生高の持続性が高いことを示した。Blaylock et al. (2012) は租税負担削減行動が利益の質に与える影響は限定的であることを示した。

　以上の4領域に属さない研究も多数存在する。例えば上記の Wilson(2009) はタックス・シェルターの利用を告発された企業データを用いて，タックス・シェルターを利用したことから変化した企業の特性を発見するモデルを開発した。Lisowsky (2010) はアメリカ内国歳入庁（Internal Revenue

Service：IRS）から独占的に入手したタックス・シェルター利用状況のデータをもとに，Wilson（2009）のモデルを発展させて，財務諸表情報からタックス・シェルター利用を推測することが可能か調査した。検証の結果，タックス・ヘイブンに在外子会社があるかどうか，海外源泉利益があるかどうか，前期以前のETR，収益性，訴訟損失を被っているかどうかと，タックス・シェルターの利用とが関係することが明らかになった。Atwood et al.(2012)は22ヵ国から構成される企業サンプルを用いて，租税負担削減行動に在籍国の租税制度を特徴づけるいくつかの属性，例えば利益と所得の一致性，全世界所得主義と源泉地所得主義，租税当局の強制力の程度等が影響しているかどうかを検証した。分析結果から，こうした属性によって租税負担削減行動の水準が決まってくることが示された。山下ほか（2011）は，申告所得公示制度の廃止により第三者の監視による牽制効果が薄れ，制度廃止後に日本企業の租税負担削減行動が積極的になったことを明らかにしている。

この他にもMcGuire et al.（2012）は監査法人が有する税務に関する特別の知識が企業の租税負担削減行動のレベルに影響を与えるかどうかを調査する。彼らの調査結果によると，大手監査法人から税務サービスの提供を受ける企業ほど，高度な租税負担削減行動を実行していることが明らかになった。

Hoopes et al.（2012）はIRSが企業の租税負担削減行動に与える影響を検証する。彼らの分析によると，IRSの調査が厳格になればなるほど租税負担削減行動に対して積極的ではなくなることが判明した。しかも企業の規模が大きくなり，IRSによる調査回数が増えるほど，租税負担削減行動が節制されることを彼らは明らかにした。

Chyz et al.（2009）は労働組合が租税負担削減行動に与える影響を分析し，労働組合の交渉力が強いほど租税負担削減行動が抑制されることを示した。Donohoe and Knechel（2013）は，租税負担削減行動と監査報酬の関連性について検証し，租税負担削減行動に積極的な企業ほど監査サービスに対し多額の監査報酬を支払っていることを明らかにした[7]。

---

7) 類似した研究にHanlon et al.（2012）もある。HanlonらはBTDの大きさと監査報酬の関連性を検証した。HanlonらはBTDの大きさを利益の質の代理変数と考えており，BTDが大きいほど利益の質が下がるため監査報酬が上がると説明する。

こうした先行研究から示唆されるのは，租税負担削減行動とエイジェンシー・コストの関係性で有り，引いてはCGとの一定の関連性である。その関係性が最も強く表れるのは，経営者報酬とCGの関係である。続いて，経営者報酬とCGの関係に租税負担削減行動がどのように結びつくかを，より詳細に検討する。

3 租税負担削減行動と経営者報酬およびコーポレート・ガバナンスの関連性

ここでコーポレート・ガバナンス（CG）というキーワードの定義をしておきたい。CGについて，Shleifer and Vishny（1997）は従来外部投資家が自分の投資リターンがより多くなるように確立するためのメカニズムについて論じられてきたと説明する。その意味でCGについての経済分析は，外部投資家と企業経営者との関係にある程度焦点が置かれてきた。しかし最近ではCGをより広い意味で捉え，「企業のステークホルダー全体の利益を最大化するために経営者を切り続ける制度的仕組みのデザイン」と捉え，その具体的な目的を長期的な企業価値の最大化にあると考えるようになってきている（宮島，2011）。本書もCGを広く利害関係者の利益を最大化するためのメカニズムと考え，租税負担削減行動もそうした利害関係者の利益に資するものかどうかという視点を盛り込んで考える。

経営者報酬は，報酬額の決定に係る動機づけを通じて，経営者に企業価値最大化に向けた意識植え付けのツールとしての役割が期待されている。特に所有と経営が分離した大企業においてはアラインメント効果（alignment effect）を有するCGの中核をなすものである[8]。

その一方で，経営者報酬は経営者に直接的な便益をもたらすために，超過報酬などのエイジェンシー問題の温床となりやすい。Core et al.（1999）は

---

8) 宮島・青木・新田（2002）はアラインメント効果を経営者と株主の利害を一致させる効果と説明する。例えば経営者の株式保有は株主の利害を意識した経営を経営者に行わせるアラインメント効果を持つ。その反面，経営者が株主からの強いCGのプレッシャーを免れるために，強い抵抗を示すこともある。これをエントレンチメント（entrenchment）という。砂川（2002）によると，経営者が外部投資家からの乗っ取りを免れるために株式を大量に持ち合うのは，エントレンチメントの一側面であると説明する。

CGの弱さにより経営者報酬が過剰になることを指摘し，その上で，超過報酬が事後的な企業パフォーマンスに悪影響をもたらし得ることを示している[9]。

経営者報酬と企業行動の関連性を題材とした会計研究は多い。経営者報酬と利益調整の関係に関する首藤（2010）はその中でも特筆した成果となろう。首藤（2010）が題材としたのは，裁量的な利益調整を通じて経営者報酬を左右しようという経営者の姿勢である。この背景には，経営者の業績を報酬と連動させる利益連動型報酬制度の存在がある。米国ではこの制度の存在は十分に知られており，Balsam（1998）を始めとする利益連動型報酬制度を前提とした利益調整と経営者報酬の関係の分析は多数散見される。日本においても米国と同様，企業業績が極端に悪化した場合や，企業不祥事が発覚したときに，役員賞与が全額カットされることがあることを乙政（2000）は示す。こうした経営者報酬と利益調整の関係性に関する研究の根底には，企業利益は利害関係者からモニターされる指標であるために，利害関係者との対立を回避するために利益調整のインセンティブが生まれるというエイジェンシー問題の存在である。また，利益連動型報酬制度を採用している企業にとっては，経営者報酬もしくは賞与を嵩上げするために，利益をプラスに調整するインセンティブを経営者へ提供してしまうことになる。

こうした問題意識をもとに，CGと経営者報酬の関係を分析したものに山本・佐々木（2010）がある。彼らによると，CGによって説明される経営者報酬は翌期以降の企業パフォーマンスとプラスの相関関係を持つことを指摘している。彼らは分析を通じて，日本企業は経営者報酬を通じた動機づけができていることを示す。またレイオフ（layoff）とCEO報酬の関連性を調査したものにHenderson et al.（2010）がある。彼らの分析によると，米国市場では，レイオフの規模が大きければ大きいほど，CEO報酬について株式

---

[9] Jonstone et al.（2011）はSOX法施行以降，内部統制の不備（Internal Control Material Weaknesses：ICMW）を改善するために利用するためのプロセスについて，CG構造の変革に焦点を絞って，独自のフレームワークに基づいた分析を実施した。分析の結果，ICMWを公表した企業は，その後役員や監査委員会，CEO・CFOを含むトップマネジメントを解任する傾向にあることが明らかになった。この結果から，企業はICMWの表明とCG不全を関係させて考える傾向にあることが示された。企業はリスクの原因となる要因を抑制するために，トップマネジメントを含む組織構造にも手を加えることすら厭わないという実情を彼らは示す。

ベースの報酬を中心としたものになりやすいと指摘される。これがCEOの支配力が強い企業では，相対的に減額幅が小さいと説明する。CGとの関係で考えると，経営者報酬は企業の機関構造だけではなく，市場からの企業価値評価も反映して決定されることを示唆する。

　一方，Frank et al.（2009）などによって，租税負担削減行動は利益調整行動と有意に関係することが実証されている。次の問題は，租税負担削減行動もCGの強化と経営者の動機づけに用いられているかどうかという点である。租税負担削減行動は場合によっては税務当局からの調査を受ける可能性を持つハイリスクな経営者行動である。しかし，企業価値にとってプラスの影響をもたらす可能性は十分に高い投資と見なすこともできる。Rego and Wilson（2011）は，租税負担削減行動の決定要因の一つに株式報酬に含まれるリスク・インセンティブが存在することを検証した。彼らは租税負担削減行動とCGの関係に言及し，経営者報酬との関係に着目する。特に，経営者報酬のリスク・インセンティブが租税負担削減行動を引き起こすというロジックはこれまでの議論から明確である[10]。

　Desai and Dharmapala（2006）は租税負担削減に向けた意思決定は，経営者報酬およびCGと強い関連性があり，ガバナンスがうまく行われていない企業ほど租税負担削減行動が実行されやすいと主張する。別の角度から説明すると，彼らはレント・エクストラクションとタックス・シェルターの利用の関係は，CG環境によって代替的関係にも補完的関係にもなると説明する。Desai and Dharmapala（2006）によると，CGの強い環境では経営者は自己の利益を追求しにくい状況になる。その環境では企業価値の増大を念頭に経営を行うので，経営者はレント・エクストラクションの実施を強くは考えない。だが，企業価値を高める（税引き後利益の最大化）ことを経営者が求める場合，タックス・シェルターの利用も検討するはずである。反対にCGの弱い環境でも経営者は企業価値の増大は求めつつも，レント・エクストラクションの実施も考える。その場合もタックス・シェルターを利用して

---

10) 経営者の裁量的行動と関係することから，企業の税務計画を反映した変数と考えられるので，経営者の利益調整行動と密接に関係すると予想できる。租税回避変数を通じた分析は第4章以降において進めていく。

税引き後利益の最大化を検討するはずである。

両者を分けるのは企業価値と経営者報酬の連動性の強さである。連動性の強い企業はタックス・シェルターの利用はレント・エクストラクションの実施と必ずしも結びつかない。それゆえ，ストック・オプションのような業績連動型報酬形態を利用する企業はタックス・シェルターを利用していたとしても，それがレント・エクストラクションと結びつかないので，株式時価総額の増加につながると予想される。

つまり，CGが機能する企業では租税負担削減行動が行われてもそれがレント・エクストラクションに繋がるわけではなく，企業価値の増加に結びつくと予想されるのである。

以上の関係をまとめると図表3－1のようにまとめられる。

租税負担削減行動が強いCGのもとで利用されると，企業価値を高めることになる。反面，弱いCGのもとで租税負担削減行動が実行されても，レント・エクストラクションを引き起こし，企業価値を低めることになる。ただ，経営者らのアラインメント効果を引き出そうとするならば，経営者報酬にストック・オプションのような業績連動型報酬形態を組み込む方が効果的である[11]。

租税負担削減行動はCGと強い関連性を持つことが先行研究のレビューから示されたものの，日本企業を対象とした分析においても同じ関係性が示されるかどうかは実証的な問題である[12]。

---

11) この問題について日本企業を対象とした研究にOhnuma（2014）もある。
12) コーポレート・ガバナンスと財務数値の関係を分析したものに，伊藤（2003）がある。伊藤（2003）は金融商品時価会計導入の経済的影響を調査することで，CGの変化を検証する。伊藤教授がCGを問題とした理由として，以下の4点を挙げる。第一に日本企業のROEの低さを指摘する．第二にメインバンク制の崩壊を指摘する。第三に，相次ぐ企業不祥事，最後に会計基準の変更とそれに伴う企業システムへの影響がCGに変化をもたらしたと断じる。同時に，CGに関する議論を実行に移されてこなかった理由を以下のように指摘する。TOBなどのこれまで体験してこなかった外部からの圧力が急激に高まったことや会計制度・法律・税制などが大幅に改正されたことから，企業に改革を迫る土壌が培われた。その上で，伊藤（2003）はその他有価証券の売却行動を中心に，株式持ち合いの解消がCGに与える影響をPROBIT分析を通じて検証する。分析結果からの示唆として，持合い株式を放出することで，従来の日本型CGと決別し，わが国特有のガバナンスのアイデンティティを今後も守っていこうという企業側の意図を読み取ることができるとした。つまり，会計ビッグバン以降，企業のCGに変化が見られることを伊藤教授はデータを通じて論証したのである。

図表3-1 租税負担削減行動とコーポレート・ガバナンスと企業価値の関係

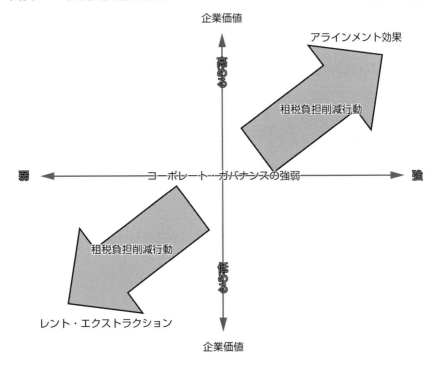

3 租税負担削減行動の尺度

　租税負担削減行動は第2章において説明した通り，概念と分析対象とではかなりの相違がある。租税負担削減行動を経営者が意識して実行すると，必要となるツールは第2章で説明したタックス・シェルターであったり，移転価格操作だったりする。しかし，投資家，規制当局などの外部利害関係者が，そこまで詳細な情報を入手することは容易なことではない。こうした特殊なツールではなく，業績が悪いということも，繰越欠損金の活用によって，租税負担削減行動に至ることもあり得る。

そこで，租税負担削減行動そのものについては，客観的な視点で明確にするほかない。一定の尺度により，租税負担削減行動を実行しているかどうかを判断するのが明確な指針であると考える。本節では，第4章以降の分析で使用される租税負担削減行動の尺度を紹介する。Hanlon and Heitzman (2011)によると，租税負担削減行動の尺度を大きく2つに分類する。1つは比率系の尺度，もう1つは差額系の尺度である。前者を租税回避比率（tax aggressive rate），後者を租税回避変数（tax aggressive measures）と分類する。

1 比率系の租税負担削減行動の尺度

租税回避比率に分類される租税負担削減行動の尺度はETR（GAAP effective tax rate），Current ETR（Current effective tax rate），Cash_ETR（long-term cash effective tax rate），Years_ETR（long-term effective tax rate）などが上がる。

その中における最も一般的で，最も客観的な最初の指標はETR（実効税率）である。計算法は次の通りである。ETRは法人税・事業税・住民税に法人税等調整額を加算し，それを税金等調整前利益で除したものとして，次式のように定義される。

$$ETR_{i,t} = \frac{法人税・事業税・住民税_{i,t} + 法人税等調整額_{i,t}}{税金等調整前利益_{i,t}} \quad \cdots (1)$$

ここでiは企業，tは年を表す。

次にCurrent_ETRは，法人税・事業税・住民税を税金等調整前利益で除したものとして，次式のように定義される。

$$Curent\_ETR_{i,t} = \frac{法人税・事業税・住民税_{i,t}}{税金等調整前利益_{i,t}} \quad \cdots (2)$$

両者の相違は，いうまでもなく法人税等調整額の存在である。法人税等調整額は，税効果会計の適用により一時差異等が生じた場合，当期の法人税，住民税および事業税を調整するために設けられた勘定科目である。法人税等調整額は当期の法人税・事業税・住民税の中に来期の費用とした方が適切な

部分が含まれているときに，来期への繰延費用と見なすことができる。反対に，当期の費用として計上した方がよい法人税・事業税・住民税がるときは来期からの見越費用と見なすことができる。しかし，法人税等調整額の計上は，経営者の見積や予測などといったさまざまな要素が関係する。この点からすると，繰延税金費用である法人税等調整額は，その計上額に経営者の裁量が含まれる裁量的会計発生高の1つと見なされる。別の見方をすると，Current_ETR よりも ETR の方が租税負担削減行動への経営者の意向をより反映していると考えられる[13]。

一方で，Cash_ETR は Dyreng et al.（2008）が提案した手法である。

$$Cash\_ETR_{i,t} = \frac{\sum_{t=1}^{N} CashTaxPaid_{it}}{\sum_{t=1}^{N} PretaxIncome_{it}} \quad \cdots (3)$$

なお，このときの変数の定義は次の通りである。
・CashTaxPaid：1期間の法人税・事業税・住民税支払額合計
・TaxPaid：法人税等費用
・PretaxIncome：特別損益控除前税金等調整前利益

単年度の実効税率はその年度の税引前利益に対する支払税金の割合であるが，長期的に見ないと実質的な税負担を見ることができない場合もある。例えば，費用・収益の計上を何年か先に繰り延べて一時的に税負担を軽くする場合が考えられる[14]。

租税負担削減行動に関する研究では，Cash_ETR を利用して複数年度に渡る税引き前利益に対する累積支払い税額を計算して，その期間での租税負担を計算するものも多い（例えば Rego and Wilson 2012）。実際のところ，法人税等調整額は数年後の反転が予想されるからである。これによって意図

---

13) 式（2）の分子を実際の現金での税金支払い額にする尺度もある。純粋な単年度での租税負担を測る尺度として有意義であるが，日本の会計制度ではキャッシュ・フロー計算書等を参照する必要があり，やや手間がかかる。山下ほか（2010）が Current_ETR を使用する一つの理由でもある。
14) 何年分の法人税等費用と税引前利益を累積させるかについては，特に確たるルールはない。Dyreng et al.（2008）は10年間累積させるが，Rego and Wilson（2012）は5年である。

的な租税回避を見抜くことが可能となる（Dyreng et al. 2008）。

　もう1つの長期的な視点での租税負担削減行動の尺度として Years_ETR も考えられる。

$$YEARS\_ETR_{i,t} = \frac{\sum_{t=1}^{N} TaxPaid_{it}}{\sum_{t=1}^{N} \Pr etaxIncome_{it}} \quad \cdots (4)$$

　Cash_ETR とは分子が法人税等費用総額である点が相違する。法人税等費用は法人税等調整額によって各年度の費用額が平準化されている。この指標を使った分析では，先行研究に従い，解釈しやすいよう Cash_ETR を0から1の範囲内に収まるよう修正（winsorize）するのが一般的である。

　ただいずれの租税回避比率にいえることは，この数値そのものが租税負担削減行動を反映しているわけではないということである。企業によってこの数値は異なり，その理由もさまざまである。もっとも，租税回避比率によって租税負担削減行動の傾向や水準をつかむことはできると考えられる。単年度の租税回避比率はその年度の税引前利益に対する支払税金の割合であるが，長期的に視点に立って租税負担割合を見ないと，当該企業の実質的な税負担を見ることができない場合もある。例えば，費用・収益の計上を何年か先に繰り延べて一時的に税負担を軽くする場合が考えられる。この点からすると，法人税等調整額はその計上に経営者の裁量が含まれる。それゆえ，法人税等調整額を含む法人税等費用を分子に据えた租税回避比率の方が，経営者の裁量的な租税負担削減行動をより反映していると評価できる。Cash_ETR のように，法人税等費用総額を複数期間累積させることで，長期的な租税負担削減行動の存在も発見できると推測される。

　ただし，Cash_ETR については日本とアメリカでの会計制度上の問題がある。Dyreng et al.（2008）は分子の CashTaxPaid を実際の現金での税金支払額としている。しかし，日本の会計制度の下では損益計算書の法人税，住民税および事業税は実際支払額ではない。その意味で，あくまで長期的な租税負担削減行動の状況を説明する指標であって，租税負担削減行動の詳細

を説明しているとはいえないことに注意すべきであろう。

2 差額系の租税負担削減行動の尺度

会計利益と課税所得の差額である BTD は経営者による利益調整行動と同時に，租税負担削減行動によっても生じる。すなわち，BTD から抽出する租税負担削減行動の尺度は比率系の租税負担削減行動の尺度以上に，経営者の裁量的な租税負担削減行動を反映することが期待されている。それゆえ，前述の通り差額系の租税負担削減行動の尺度を租税回避変数と呼ぶ。

租税回避変数は企業の税務計画を反映した変数と考えられるので，経営者の利益調整行動とも密接に関係すると予想できるものと期待している。BTD も租税回避変数の1つと考える。BTD は以下のように算出する。

$$BTD = BI（会計利益） - TI（課税所得）$$
$$BTD = BI - TI$$
$$= BI - \frac{CTE}{TR} \qquad \cdots (5)$$

BI ＝税金等調整前利益
TI ＝課税所得
CTE ＝法人税および住民・事業税合計
TR ＝法定実効税率

法定実効税率を採用する理由としては，損益計算書上の法人税・住民税・事業税と税引き前当期純利益は法定実効税率を介して対応しているからである[15]。なお，法定実効税率の計算式は次の通り[16]。

---

15) もちろん，法定実効税率は表面的な税率しか加味しておらず，繰越欠損金や税額控除の存在を十分に考慮できていない。したがって法定実効税率で割り引いて推定した課税所得は実際の課税所得とは異なるため，測定誤差が相当に予想される。
16) 法定実効税率を計算する場合，住民税率と事業税率をある程度正確に把握する必要があるものの，実際は地域ごとで住民税率と事業税率は多少異なっている。そこで法人税率を法定実効税率の代理変数として使うことも考えられる。

$$\text{法定実効税率} = \frac{\text{法人税率}＋(\text{法人税率}\times\text{住民税率})＋\text{事業税率}}{1＋\text{事業税率}}$$

さらなる租税回避変数として永久差異（permanent differences：permdiff）も考えられる。Rego and Wilson（2008）にあるように，一時差異は財務会計と税務会計での単なる認識時点の相違を反映してしまう。結果として経営者の租税負担削減行動をより反映させる指標としては，BTDから一時差異を控除した指標がより適切となる（例えばKhurana and Moser, 2013ほか）。永久差異には財務会計上は認識されない租税負担削減行動を反映していることがある。

Permdiffは下記の式（6）に沿って算出する。

Permdiff ＝ 永久差異 ＝ BTD － 一時差異

$$= \left(BI - \frac{CTE}{TR}\right) - \frac{DTE}{TR} \quad \cdots (6)$$

課税所得の調整を通じた経営者の租税負担削減行動を検出するためには，所得をどの程度調整したかを検出するモデルが必要である。そこでFrank et al.（2007）（2009）のDTAXモデルが用いられる。

$$Permdiff_{it} = \delta_0 + \delta_1 INTANG_{it} + \delta_2 UNCON1_{it} + \delta_3 UNCON2_{it}$$
$$+ \delta_4 MI_{it} + \delta_5 TTE_{it} + \delta_6 \Delta NOL_{it} + \delta_7 Permdiff_{it-1} + \mu_{it} \cdots (7)$$

・Permdiff ＝ 永久差異 ＝ BTD － 一時差異
　　　　　　＝（BI －（CTE／TR））－ DTE／TR
・BTD　　＝ BI（会計利益）－ TI（課税所得）
・BI　　　＝ 税金等調整前利益
・CTE　　＝ 法人税および住民・事業税合計
・DTE　　＝ 法人税等調整額
・TR　　　＝ 法定実効税率
・INTANG ＝ 連結調整勘定またはのれんの償却額

- UNCON 1 ＝持ち分法による投資損失
- UNCON 2 ＝持ち分法による投資利益
- MI ＝少数株主損益
- Δ NOL ＝前年度からの繰越欠損金の変化分
- μ ＝裁量的永久差異＝租税回避変数の代理変数＝ $DTAX_{it}$

　コントロール変数としてモデルに組み込んでいるものは，主として連結財務諸表特有の項目である。連結財務諸表の諸項目をコントロールして計算された残差に租税負担削減行動が反映されると当該モデルでは想定されている。また法人税等調整額を割り引く実効税率についてであるが，大沼（2010）では法定実効税率を利用しているものの，Rego and Wilson（2012）やMcGuire et al.（2012）は法定税率（statutory tax rate）を利用して課税所得を推定している。

　租税負担削減行動は多面的であり，一つの尺度だけで補足するのは難しい。そこで，頑健性を高める意味でも Desai and Dharmapala（2006）による次のモデル（DD モデル）もあわせて用いられる。DD モデルの特徴は，BTDに含まれる全会計発生高をコントロールした後，算出される残差に租税負担削減行動が反映されると想定している点にある。

$$BTD_{it} = \beta_0 + \beta_1 TACC_{it} + \varepsilon_{it} \qquad \cdots (8)$$

- TACC ＝全会計発生高＝ EBEI ＋ TTE －（CFO ＋ ITP）＋ EIDO
- EBEI ＝特別損益控除前当期純利益
- TTE ＝法人税等費用＝法人税および住民・事業税＋法人税等調整額
- CFO ＝営業キャッシュ・フロー
- ITP ＝キャッシュ・フロー計算書における法人税等実際支払額
- EIDO ＝キャッシュ・フロー計算書における特別支出
- ε ＝超過 BTD ＝租税回避変数の代理変数＝ DDit

　続いての租税回避変数として，Hanlon and Heitzman（2011）は，ETR－differentials という尺度を提案する。この尺度は法定実効税率と当該企業のETR との差額である。この指標を使うと法定実効税率との差異から，どの

程度租税負担を削減しているかが明らかになる。一方で地方によって法定実効税率の算定結果に相違が生まれるため，実際にはこの指標を用いた分析は見つからない。

最近，非常に利用頻度が上がっているのが Wilson (2009) が算定した Tax shelter activity index である。彼が実際に収集したタックス・シェルターを利用している企業リストをもとに，BTD や裁量的会計発生高，負債比率，ROA などに独自の指数を乗じて指標を算定する（例えば Boone et al. 2013, Khurana and Moser, 2013ほか）。この指標をもとに租税回避変数を算出する。この指標はタックス・シェルターの利用を検出するモデルで有り，その説明力は高いものの，米国企業のデータをもとに構築されたものである。このため，日本企業を対象とした分析に利用は困難である。

さらなる租税回避変数として考えられるものに，限界税率（marginal tax rate：MTR）が挙がる。この指標は企業独自に算出されるものであり，1単位あたり課税所得が増加したときに増える支払税額の現在価値の割合をいう。将来のキャッシュ・フローを予測してMTRは推定されることから，企業それぞれの投資意思決定に有用とされる。MTRを算出するときには，繰越欠損金の額であるか，いつ解消するのか，将来の会計利益の金額がいくらであるか，また課税所得がどの程度であるか等を推定する必要がある。実際には Shevlin (1990) や Graham (1996a, 1996b) の計算手法が使われるが，ETRと比べ租税回避変数として利用するには手間がかかりすぎるため，投資意思決定や財務意思決定の局面での分析に用いられる。

これ以外の租税回避変数として Hanlon and Heitzman (2011) が示唆するのが，未認識租税便益（unrecognized tax benefits：UTB）である。UTBとは，アメリカ財務会計基準審議会解釈指針第48号（FASB Interpretation No.48：FIN48）『法人所得税の不確実性に関する会計処理』のもとで，開示されることになった金額である。UTBは将来の支払税額に関する不確実性が高まったときに計上される引当金である。つまり税務手続きおよび監査などの局面において，税務当局からの追徴課税の可能性が高まったときに計上されるものとなる。したがって租税負担削減行動を実行した場合などに，UTBが計上される可能性は否定できない[17]。ただし，租税負

図表3-2 租税負担削減行動の尺度

尺度	計算	説明	会計利益へのインパクト	租税繰延戦略を反映するか	国ごとで算出可能か？
ETR	法人税等費用総額／税引前当期純利益	税引前利益に対する法人税等費用の割合	Yes	No	Yes
Current ETR	当期の法人税等費用／税引前当期純利益	税引前利益に対する当期の法人税等だけの割合	Maybe	Yes	yes
Cash_ETR（長期）及びYears_ETR	複数年度（n期）の法人税等費用総額の合計額／複数年度（n期）の税引前当期純利益の合計額	N期間にわたる税引前利益合計額に対する法人税等費用合計額の割合	No	Yes	No
ETR-differentials	法定実効税率－企業個別のETR	法定実効税率と当該企業のETRとの差額	Yes	No	No
DTAX	誤差項＝永久差異－コントロール変数	永久差異のうちコントロールで説明できない裁量的要素	Yes	No	No
BTD	税引前利益－推定課税所得	税引前利益と課税所得の差額	Yes/No	Yes	Yes（USにおいて）
超過BTD	BTD＝$\beta_0 + \beta_1$会計発生高という回帰式の残差	BTDのうち会計発生高で説明できない裁量的要素	Yes/No	Yes	No
Permdiff	BTD－一時差異	永久差異	No	Yes	No
UTB	未認識租税便益	支払可能性が不確実な租税債務（引当金）	Yes	不確実である限り	No
Tax shelter activity index	タックス・シェルター利用を示唆する尺度	開示データや報道、及びIRS非開示情報から特定される	シェルターの種類による	シェルター利用そのものが租税繰り延べになる	関係ない
MTR	推定限界税率	1単位あたり課税所得が増加したときに増える支払税額の現在価値の割合	No	Yes	既存のデータではNo

64

担削減行動を明示する目的で UTB を計上するのは考えにくく，結果として計上せざるを得ない可能性は考慮できる。それゆえ，これ以外の租税回避変数と比べ，租税負担削減行動の尺度としては余り明確ではないと Hanlon and Heitzman（2011）も説明する。このため，UTB も租税回避変数としては一般的とはいえない。また日本企業で UTB を計上する企業は米国 SEC 基準適用企業に留まり，企業数自体それほど多くはない。

　以上説明してきた租税負担削減行動の尺度について，Hanlon and Heitzman（2011）の表1を基礎にした上で筆者独自の尺度と見解も含めて整理したものが図表3－2である。図表3－2では，尺度自体が会計利益に影響を与えているか，租税支払いを繰り延べる戦略的行動とも関係するか，国ごとで当該指標は算定可能かどうかについても言及している。

4　まとめ

　第1節では，租税負担削減行動に関する研究が税務計画論という領域から始まり，その後 BTD の拡大に対する財政当局の懸念からさまざまな調査が始まったことで，その領域が拡大し，深化をしていったことを示した。

　第2節では租税負担削減行動についての実証研究をレビューした。租税負担削減行動についての実証研究のレビューから租税負担削減行動はエイジェンシー理論で示されるエイジェンシー・コストの一種であることが分かる。また租税負担削減行動はコーポレート・ガバナンス（CG）の状況と深い関係を持つことが，数多くの先行研究から示された。すなわち，強い CG が機能する経営者のもとで租税負担削減行動が進められると，企業価値を高めることになる。反面，弱い CG のもとで租税負担削減行動が実行されても，レント・エクストラクションを引き起こし，企業価値を低めることになる。ただ，アラインメント効果を引き出そうとするならば，経営者報酬にストック・

17）　Hanlon and Heitzman（2011）は，UTB は経営者の主観的な判断によって計上される要素なので，利益調整の手段としても利用できると説明する。つまり彼らは，UTB の計上は財務会計上の目的，つまり利益調整を目的とする場合と，租税負担削減行動の程度を明示する目的で計上すると説明する。

オプションのような業績連動型報酬形態を組み込む方が効果的である。

　第3節では第4章以降で見ていく租税負担削減行動の実証分析で用いる租税負担削減行動の尺度を見てきた。租税負担削減行動の尺度には比率系と差額系の尺度があり，前者の比率系の尺度を租税回避比率，後者の差額系の尺度を特に租税回避変数と定義し，租税負担削減行動の状況が強く反映されると指摘した。

　租税負担削減行動について考えることで，企業のさまざまな側面がデータから見えてくる。租税負担削減行動自体が経営者の行動と関係することもあれば，租税制度や租税に関する規制によって租税負担削減行動が促されるという別の関係も見えてくることがある。租税負担削減行動そのものが金融市場の評価の素材となることも考えられる。その意味で租税負担削減行動は非常に多面的な性格を有する経営者行動と見なすことができる。租税負担削減行動という経営者行動を分析することで，第2節図3－1において図式化されたCGとの関係性が見えてくることが期待される。

　第4章以降は3Mというディメンジョンから，租税負担削減行動とCGおよび企業行動との関係を見ていく。租税負担削減行動がどういった関係性から促されるのかを，本書は検証していく。

第Ⅱ部

Management（経営者）の視点からの実証分析

第4章
租税負担削減行動と経営者裁量との関係性

1 はじめに

　本章は税務戦略の目的とその影響について検証する。本章の出発点となったのは，中里（2002），Graham and Tucker（2006）などによるタックス・シェルターの包括的な研究からである。彼らの研究の進展により，合法的に租税負担の削減を進める組織や手法があることが明らかになった。その一方で，タックス・シェルターを裏づけるデータや，これを利用する動機，タックス・シェルターの経済的な影響を検証する分析は，日本ではあまり多くない。アメリカにおいても，タックス・シェルターを含む租税負担削減行動についての検証はようやく端緒についたところである。

　ここ数年アメリカ会計学会を中心に，タックス・シェルターを含む企業の租税負担削減行動を実証的に検証する潮流が広がってきた。この嚆矢となったのは，Dyreng et al.（2008）や Desai and Dharmapala（2006）らからである。詳細は第3章に譲るが，Desai and Dharmapala（2006）は，会計利益と課税所得の差額である BTD（Book-Tax Differences）を分析することにより，その中に経営者の裁量による税務計画の兆候が含まれると予想した。これを受けて，Frank et al.（2007, 2009）などの研究を通じて，BTD に含まれると推定される租税負担削減行動に関するより詳細な調査が行われつつある。上記の先行研究から，税務戦略の展開に租税負担削減行動やタックス・シェルターと呼ばれる何らかのスキームが使われている可能性が高い。また企業の税務戦略は経営者の利益調整行動と関係も深いと予想される。この議論の根底には，租税負担削減行動を進める企業経営者のコーポレート・ガバナンス（CG）に対する姿勢も本分析から見えてくる。そこで，上記の先行

研究を参考に，BTD の拡大と経営者の利益調整行動は有意に関係するか検証する。続いて，BTD に含まれていると推定される租税回避変数を検出した上で，この変数は経営者の利益調整行動を説明するか，それとも逆の関係にあるかを検証する。さらに，租税回避変数は各企業の多角化度合いと何らかの関係を有するかについて検証する。

　本章の構成は次の通りである。第 2 節で，本章の仮説を構築する。第 3 節ではデータとリサーチ・デザインを説明し，第 4 節では分析結果を示す。第 5 節では解釈と知見を述べる。第 6 節では結論となる。

2　仮説の展開

　本章の分析を進めるにあたり注目するのは，会計利益と課税所得の相違（BTD）の成り立ちである。例えば税引き前利益が100で課税所得が120であれば，BTD は－20（＝100－120）となる。この差額の源泉は，財務会計と税務会計の収益および費用の認識時点の相違や資産負債の評価額の相違に起因する。

　租税制度の枠組みに沿って考えると，損益計算書の税引前利益を法人税の納税申告書別表四に挿入し，この数値に損金不算入費用と益金算入項目を加算し，損金算入項目と益金不算入収益を減算することによって課税所得は算出される。この損金不算入費用と益金算入項目，損金算入項目と益金不算入収益がBTDの中味であり，損益計算書における法人税等調整額の一部を構成する。Manzon and Plesko（2002）によれば，BTD は損益計算書上では当期に損金となる法人税，住民税及び事業税と，次期以降に損金となる法人税等調整額の合計である法人税等費用とに区分される。このうち，法人税等調整額は会計利益と課税所得の間の一時差異（temporary differences）であり，いずれ解消する。一方で，BTD を構成する要素には，財務会計上は収益及び費用として認識されるものの，税務会計上は益金及び損金としては認識されないものもある。これは一時差異と異なり，永久に解消されることのない差異であることから永久差異（permanent differences）という。

　永久差異には受取配当金の益金不算入額や，交際費等の損金不算入額など

が含まれるが，タックス・シェルター活動に起因する要因も含まれると考えられる。例えば，在外子会社に利益を累積して，本国に環流せず再投資を繰り返すことも，一種のタックス・シェルター活動と見なすことができる。本章ではこうした活動を含む永久差異に含まれる支払税額の削減行動を包括的に租税回避変数と呼ぶ。租税回避変数は企業の税務戦略を反映した変数と考えられるので，経営者の利益調整行動と密接に関係すると推測される。とはいえ，こうしたアメリカの状況がそのまま当てはまり，わが国でもBTDが利益調整行動と関係するかどうかは実証的に検証するべき問題である。日本の法人税法は，確定した決算（株主総会で承認された計算書類）に基づき，（課税）所得の金額および法人税額を記載した申告書を提出しなければならない（確定決算基準）と規定している（法人税法第74条）。すなわち日本では，先に述べた通り，基礎となる会計利益に税務上の調整がなされて課税所得が測定される[1]。これらの多くは，経営者の裁量によって操作し得る部分を規制している。その一方で大沼ほか（2008）が指摘するように，1998年の税制改正と1998年度より導入された税効果会計によって，経営者の裁量が以前よりも働きやすくなったと推測される。

BTDに含まれる永久差異が多くなればなるほど，経営者の裁量的な租税負担削減行動および利益調整行動によって発生する裁量的会計発生高も多くなると推測される。そこで，次の仮説を検証する。

H1：BTDは経営者の利益調整行動とプラスに関係する。

本章では第3章において説明したいくつかの租税回避変数を分析に利用する。租税回避にはさまざまな意味が含まれる。一般には法律を逸脱して租税負担を免れる脱税，法律の範囲内で租税負担の軽減を求める節税と，このどちらにも含まれない狭義の租税回避に分かれる[2]。本章でBTDから抽出す

---

1) この税務上の調整には，例えば，減価償却費の超過限度額の損金不算入，税務上認められていない各種引当金あるいは交際費の損金不算入，および受取配当金の益金不算入等がある。詳細は武田（1998）参照。
2) 永久差異に含まれる企業行動として，例えば，在外子会社に利益を累積して，本国に環流せず再投資を繰り返すことも含まれる。これも，租税負担削減行動と見なすことができる。

る租税回避変数は，脱税と節税と租税回避行為を広く包括した税負担削減行動そのものを反映していると考えられる。同様に，前述の通り租税回避変数は企業の税務戦略に裏打ちされた変数と考えられるので，経営者の利益調整行動とも密接に関係すると予想できる。

租税負担削減行動についての実証研究として，Desai and Dharmapala (2006) は租税負担削減行動実行に向けた意思決定は，経営者報酬およびCGに関連性があり，ガバナンスがうまく行われていない企業ほど租税負担削減行動が行われやすいと主張する。Frank et al. (2007, 2012) は攻撃的な利益調整を行う企業は同時に攻撃的な税務計画戦略を実行しやすく，またそうした企業ほど投資戦略，財務戦略を攻撃的に進める。Rego and Wilson (2008) は，6つの租税回避指標を算出し，この数値とCEO報酬との関係に焦点を当てた。Rego and Wilson (2012) は租税負担削減行動実行に向けた意思決定は，経営者報酬およびCGに関連性があり，ガバナンスがうまく機能していない企業ほど租税負担削減行動が行われやすいと主張する。本章の分析で算出される裁量的会計発生高は経営者の利益調整行動の代理変数である。

そこで，本章は次の仮説も検証する。

H2−1：租税回避変数は経営者の利益調整行動と有意にプラスに関係する。
H2−2：租税回避変数は経営者の利益調整行動と有意にマイナスに関係する。

グローバル企業ほど海外投資家からの圧力が強いので，税務計画を進めて税負担を下げ，企業価値を高めようとの意識が強いと指摘する。Graham and Tucker (2006) の調査によると，租税負担削減行動はおおよそ在外事業体を介して行われている。それゆえ，どこの地域で活動しているか，どこの地域から収益を獲得しているかは，租税回避変数の特質を把握するのに強く関係すると推測される。こうした点から，租税回避変数が企業の税務計画とリンクしているならば，企業の海外投資や事業展開などとも密接に関係す

ると推測される。例えば，タックス・シェルター等を利用して利益を海外に集めて運用するのは，日本に戻すのではなく，現地での利益の再投資を企図しているからである。つまり，租税負担削減行動は租税負担削減行動そのものが目的というよりも，主たる業務に関係する形で実行されていると推測される。そこで，本章では以下の仮説も検証する。

H3：租税回避変数は海外企業活動とプラスに有意に関係する。それゆえ，在外事業地域と有意な関係にある。

3　サンプルと記述統計量

　最初にBTDを細分化してその構成要素を分析する。データについてであるが，データは（株）日経メディア・マーケティング社が提供する「日経 Needs-Financial Quest（日経FQ）Ver.2.0」を利用した。分析対象企業は，全上場企業の中から，日経FQによりデータが入手可能な企業に限定した。財務データについてはリサーチ・クエスチョンとの関連性から連結財務諸表データを利用した[3]。その上で，Hriber and Collins（2002）においてそうであるように，全会計発生高は連結キャッシュ・フロー計算書のデータをもとにしている。決算期については3月期決算に限定せず，できるだけ多くの企業がサンプルに含まれるよう調整した。その上で，誤差項の分散不均一性を考慮して，すべての変数を前期末の総資産でデフレートした。また税率の変更や，損益計算書の表示区分の変更，2000年3月期からの税効果会計基準全面適用などを考慮に入れ，さらに2002年法人税制改正を踏まえ，比較可能な期間として2004〜2008年度までの5年間の財務データを利用した。先のGraham and Tucker（2006）の例からも示される通り，タックス・シェルターを利用する場合海外取引を介在させるのが一般的である。そこでサンプ

---

[3]　税務データについての分析であれば，基本的には単体のデータを利用するのが本来のあり方である。しかし，本章のリサーチ・クエスチョンが，租税負担削減行動と国際的業務展開との関係も視野に入っているので，連結データを利用している。結果的にデータにノイズが多く入っていることについて，留意しなければならない。

ルについては，海外売上高＞0の企業に限定した。

　最初に経営者による利益調整行動を推定するために，以下の2モデルを通じて裁量的会計発生高を計算した。（1）は Dechow et al.（1995）に基づく修正 Jones モデル，（2）は Kasznik（1999）をベースとした CFO 修正 Jones モデルである。

$$TACC_{it} = a_0 + a_1 (\Delta REV_{it} - \Delta AR) + a_2 PPE_{it} + \eta_{it} \cdots (1)$$

$$TACC_{it} = a_0 + a_1 (\Delta REV_{it} - \Delta AR) + a_2 PPE_{it} + a_3 \Delta CFO + \eta_{it} \cdots (2)$$

このときの各変数についての定義は以下の通りである。
- TACC　　＝全会計発生高＝ EBEI ＋ TTE －（CFO ＋ ITP）＋ EIDO
- EBEI　　＝特別損益控除前当期純利益
- TTE　　＝法人税等費用＝法人税および住民・事業税＋法人税等調整額
- CFO　　＝営業キャッシュ・フロー
- Δ CFO　＝営業キャッシュ・フローの前年度からの変化分
- ITP　　＝キャッシュ・フロー計算書における法人税等実際支払額
- EIDO　　＝キャッシュ・フロー計算書における特別支出
- Δ REV　＝売上高の前年度からの変化分
- Δ AR　　＝売上債権の前年度からの変化分
- PPE　　＝建物，機械等の償却対象の有形固定資産
- η　　　　＝裁量的会計発生高＝ DAjit（j ＝ 1，2）

　（1）（2）のモデルによって算出された DA は経営者の利益調整行動の結果生み出された数値といえるものの，調整しているのは会計発生高を通じた税引き前の当期純利益である。しかし，課税所得の調整を通じた経営者の租税負担削減行動を検出するためには，所得をどの程度調整したかを検出するモデルが必要である。そこで第3章で説明した Frank et al.（2007，2009）において示された DTAX モデルを租税回避変数に用いる。各変数の定義は第3章の通りである。

$$Permdiff_{it} = \delta_0 + \delta_1 INTANG_{it} + \delta_2 UNCON1_{it} + \delta_3 UNCON2_{it} + \delta_4 MI_{it}$$
$$+ \delta_5 TTE_{it} + \delta_6 \Delta NOL_{it} + \delta_7 Permdiff_{it-1} + \mu_{it} \quad \cdots (3)$$

 このとき μ = 裁量的永久差異 = 租税回避変数の代理変数 = DTAXit となる。DTAX は大きければ大きいほど，永久差異に含まれる租税負担削減行動が大きいことを意味するため，租税負担削減の割合が高いことを意味する。

 ただし，租税負担削減行動は多面的であり，一つの尺度だけで補足するのは難しい。そこで，頑健性を高める意味でも Desai and Dharmapala（2006）による第3章で示した DD モデルもあわせて用いて，租税負担削減行動を析出する。DD モデルの特徴は，BTD に含まれる全会計発生高をコントロールした後，算出される残差に租税負担削減行動が反映されると想定している点にある。

$$BTD_{it} = \beta_0 + \beta_1 TACC_{it} + \varepsilon_{it} \quad \cdots (4)$$

 このとき ε = 租税回避変数の代理変数 = DDit となる。各変数の定義は第3章の通りである。DD は大きければ大きいほど租税負担削減行動が多く反映されると見られるため，租税負担削減の水準が高いことを意味する。

 さらなる租税回避変数として第3章で示した Dyreng et al.（2008）に基づく Cash_ETR を利用する。

$$Cash\_ETR_{i,t} = \frac{\sum_{t=1}^{N} CashTaxPaid_{it}}{\sum_{t=1}^{N} \Pr etaxIncome_{it}} \quad \cdots (5)$$

 なお，このときの変数の定義は第3章の通りである。

 Cash_ETR は，単年度の ETR がその年度の税引前利益に対する支払税金の割合に対する長期的な負担額からの指標である。例えば，費用・収益の計上を何年か先に繰り延べて一時的に税負担を軽くする場合が考えられる。この点からすると，繰延税金費用といえる法人税等調整額はその計上に経営者の裁量が含まれる。それゆえ，繰延税金費用を含む法人税等費用よりも実際

の支払税額の方が客観的である。本研究では複数年度に渡る税引き前利益に対する累積支払い税額を計算して，その期間での租税負担を計算する。これによって意図的な租税負担削減行動を見抜くことが可能となる（Dyreng et al. 2012）。先行研究に従い，解釈しやすいよう Cash_ETR を 0 から 1 の範囲内に収まるよう調整した。超えた場合，0 か 1 に修正した。本章では，Rego and Wilson（2012）に準じて，N = 5 年として計算する。Cash_ETR は DD，DTAX と異なり，税引前当期純利益に対する法人税等費用の割合であることから，小さければ小さいほど租税負担削減の水準が高いことを意味する。

本章では DD，DTAX，Cash_ETR を主要な租税回避変数として採用する。各変数の記述統計量と相関係数は図表 4 − 1，図表 4 − 2 の通りである。

図表4-1　記述統計量

列1	N	平均	標準偏差	75.00%	50.00%	25.00%
ETR	6215	0.3636	11.4318	0.4357	0.3736	0.2832
permdiff	6225	−0.0044	0.2158	0.0076	−0.0014	−0.0094
BTD	6225	−0.0019	0.3554	0.0131	−0.0004	−0.0135
cash_ETR	6216	0.3813	0.1992	0.4554	0.3863	0.2958
DA1	6225	−1.10E−16	0.0635	0.0230	−0.0026	−0.0270
DA2	6225	−2.10E−16	0.0510	0.0208	−0.0019	−0.0237
DD	6225	−6.69E−19	0.0645	0.0170	0.0023	−0.0120
DTAX	6225	−4.53E−17	0.0409	0.0104	0.0008	−0.0075

図表4-2　相関係数

列1	ETR	permdiff	BTD	cash_ETR	DA1	DA2	DD	DTAX
ETR	1	−0.4762	−0.1201	0.3392	0.1543	0.1717	−0.0705	−0.2481
permdiff	−0.0124	1	0.6141	−0.2351	0.0016	0.0753	0.4784	0.5275
BTD	−0.0001	0.9846	1	−0.3367	0.0712	0.1391	0.7989	0.2588
cash_ETR	−0.0061	0.0051	−0.0002	1	0.0135	0.0109	−0.2401	−0.052
DA1	0.0053	0.0118	0.0144	−0.0010	1	0.8541	−0.0418	−0.0185
DA2	0.0077	0.0552	0.0407	0.0007	0.8015	1	0.0397	0.0226
DD	−0.0004	0.2659	0.1815	0.0010	−0.0125	0.1009	1	0.2995
DTAX	−0.0635	0.1864	0.0825	−0.0030	−0.0305	0.0479	0.4489	1

下半分がPearsonの相関係数,上半分がSpearmanの順位相関係数である。永久差異（permdiff）とBTDが強い相関を示しているのが分かる。

4 分析結果

1 H1の検証結果

BTDは会計利益と課税所得の差額である。この差額を生み出す根底に,租税負担削減行動が関わっているかが第一の課題である。相関係数を見る限り,両者の関係性は強いように見られない。そこで次のモデルを用いて,H1を検証する。$\beta 1$の予測符号はプラスである。

$$BTD_{it} = \beta_0 + \beta_1 DA_{jit} + \varepsilon_i \qquad \cdots (6)$$
$$j = 1,2$$

分析結果は図表4-3の通りである。BTDの拡大は,利益調整によって,かなり有意に説明できることが分かる。符号条件も推定と一緒だった。この点からするとHanlon（2005）の指摘にある通り,BTDは低品質の利益と利益調整の代理変数であるという研究成果と概ね合致する。

さらに,経営者の利益調整行動を表すDAjと租税回避変数TAXはBTDを説明するか,両変数の交差効果はどの程度BTDを説明するかを次のモデル（7）（8）によって検証した。租税回避変数TAXとして,本研究ではCash_ETR, DD, およびDTAXを利用する。予測符号に関しては,$\beta 2$はDDとDTAXはプラス,Cash_ETRはマイナスを予測する。$\beta 3$は経営者の利益調整行動と租税負担削減行動の相互関係を意味することから,プラスとマイナスの両者が予想できる。

$$BTD_{it} = \beta_0 + \beta_1 DA_{jit} + \beta_2 TAX_{it} + \varepsilon_i \qquad \cdots (7)$$

$$BTD_{it} = \beta_0 + \beta_1 DA_{jit} + \beta_2 TAXit + \beta_3 DA_{jit} * TAX_{it} + \varepsilon_i \cdots (8)$$
$$j = 1,2$$

BTDは会計利益と課税所得の差異であり，これを利益調整行動と租税負担削減行動によってどの程度説明できるかが焦点となる。また利益調整行動と租税負担削減行動の相互関係がどのようになっているかも同じく焦点となる。

図表4-3　H1の検証（1）

	推定符号 P.S.	Coef.（係数）	t値	R2	N
intercept	?	−0.0063	−7.23***	0.0069	6224
DA1	+	0.0901	6.58***		
intercept	?	−0.0019	−0.42	0.0018	6225
DA2	+	0.2975	3.37***		

***：1％水準で有意，**：5％水準で有意

図表4-4　H1の分析結果
パネルA

	P.S.	(1) Coef.（係数）	(1) t値	(2) Coef.（係数）	(2) t値	(3) Coef.（係数）	(3) t値	(4) Coef.（係数）	(4) t値
DA1	+	0.096	14.38***			0.075	11.07***		
DA2	+			0.172	21.03***			0.149	17.95***
DD	+	0.923	141.86***	0.908	141.22***	0.884	123.37***	0.869	123.19***
DTAX	+								
Cash_ETR	+								
DD*DA1	?					−0.581	−12.23***		
DD*DA2	?							−0.487	−12.41***
DTAX*DA1	?								
DTAX*DA2	?								
Cash_ETR*DA1	?								
Cash_ETR*DA2	?								
Adj.R^2		0.7654		0.7737		0.7709		0.7791	
N		6224		6224		6224		6224	

***：1％水準で有意，**：5％水準で有意

第4章　租税負担削減行動と経営者裁量との関係性

パネル B

	(5)		(6)		(7)		(8)	
	Coef.	t値	Coef.	t値	Coef.	t値	Coef.	t値
DA1	0.100	8.15***			0.097	7.83***		
DA2			0.264	17.53***			0.252	16.74***
DD								
DTAX	0.739	38.73***	0.717	38.20***	0.729	37.05***	0.672	34.24***
Cash_ETR								
DD*DA1								
DD*DA2								
DTAX*DA1					−0.362	−2.13**		
DTAX*DA2							−1.243	−7.46**
Cash_ETR*DA1								
Cash_ETR*DA2								
Adj.R^2	0.1996		0.2291		0.2000		0.2358	
N	6224		6224		6224		6224	

***：1％水準で有意，**：5％水準で有意

パネル C

	(9)		(10)		(11)		(12)	
	Coef.	t値	Coef.	t値	Coef.	t値	Coef.	t値
DA1	0.015	0.21			0.021	0.29		
DA2			0.036	0.39			0.043	0.46
DD								
DTAX								
Cash_ETR	−0.111	−3.08***	−0.111	−3.09***	−0.113	−3.10***	−0.114	−3.10***
DD*DA1								
DD*DA2								
DTAX*DA1								
DTAX*DA2								
Cash_ETR*DA1					−0.152	−0.32		
Cash_ETR*DA2							−0.222	−0.36
Adj.R^2	0.0013		0.0014		0.0012		0.0012	
N	5576		5576		5576		5576	

***：1％水準で有意，**：5％水準で有意

分析結果から，BTD については経営者裁量による会計発生高（DA）の説明力が高いことが分かる。一方で，Cash_ETR を除いて租税回避変数は BTD を有意に説明する。特に DD の説明力は高く，租税負担削減行動が利益と所得の差異を生み出していることが分かる。

　その一方で DA と TAX 変数の交差項は一貫して符号がマイナスで有意となっている。どちらかを一定と仮定すると，BTD を減少させる方向に機能すると考えられる。BTD に対する DA の影響は租税回避変数が大きく（小さく）なればなるほど弱くなる（強くなる）と解釈される。

2　H2の検証結果

　経営者の利益調整行動や租税負担削減行動はさまざまな要素から生じるので，一定のコントロールが必要となる。そこでいくつかのコントロール変数をモデルに含めた。問題は利益調整が原因となって租税負担削減行動が結果として起こるのか，それともその反対なのかについて，現時点ではあまり明確ではない点にある。そこで Frank et al.（2009）に従い，以下の2モデルを構築し，どちらが原因となっていても解釈可能なように以下のモデルを通じて検証する。H1の分析結果を踏まえると，互いに負の関係が予想される。

$$TAX_{it} = \beta_0 + \beta_1 PTROA_{it} + \beta_2 MTB_{it} + \beta_3 LEV_{it} + \beta_4 EM1_{it} + \beta_5 EM2_{it} + \beta_6 EM3_{it} + \beta_7 PTCFO_{it} + \beta_8 NOL\_D_{it} + \beta_9 Size_{it} + \beta_{10} DA_{jit} + \varepsilon_{it} \qquad \cdots (9)$$

$$DA_{jit} = \beta_0 + \beta_1 PTROA_{it} + \beta_2 MTB_{it} + \beta_3 LEV_{it} + \beta_4 EM1_{it} + \beta_5 EM2_{it} + \beta_6 EM3_{it} + \beta_7 PTCFO_{it} + \beta_8 NOL\_D_{it} + \beta_9 Size_{it} + \beta_{10} DA_{jit} + \varepsilon_{it} \qquad \cdots (10)$$

各変数の説明は次の通りである。
- ・PTROA　＝税金等調整前利益／前期総資産
- ・MTB　　＝決算日時点の株式時価総額／発行済み株式総数
- ・LEV　　＝総負債／前期総資産
- ・EM1　　＝1株当たり利益が0以上のとき1，そうでない場合0

- ・EM 2 　　　＝ 1 株当たり利益（実績）が日経予想を下回るとき 1，そうでない場合 0
- ・EM 3 　　　＝ 1 株当たり利益（実績）が会社発表予想を下回るとき 1，そうでない場合 0
- ・Δ PTCFO ＝税引前営業キャッシュ・フローの前年度からの変化分
- ・NOL_D 　　＝前期末に繰越欠損金を有していた場合 1，そうでない場合 0
- ・Size 　　　　＝総資産の自然対数変換値

租税負担削減行動は課税所得がプラスであるからこそ実施される可能性が高まる。それゆえ，これ以降の分析では推定課税所得がプラスの企業にサンプルを限定する（Desai and Dharmapala 2006）[4]。分析結果は図表 4 - 5 の通りである。TAX 変数は DD，DTAX，Cash_ETR を順に適用した結果である。

図表4-5　H2の分析結果（1）
パネルA　Tax ＝ DD

項	P.S.	(1) Coef.	(1) t値	(2) Coef.	(2) t値
intercept	?	−0.074	−12.92***	−0.078	−13.72***
PTROA	＋	0.502	48.12***	0.564	50.44***
MTB	−	0.002	−5.00***	−0.001	−4.60***
LEV	−	0.042	12.34***	0.040	11.96***
EM1	＋	0.025	6.78***	0.026	7.19***
EM2	＋	0.013	3.48***	0.013	3.58***
EM3	＋	−0.010	−2.88***	−0.011	−3.13***
Δ PTCFO	−	−0.066	−6.18***	−0.046	−4.72***
NOL_D	−	−0.003	−2.03**	−0.004	−2.43**
Size	?	0.000	0.98	0.000	0.98
DA1	−	−0.229	−18.37***		
DA2	−			−0.365	−22.78***
adj.R^2		0.377		0.393	
N		6209		6209	

***：1％水準で有意，**：5％水準で有意

---

[4] ただし，サンプルは好業績企業に限定されるため，サンプリングバイアスの危険性は考慮する必要がある。

パネル B　Tax ＝ DTAX

項	P.S.	Coef. (1)	t値	Coef. (2)	t値
intercept	?	−0.026	−6.30***	−0.028	−6.89***
PTROA	+	0.206	27.86***	0.239	29.91***
MTB	−	0.000	−1.18	0.000	−0.82
LEV	−	0.006	2.61***	0.005	2.24**
EM1	+	0.023	8.95***	0.024	9.27***
EM2	+	0.003	0.97	0.003	1.04
EM3	+	−0.003	−1.03	−0.003	−1.20
Δ PTCFO	−	−0.062	−8.15***	−0.047	−6.70***
NOL_D	−	0.005	4.98***	0.005	4.71***
Size	?	−0.001	−3.12***	−0.001	−3.07***
DA1	−	−0.139	−15.72***		
DA2	−			−0.207	−18.14***
adj.R^2		0.2054		0.2154	
N		6209		6209	

パネル C　Tax ＝ Cash_ETR

項	P.S.	Coef. (1)	t値	Coef. (2)	t値
intercept	?	0.333	14.94***	0.332	14.88***
PTROA	+	0.254	6.42***	0.245	6.09***
MTB	−	−0.001	−0.55	−0.001	−0.57
LEV	−	0.055	4.12***	0.055	4.15***
EM1	+	0.017	1.17	0.016	1.12
EM2	+	0.008	0.56	0.008	0.54
EM3	+	−0.014	−1.01	−0.013	−0.99
Δ PTCFO	−	−0.117	−2.87***	−0.073	−2.03**
NOL_D	−	−0.015	−2.88***	−0.015	−2.84***
Size	?	0.000	0.24	0.001	0.31
DA1	−	−0.089	−2.31**		
DA2	−			−0.057	−1.30
adj.R^2		0.012		0.012	
N		6199		6199	

***：1％水準で有意，　**：5％水準で有意

図表4-6 H2の分析結果(2)
パネル A　DA＝DA1

項	P.S.	Coef.	t値	Coef.	t値	Coef.	t値
intercept	?	0.033	4.45***	0.024	4.14***	0.014	2.38**
PTROA	＋	0.303	24.32***	0.339	33.25***	0.392	35.34***
MTB	－	0.000	−0.06	−0.000	−0.26	−0.000	−1.16
LEV	－	−0.010	−2.26**	−0.010	−2.86***	−0.002	−0.53
EM1	＋	0.003	0.63	0.004	1.06	0.003	0.85
EM2	＋	−0.001	−0.22	−0.003	−0.77	−0.001	−0.16
EM3	＋	−0.002	−0.36	−0.000	−0.07	−0.002	−0.52
ΔPTCFO	－	−0.493	−41.66***	−0.432	−46.46***	−0.425	−45.89***
NOL_D	－	−0.003	−1.66*	0.002	1.55	0.000	0.11
Size	?	−0.003	−6.24***	−0.003	−7.86***	−0.003	−6.97***
cash_ETR	－	−0.010	−2.31**				
DTAX	－			−0.276	−15.72***		
DD	－					−0.226	−18.37***
adj.R^2		0.323		0.349		0.358	
N		6199		6209		6209	

パネル B　DA＝DA2

項	P.S.	Coef.	t値	Coef.	t値	Coef.	t値
intercept	?	0.036	5.54***	0.004	0.82	−0.006	−1.45
PTROA	＋	0.312	28.62***	0.394	50.69***	0.446	53.19***
MTB	－	0.000	−1.18	0.000	1.34	0.000	0.23
LEV	－	−0.009	−2.47**	−0.011	−4.04***	−0.003	−1.14
EM1	＋	−0.009	−2.11**	0.007	2.56**	0.007	2.48**
EM2	＋	−0.005	−1.21	−0.001	−0.36	0.001	0.41
EM3	＋	0.002	0.47	−0.002	−0.85	−0.004	−1.44
ΔPTCFO	－	−0.003	−0.27	−0.216	−30.46***	−0.209	−29.82***
NOL_D	－	−0.001	−0.74	0.000	0.27	−0.002	−1.45
Size	?	−0.003	−6.88***	−0.002	−6.64***	−0.002	−5.59***
cash_ETR	－	−0.005	−1.30				
DTAX	－			−0.243	−18.14***		
DD	－					−0.212	−22.78***
adj.R^2		0.379		0.411		0.427	
N		6199		6209		6209	

***：1％水準で有意，**：5％水準で有意

すべての租税回避変数と裁量的会計発生高は互いに負の関係にある。つまり，裁量的会計発生高を増やせば増やすほど租税回避変数は減少する（またはその逆）。これは Frank et al.（2009）とはまったく異なる結果である。

　日本企業はアメリカ企業と比較して BTD が小さく，会計利益と課税所得の違いはアメリカほどではない。このため，お互いを調整しながら（バランスさせながら）裁量的会計発生高と租税回避変数を増減させていると考えられる。

　一方で，こうした関係は制度的な側面を反映しているとも考えられる。利益を圧縮させるために減価償却費を過大に計上しても，損金算入限度額を超過すると結果的に所得が増加し，租税負担削減行動は難しくなる。分析結果はこうした関係を裏づけている。つまり，先行研究と異なる結果になった点に関して，日本企業は欧米企業のような利益調整と租税負担削減行動を同時に追求するような積極的な税務戦略は，制度的な側面からも実施しきれていないという点が示唆される[5]。ただし，コントロール変数の符号にぶれがあり，予想と若干の食い違いは見られる。

　これについて次のモデルを通じて，課税所得と会計発生高の関係を確認していく。

　まず税引前利益 = x，課税所得 = y とする。税率は t，かつ $0<t<1$ かつ x，y ともに正とする。当期の支払い税額は ty となる。BTD = x − y であるが，税効果会計が適用される BTD は一時差異だけ。BTD におけるその割合を $(1-k)$ と置くと，永久差異は $(x-y)k$ であり，一時差異は $(x-y)(1-k)$。∵ $0<k<1$

　法人税等費用は z とすると，法人税等費用は $Z = (x-(x-y)k) \times t$ となる。以上の関係を表で表すと次表の通りである

---

[5] 例えば海外子会社からの配当について，この子会社が現地で支払った税金を間接外国税額控除として支払税額から差し引くと，受取配当金増加による利益嵩上げと税額の圧縮が同時に達成できる。しかし実際は税額控除限度額が小さいため，限度超過額の方が大きく，結果として外国税額控除による支払い税額の圧縮は難しい。このため，海外子会社は本国へ配当を行うことなく利益を国外に蓄積する。租税負担削減行動を行えば行うほど利益調整は進まない。なお，平成21年税制改正によって外国子会社からの受取配当金が全額益金不算入となったことから，間接外国税額控除制度は廃止された。

税引前当期純利益	x
法人税等費用	z
当期納税額	ty
法人税等調整額	W=t(1-k)(x-y)
税引き後当期利益	(1-t)(x-(x-y)k)

$$[x-(x-y)k]t = z$$
$$z = (1-k)tx + tky$$
$$= (1-k)tx + tky + ty - ty$$
$$= (1-k)tx - (1-k)ty + ty$$
$$W = (1-k)tx - (1-k)ty$$
$$\frac{\partial W}{\partial y} = -(1-k)t < 0$$

　以上の分析結果を踏まえると次の示唆が得られる。租税負担削減行動によって所得が増えると，法人税等調整額Wのような会計発生高は減少する。会計発生高は会計利益計算では関係するものの，課税所得計算において必ずしも損金算入されるとは限らない。このため，租税負担削減行動によって所得が増えたとしても，会計利益を増やす訳ではない。H2の分析結果は，以上の関係を裏づけていると考えられる。

3　H3の検証結果

　Rego and Wilson（2008）の検証結果が指摘するように，租税回避変数に対して海外事業からの所得はプラスの関係を有する。この点からも，租税負担削減行動は地理的な条件からの影響を受けていると推測される。以上から，どの地域で売上高を得たかという情報は租税回避変数へ影響を与えると推測される。そこでH3を検証するために，本章では（株）日経デジタルメディアが提供する日経FQセグメント情報を利用した。このセグメント情報はそれぞれの企業がどの地域で事業展開を行い，売上や利益を得ているかの情報を提供する。これをもとに，海外売上高の獲得地域を次の6地域に分類して6地域ダミー変数を設定する。①アジアダミー②ヨーロッパダミー③北米ダミー④南米ダミー⑤アフリカダミー⑥南洋州ダミー。その上で，分類できなかったその他の地域と，国税庁がタックス・ヘイブンとしてリストアップする地域をタックス・ヘイブンダミーとして設定する。タックス・ヘイブン・リストはAppendixに記載する。

$$|TAX_{it}| = \beta_0 PTROA_{it} + \beta_1 + \beta_2 MTB_{it} + \beta_3 LEV_{it} + \beta_4 PTCFO_{it}$$
$$+ \beta_5 NOL\_D_{it} + \beta_6 Size_{it} + \beta_7 \sum_{i=1}^{8} CEO_{it} + \varepsilon_{it} \cdots (11)$$

Frank et al.（2009）のモデルをもとにした以下の分析モデルで租税回避変数にどの地域ダミー変数が有意に影響しているかを検証する。変数設定についてはＨ２の検証モデルを踏襲する。またGEO が売上高獲得地域変数を表す。TAX 変数として，ここでもDD，DTAX，Cash_ETR を用いる。DDとDTAX については絶対値を用いている[6]。

　分析結果は図表4 − 7 の通りである。

図表4-7　Ｈ３の検証結果

項	Tax=cash ETR		Tax=DD		Tax=DTAX	
	Coef.	t値	Coef.	t値	Coef.	t値
intercept	0.353	19.38***	0.118	18.81***	0.082	14.15***
アジアダミー	−0.035	−5.85***	−0.005	−2.42**	−0.003	−1.48
欧州ダミー	−0.008	−1.29	0.000	−0.22	0.002	1.05
北米ダミー	0.018	2.81***	0.012	5.27***	0.005	2.54**
南米ダミー	0.017	1.36	−0.005	−1.12	−0.005	−1.20
アフリカダミー	−0.004	−0.18	−0.010	−1.28	0.000	−0.06
南洋ダミー	0.000	−0.02	0.011	2.90***	0.006	1.80*
その他ダミー	−0.004	−0.79	−0.003	−1.53	−0.003	−1.46
タックスヘイブンダミー	0.027	0.89	0.058	5.67***	0.028	2.92***
PTROA	0.252	7.58***	0.004	0.35	−0.194	−18.42***
MTB	−0.001	−0.64	0.002	5.10***	0.001	3.54***
Δ PTCFO	−0.067	−1.88*	−0.034	−7.36***	−0.007	−0.63
LEV	0.053	3.99***	−0.005	−8.95***	−0.023	−5.53***
NOL_D	−0.016	−3.09***	−0.319	−27.91***	0.005	3.11***
Size	0.002	0.91	0.002	0.87	−0.004	−6.94***
adjR2	0.018		0.143		0.073	
N	6199		6199		6199	

***：１％水準で有意，**：５％水準で有意，*10％水準で有意

6）DA については，第一に前節において租税回避変数との関係性がすでに検証済みであること，第二にマルチコ（多重共線性）が予想されること，第三に地域変数でその役割が代替されることから省略している。また絶対値をとる目的としては，租税負担削減行動そのものについての地域変数との関係を分析する意味から，符号ではなく金額そのものについて検討するためである。

第4章　租税負担削減行動と経営者裁量との関係性

　すべての分析結果を踏まえると，北米ダミー変数が一貫してプラスで有意な結果を示した。続いて南洋州，タックス・ヘイブンを含む地域ダミー変数が租税回避変数についてプラスに有意であることが明らかになった。コントロール変数の結果にばらつきが目立つ。

　反対に，アジアダミーは一貫して，マイナスで有意だった。アジアでの事業は租税負担削減行動を妨げる要素が生じていると考えられる。地理的条件の中でも，北米やタックス・ヘイブン等において売上を得た（事業を行っている）ということが，租税回避係数の性質を決める重要な要素であると解釈できる。タックス・ヘイブンでの売上そのものは違法といえないものの，この地域で売上を得たという情報は，タックス・シェルター活動の特性を決定する重要なものと考えられる[7]。つまり，地理的条件の中でもタックス・ヘイブンおよび北米において売上を得た（事業を行っている）ということが，租税回避係数の性質を決める重要な要素であると解釈できる[8]。

5　示唆と今後の課題

　本章の貢献は以下の通りである。第1に，BTDの拡大は経営者の利益調整行動に一因があることを，わが国のデータにおいても示したことである。アメリカでは，算出目的の異なる会計利益と課税所得の間に差異が生じるのは当然である。とはいえ，アメリカにおいてBTDの拡大が問題とされる大

---

[7] 分析結果表には含めなかったが，産業ダミーを入れて同様の分析を行った。これによると，「小売り」「その他金融」「サービス」業種がDDとDTAXを被説明変数として用いた検証では，1％水準で有意だった。Cash_ETRを租税回避変数と設定したモデルでは結果は出なかったが，DDとDTAXを被説明変数として用いた検証では，北米ダミーとタックス・ヘイブンダミーを含む地域ダミー変数が租税回避変数について有意であることが明らかになった。特に，北米事業は租税回避係数の性質に強く関係していることが明らかになった一方で，それ以外の地域はあまりに多様な地域を少数の変数に絞り込んでしまったため，一貫した結果を得られなかったのだと考えられる。産業ダミーについては，CashETRを被説明変数とした場合，窯業，ゴム，造船，サービス，不動産，陸運，倉庫が5％水準で有意だった。DDとDTAXの分析との関係でいえば，サービス業がすべての租税回避変数に対してプラスで有意な関係にあるといえる。
[8] もちろん，タックス・ヘイブンでの売上そのものは違法といえないものの，この地域で売上を得たという情報は，タックス・シェルター活動の特性を決定する重要なものと見られる。一方で，それ以外の地域はあまりに多様にもかかわらず，少数の変数に絞り込んでしまったため，有意な結果が得られなかったのだと考えられる。

87

きな理由の一つは，これが単に会計利益と課税所得の計算システムの相違によって生じているのではなく，経営者による利益調整行動（earnings management）の結果を反映していると考えられている。検証の結果，アメリカにおける検証結果と同様，日本においてもBTDの拡大の一因に，経営者の利益調整行動が影響していることが明らかになったのである。計算システムが相違していたとしても，利益調整行動が会計利益と課税所得の差異を有意に説明していることが明らかになった。

　第2に，租税負担削減行動が経営者の利益調整行動が原因となっている可能性を示唆した点である。Graham and Tucker（2006）の例を見る限り，経営者はタックス・シェルターを利用して，利益調整と税務計画を同時に実施すると想定される。そこで，本章では租税回避変数を操作可能と考え，他の利益調整活動をコントロールして，経営者の税務計画を通じた利益調整の可能性を検証した。分析の結果，租税回避変数と利益調整行動は有意に関連することが明らかになった。これは先行研究であるFrank et al.（2007）の結果とは，明確な相違が見られた。分析としては，海外取引を行っている企業に限定している。つまり，海外取引を通じてタックス・シェルターを活用して利益調整を進める経営者行動が，分析によって明確になった。

　第3に，租税負担削減行動が特定の海外進出先に関係するということを示した点にある。分析対象企業は海外取引を行っている企業である。海外進出の目的はさまざまであるものの，その業務と租税負担削減行動とのある程度の関連性は推測される。進出地域と租税負担削減行動に関係があるという仮説の下，分析を行った。分析の結果，租税回避変数は進出する地域，中でも北米地域と強い関係を持つことが分かった。これは複数の被説明変数を用いたモデルで得られた結果なので，頑健性も高いと推定される。

　今後は結果のインプリケーションをもう少し詰めて，もう少し有用なサジェスチョンが得られるようさらなる検証が必要であろう。

Appendix
タックス・ヘイブン・リスト（2005年段階―著者注）

1. タックス・ヘイブン判定基準を満たすが，2000年6月（タックス・ヘイブン・リスト作成）以前に，2005年までの有害税制除去を約束した国・地域（6）
バミューダ諸島，ケイマン諸島（英），サンマリノ，マルタ，キプロス，モーリシャス
(注) これらの国・地域は，下記2．の通り，2000年6月のタックス・ヘイブン・リストには掲載されなかった。

2. 2000年6月のタックス・ヘイブン・リストに掲載された国・地域（35
①カリブ（17）
・アンギラ（英），アンティグア・バーブーダ，アルバ（蘭），バハマ，バルバドス，ベリーズ，パナマ，ヴァージン諸島（英），ドミニカ国，グレナダ，モンセラット（英），アンティル（蘭），セント・クリストファー・ネイヴィース，セント・ルシア，セント・ビンセントおよびグレナディーン諸島，タークス諸島・カイコス諸島（英），ヴァージン諸島（米）
②大洋州（7）
・クック諸島（ニュージーランド），マーシャル諸島，ナウル，ニウエ（ニュージーランド），サモア，トンガ，バヌアツ
③欧州（7）
・アンドラ，ジブラルタル（英），ガーンジー（英），マン島（英），ジャージー（英），リヒテンシュタイン，モナコ
④その他（4）
・バハレーン，モルディブ，セイシェル，リベリア

3. 上記2．の国・地域のうち，2005年末までの透明性の確保および実効的税務情報交換の実施を約束せず，2002年4月18日に発表された「非協力的タックス・ヘイブン・リスト」には掲載された国
・アンドラ，リベリア，リヒテンシュタイン，マーシャル諸島，モナコ，ナウル，バヌアツ

第5章
租税負担削減行動と経営者報酬のミッシング・リンク

1 はじめに

　企業の租税負担削減行動についての研究をレビューしていくと，Desai and Dharmapala（2006）や Rego and Wilson（2011）などによって，コーポレート・ガバナンス（以下，CG）が機能しているかどうかによって，租税負担削減行動に対する経営者の姿勢が定まってくるという指摘がなされるようになってきた[1]。Desai and Dharmapala（2009）は，企業価値は，機関投資家の持株比率が高いほど高く，機関投資家による保有比率と租税負担削減行動指標との交差項も有意に正であったと報告する。すなわち，租税負担削減行動が企業価値に与える影響度合いは，CG が強ければ強いほど高まると論じたのである。

　ここでの租税負担削減行動とは，企業による意図的な租税負担を削減しようとする行動全般を指す。租税負担削減行動は法律に抵触する行動（脱税行為）と違法にならない範囲の行動（節税行為），および現段階では法律に抵触するわけではないものの，その結果がグレーな領域のいずれもが含まれる。本研究では，上記の相違が明確ではないことから，現行の法律には必ずしも抵触していないとしても，将来的には不透明な租税支払額を減少させる経済取引を，ここでは特に租税負担削減行動と考える。

　本章では CG を会社の不正行為を防止，あるいは適正な事業活動の維持・

---

[1] Tax avoidance の訳語として山下ほか（2011）および奥田・山下（2011）らは税負担削減行動という言葉を使用するものの，先行研究である大沼（2010）に従って，本章は租税負担削減行動を使用する。

確保を実現するためのシステムと定義する。CG が有効に機能するためには，経営者報酬に内在するさまざまな契約条項が経営者の不正行為を抑止するように働くことが期待される。その一方で，Desai and Dharmapala（2006）が指摘するように，経営者の企業価値最大化に向けての動機づけの機能として，租税負担削減行動が機能することも考えられる。その鍵として，経営者に対し企業価値最大化に向けてのインセンティブを付与する報酬形態であるストック・オプション（stock option：以下，SO）の役割を本章は検討する。さらに，CG と租税負担削減行動の関係を明確にしつつ，CG の重要な仕組みとして使われる経営者報酬と租税負担削減行動の関係を検討する。この検証を通じて，CG と租税負担削減行動と経営者報酬とを結ぶミッシング・リンクを明らかにする。

分析の結果，経営者報酬と租税負担削減行動はプラスの関係にあった。租税負担削減行動の進展は経営者報酬の決定について，ポジティブな影響を持つことが明らかになった。租税負担削減行動を企業は，リスクは高いとはいえ，企業価値最大化に向けた経営者行動であると評価していると解釈できる。CG の強度を説明する各変数とも，概ね有意な結果が得られた。また租税負担削減行動を積極的に実行している企業ほど，CG と経営者報酬の関連性は高いことが示された。

本章は次のように構成される。第 2 節は先行研究のレビューと仮説の展開について記述する。第 3 節ではリサーチ・デザインについて説明する。第 4 節では分析結果について説明し，第 5 節では租税負担削減行動への積極性と CG の関連性についての分析を示す。第 6 節ではインプリケーションと今後の課題を示す。

2　先行研究のレビューと仮説の展開

経営者報酬を題材とした会計研究は多い。経営者報酬と利益調整の関係に関する首藤（2010）はその中でも特筆した成果となろう。首藤（2010）が題材としたのは，裁量的な利益調整を通じて経営者報酬を左右しようという経営者の姿勢である。この背景には，経営者の業績を報酬と連動させる利益連

動型報酬制度の存在がある。米国ではこの制度の存在は十分に知られており，利益連動型報酬制度を前提とした利益調整と経営者報酬の関係の分析は多数散見される（Balsam 1998ほか）。日本においても米国と同様，企業業績が極端に悪化した場合や，企業不祥事が発覚したときに，役員賞与が全額カットされることがあることを乙政（2000）は示す。こうした経営者報酬と利益調整の関係性に関する研究の根底には，企業利益は利害関係者からモニターされる指標であるために，利害関係者との対立を回避するために利益調整のインセンティブが生まれるというエイジェンシー問題の存在である。また，利益連動型報酬制度を採用している企業にとっては，経営者報酬もしくは賞与を嵩上げするために，利益をプラスに調整するインセンティブを経営者へ提供してしまうことになる。

　経営者報酬は，動機づけを通じて，経営者に企業価値最大化に向けた意識の植え付けのツールとしての役割が期待されている。ここでの問題は，経営者報酬に租税負担削減行動の成否が反映されて，経営者の動機づけに用いられているかどうかという点である。租税負担削減行動は場合によっては税務当局からの調査を受け，追加的な租税負担コストを被る可能性を持つハイリスクな経営行動である。Rego and Wilson（2011）は，租税負担削減行動の決定要因の1つに株式報酬に含まれるリスク・インセンティブが存在することを検証した。Rego and Wilson（2011）は Desai and Dharmapala（2006）と同様，租税負担削減行動と CG の関係に言及し，経営者報酬との関係に着目する。特に，経営者報酬のリスク・インセンティブが租税負担削減行動を引き起こすというロジックは注目に値する。

　その一方で，租税負担削減行動が企業価値を高めるかどうかは，CG と経営者報酬の連動性の強さと深く関係する。Desai and Dharmapala（2006）が指摘するように，CG と経営者報酬の連動性の強い企業では，タックス・シェルター等を利用しての租税負担削減行動はレント・エクストラクションの懸念と必ずしも結びつかない。それゆえ，SO のような業績連動型賞与形態を利用する企業は CG が強固であることが推測され，租税負担削減行動はレント・エクストラクションを引き起こさないと予想される。そういった企業では，租税負担削減行動の水準が上がると株式時価総額すなわち企業価値

の増加につながると予想される。

そこで以下の仮説を検証する。

H1：SOのような企業価値と連動した報酬形態を利用する企業では，租税負担削減行動は経営者報酬に対してポジティブな影響を与える。

その一方で，経営者報酬は租税負担削減行動の程度やCGの健全性とも強い関連性を有することが予想される。それゆえ，以下の仮説についてもあわせて検証する。

H2：企業のCGの脆弱性（健全性）と経営者報酬はプラスに有意な関連性を持つ。

H3：租税負担削減行動を積極的に実施する企業のCGの強さは経営者報酬と有意な関連性を持つ。

以上の関係を図示すると図表5－1のように表される。租税負担削減行動は企業価値の増加を生み出す可能性からもH1はプラスの関係が予想され

図表5-1　仮説で想定する関係性

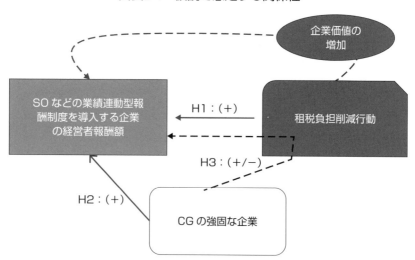

る。H2もH1と同様にプラスの関係が予想される。H3については，必ずしもプラスの関係だけが予想されるわけではないので，両符号を予想する。本章では図表5－1に記述されるH1～H3の関係を検証する。

3　リサーチ・デザイン

1　租税負担削減行動の指標と分析モデル

　租税負担削減行動の指標にはさまざまなものが考えられる。その中で最も一般的なものは，Chen et al.（2010）や山下ほか（2011）に用いたETR（GAAP effective tax rate），Current_ETR（Current effective tax rate），およびManzon and Plesco（2002）によって開発されたMPBT（Manzon－Plesco book－tax difference）であろう。これら租税回避指標については第3章で定義したものを利用する。ETRとCurrent_ETRでは，その値が小さくなるにつれて税負担が減少し，租税負担削減行動に対して経営者は積極的であると見なされる。

　もう1つの租税負担削減行動の指標としてMPBTは税金等調整前利益と課税所得の差額を期首総資産で除したものである。課税所得については実績値を利用することができないことから，分析期間を通じて法人税・住民税・事業税の額を法定実効税率で割り引くことによって課税所得を推定している[2]。この指標では先の2つと異なり，課税所得を減少させることによりMPBTは大きくなるので，この値が大きいほど租税負担削減行動に対して，経営者は積極的であると見なす。

　本章においても，課税所得がマイナスの企業は租税負担削減行動のインセンティブはないものとして，ETRとCurrent_ETRについては0と1の間におさまるよう調整（winsorize）を行った。これによって，租税負担削減

---

[2]　平井・後藤・山下（2009）は，このような推定を行ったときに平均で約6％の誤差が含まれることを指摘している。また山下ほか（2011）では法定税率で法人税・住民税・事業税の額を割り引いているものの，基準上は法定実効税率を利用することになっている。本研究ではこうした事例に沿って，法定実効税率で割り引いている。

行動の指標についての異常値の影響は調整できている。

本章のメインとなる分析モデルは以下の通りである。

$$Total\ comp_i = a_0 + a_1 TAX_i + a_2 SO_i + a_3 Inst_i + a_4 Idrto_i + a_5 eps_i + a_6 Ln\_TA_i + a_7 Setsubi_i + a_8 Lev_i + a_9 \Sigma Market_i + \varepsilon_i$$

$$\cdots (1)$$

各変数については図表5-2の通りである。(　)は予測符号である。

図表5-2　変数の定義

変数	予想符号 (P.S.)	意味
Total comp		役員報酬及び退職給与合計
SO	(＋)	ストック・オプション導入が確認されている企業は1，確認されない企業は0とするダミー変数
Inst	(＋)	機関投資家による持株比率[3]
Idrto	(＋／－)	社外取締役比率（＝社外取締役人数／取締役会人数）
Eps	(＋)	1株当たり利益
Ln_TA	(？)	総資産簿価
Setsubi	(？)	設備投資額合計
lev	(－)	負債総額／総資産
Σ Market		分析ではトービンのq（aveq）と直近実績決算期末のPBR（株価簿価倍率：pbr）を採用

SOは経営者に対するインセンティブになることから，経営者報酬にとってはプラスの関係性と予想される。またCGの強度を検証するための変数として，機関投資家による持株比率（Inst）と社外取締役比率（Idrto）を採用する。Instは，外部からのガバナンス機能が経営者報酬へ与える影響を検証するために用いる。Instについては，経営者への規律づけを表す変数である。機関投資家による外部からのモニタリングが働くことは経営者に業績向上へ

---

[3] 日経デジタル・メディア社が提供する日経Needsコーポレート・ガバナンス評価システム（Needs C－ges）の項目定義書によると，機関投資家による保有比率とは，外国人機関投資家による保有比率と信託勘定の株式保有比率および生命保険特別勘定による保有比率の合計となっている。

第5章 租税負担削減行動と経営者報酬のミッシング・リンク

の無言の圧力になると推測される。Idrto は取締役会にどれだけ外部の視点を取り入れられるかという，内部からのガバナンス機能が経営者報酬に与える影響を検証するために用いる。Idrto は経営者報酬に対する一種の制約条件と考えられるものの，CG の健全性を表象する代理変数でもある。プラス・マイナス両方の符号が予想されるものの，マイナスの結果が得られた場合は，Core et al. (1999) が指摘する超過報酬問題は日本企業では可能性として低いと考えられる。この他 lev によって，合法的な節税行為による影響をコントロールしている。この他のコントロール変数については Rego and Wilson (2011) を参考にした。

モデル（1）を分析するにあたり，注意が必要なのは，租税負担削減行動の指標はリスク感応的な値という点である。Rajgopal and Shevlin (2002) と Rego and Wilson(2011)は SO 変数と TAX 変数が内生関係(endogeneity)にあることを指摘する[4]。それゆえ，このままのモデルで分析を行うと TAX 変数のリスク要素がコントロールできないことになる。

それゆえ TAX 変数については，以下のモデル（2）を用いて第一段階の回帰分析を起こった上で，モデル（1）を検証する2段階最小二乗法（2 stage least square regression model：2SLS）を用いる。また時系列データとクロスセクションデータの両特性を反映し，パネル分析を行っている。なお，パネル分析で用いるモデルには固定効果モデルと変量効果モデルが主に用いられるが，本分析では変量効果モデルを利用している。

$$TAX_i = \beta_0 + \beta_1 SO_i + \beta_2 Inst_i + \beta_3 Idrto_i + \beta_4 eps_i + \beta_5 Ln\_TA_i + \beta_6 Setsubi_i + \beta_7 lev_i + \beta_8 \Sigma Market_i + \beta_9 \ Ctrdummy_i + \beta_{10} Taxcarryforward + \varepsilon_i \quad \cdots (2)$$

---

[4] Rajgopal and Shevlin (2002) によると，SO は CEO にリスクの高い事業を実行させるインセンティブを与える。その一方で SO の価値は企業リスクの高さと正の関係を持つため，高リスク事業（彼らの研究でいえば石油やガスの掘削事業）を実行することによる企業リスクと CEO のリスク・インセンティブは内生関係にあることを指摘する。この関係を同時に調査するために，Rajgopal and Shevlin (2002) は同時方程式モデルを通じた分析を行っている。

モデル（2）で TAX 変数をコントロールするための操作変数として，連結納税制度を採用する企業は1，そうではない企業は0とする連結納税制度ダミーとして ctrdummy を採用する。また，繰越欠損金の TAX 変数への影響をコントロールするために繰越欠損金を表す Taxcarryforward 変数も操作変数として採用している。いずれのパネルについても誤差項の不均一分散に対処するために，White（1980）の方法による標準誤差によって求めた結果を使用している。

2　サンプルと記述統計量

本章の分析で用いるデータについては，(株)日経デジタル・メディア社が提供する「日経 Needs-Financial Quest（日経 FQ）Ver.2.0」を利用した。分析対象企業は，全上場企業の中から，証券・銀行・保険といった金融業を除く日経 FQ によりデータが入手可能な企業に限定した。財務データについてはリサーチ・クエスチョンとの関連性から，連結財務諸表データを利用した[5]。また合併等の影響を排除するために，決算期の変更を行っていない企業に限定した。この他分析に必要なデータが得られない企業については，データから外した。また，決算期については3月期決算に限定せず，できるだけ多くの企業がサンプルに含まれるよう調整した。その上で，誤差項の分散不均一性を考慮して，数値については前期末の総資産でデフレートした。この他，CG 関連のデータについては，日経 Needs C-ges のデータを利用した。

分析期間としては，伊藤（2003）の結果を踏まえ，会計ビッグバン以降の CG 改革の成果が反映され，かつ比較可能な期間として2005〜2010年度までの5年間の連結財務データを利用した[6]。上記の調整を行った結果，観測データは16,895企業 – 年となった。なお，分析で用いるデータの記述統計量は図表5 – 3の通りである。

---

[5]　課税所得を推定するということであれば，個別財務諸表データの方が適切かもしれないが，経営者報酬が個別財務データではなく連結ベースで決定しているという指摘等を踏まえ，連結財務諸表データを通じて分析を行う。

[6]　大沼（2010）は Graham and Tucker（2006）の例を踏まえ，タックス・シェルターを利用する場合海外取引を介在させるのが一般的という知見を踏まえて海外売上高＞0の企業に分析を限定した。本章では，経営者報酬と租税負担削減行動の関連性を幅広い見地から分析するというリサーチ・クエスチョンに基づき，海外売上高＝0の企業も分析に加えている。

図表5-3　記述統計量

変数名	平均	標準偏差	最小値	25%	中央値	75%	最大値
total comp	0.0080	0.0178	0	0	0.0011	0.0089	0.3851
So	0.3629	0.4808	0	0	0	1	1
Inst	13.1462	14.9042	0	1.0200	7.3250	21.1200	85.6000
Idrto	9.6052	14.2663	0	0	0	16.6670	86.6667
Eps	758.4070	14656.92	−116691	3.8200	33.3600	106.1800	1395521
Ln_TA	10.3194	1.7320	4.2341	9.1563	10.1705	11.3090	17.2991
setsubi	0.0453	0.1028	0	0.0010	0.0268	0.0557	6.2022
lev	0.5439	1.0534	0	0.3348	0.5115	0.6778	78.3747
aveq	1.0701	0.7574	0	0.7879	0.9401	1.1438	23.7510
pbr	1.2751	3.5201	0	0.5423	0.8400	1.3670	314.4960
ctrdummy	0.0129	0.1126	0	0	0	0	1
taxlossforward	0.0432	0.2763	0	0	0.0034	0.0210	17.3856
ETR	0.3560	0.2412	0	0.1733	0.4051	0.4670	1
Current_ETR	0.3331	0.2500	0	0.0938	0.3698	0.4672	1
mpbt	−0.0214	0.1214	−8.6435	−0.0253	−0.0063	0.0060	1.8360

　また変数間の相関係数表は図表5－4の通りである。図表5－4の上半分がSpearmanの順位相関係数であり，下半分がPearson相関係数である。
　Pearson相関係数表とSpearman相関係数表の両者において，一貫して高い相関関係にあるものは見つからない。

図表5-4 相関係数表

	totalcomp	so	inst	idrto	eps	ln_TA	setsubi	lev	aveq	pbr	ctrdummy	taxlosscarry	ETR	Current_ETR	mpbt
totalcomp	1	0.0821	-0.3187	-0.0903	0.0774	-0.5413	-0.0781	-0.1007	-0.0075	0.0073	-0.0728	-0.1122	0.0557	0.0632	-0.1236
so	0.1672	1	0.0602	0.1420	0.0991	-0.1562	0.0624	-0.0670	0.2196	0.2243	-0.0164	0.1320	-0.0444	-0.0190	-0.1381
inst	-0.2198	0.0730	1	0.0952	0.2031	0.6659	0.2068	-0.1097	0.2621	0.2841	0.0461	-0.0387	0.0308	0.0861	0.1259
idrto	0.0039	0.1663	0.1067	1	0.0026	0.0470	0.0432	0.0047	0.1513	0.1540	0.0460	0.1121	-0.0560	-0.0464	-0.0154
eps	0.0446	-0.0217	0.0041	-0.0181	1	0.0341	0.1550	-0.0406	0.2348	0.2575	-0.0242	-0.4196	0.2800	0.4322	0.3454
ln_TA	-0.5176	-0.1387	0.6509	0.0333	-0.0235	1	0.1643	0.1385	0.0839	0.0663	0.0740	-0.0122	0.0527	0.0558	0.2301
setsubi	0.0724	0.0553	0.0612	0.0283	0.0161	-0.0179	1	0.0915	0.1979	0.2141	-0.0186	-0.0822	0.0840	0.1155	0.0274
lev	0.0196	-0.0179	-0.0079	0.0114	0.0184	0.0116	0.6887	1	0.2216	0.1244	0.0578	0.1037	0.0225	0.0313	0.0095
aveq	0.1607	0.2072	0.1454	0.1193	0.0040	-0.0701	0.0782	0.0100	1	0.9408	0.0234	0.0419	-0.0203	0.0600	-0.0016
pbr	0.0945	0.1014	0.0416	0.0570	-0.0072	-0.0532	0.0545	0.0290	0.3744	1	0.0232	0.0173	0.0024	0.0796	0.0204
ctrdummy	-0.0257	-0.0164	0.0491	0.0423	-0.0035	0.0846	-0.0107	0.0183	-0.0052	-0.0020	1	0.0835	-0.0411	-0.0316	0.0475
taxlosscarry	0.1767	0.0790	-0.0700	0.0637	-0.0297	-0.1555	0.0416	0.0196	0.0999	0.1006	0.0428	1	-0.3850	-0.4483	-0.1195
ETR	-0.0427	-0.0516	0.0605	-0.0662	0.0730	0.0997	0.0320	0.0058	-0.0077	-0.0433	-0.0297	-0.1626	1	0.7040	0.0427
Current_ETR	-0.0105	-0.0214	0.0855	-0.0564	0.0937	0.0819	0.0490	0.0163	0.0271	-0.0253	-0.0235	-0.1499	0.7024	1	-0.1172
mpbt	-0.2507	-0.1480	0.0974	-0.0820	0.1327	0.2087	-0.0370	-0.0731	-0.1827	-0.1162	0.0210	-0.2621	0.2053	0.1346	1

4 分析結果

モデル（2）をベースとした上でモデル（1）を分析した結果は図表5－5の通りである。

図表5-5 経営者報酬と各変数の関連性

total comp	P.S.	Coef.	z値	Coef.	z値	Coef.	z値
ETR	−	−0.0424	−10.64***				
Current_ETR	−			−0.0451	−10.21***		
mpbt	+					0.2582	5.39***
so	+	0.0014	4.48***	0.0016	5.00***	0.0037	4.04***
Inst	+	0.0002	14.03***	0.0002	15.74***	0.0001	4.61***
ldrto	+／−	−0.0001	−5.73***	−0.0001	−5.77***	0.0000	−0.74
eps	+	0.0000	8.23***	0.0000	8.85***	0.0000	−4.22***
Ln_TA	?	−0.0056	−44.49***	−0.0058	−47.53***	−0.0088	−22.23***
setsubi	?	0.0153	7.10***	0.0165	7.35***	−0.0059	−1.33
lev	−	−0.0006	−2.40**	−0.0005	−2.16**	0.0030	4.04***
aveq	+	0.0021	9.99***	0.0023	10.43***	0.0021	5.38***
pbr	+	0.0000	−0.35	0.0000	−0.21	0.0002	3.42***
intercept		0.0755	53.19***	0.0774	48.74***	0.0979	22.59***
Observations		16895		16895		16922	
Adjusted R^2		0.1434		0.1228		0.014	

：1％水準で有意，：5％水準で有意

　分析結果から，TAX変数はいずれも有意に経営者報酬と関係することが分かる。その符号についても予想通りであった。つまり，H1において予想した通り，租税負担削減行動は経営者報酬の決定に有意に機能している。租税負担削減行動は高リスクなプロジェクトであるものの，これに取り組む経営者を企業は肯定的に捉えているということである。これも利益連動型報酬

体系が多くの企業において導入されていることと無関係ではないだろう。

一方で，CGと経営者報酬との関係を見ていくと，H2で予測した通りの概ね有意な結果となっていることが分かる。SOの導入と経営者報酬には有意にプラスの関係を読み取ることができる。SOの導入は経営者の努力インセンティブを向上させることから，報酬そのものを増加させる。InstとIdrtoについても一部を除いて有意な結果であった。この結果から，機関投資家が多いほど経営者報酬は増加する傾向にあり，外部取締役が取締役会に多く存在するほどに経営者報酬は抑制されることが分かる。機関投資家が多いほど外部からのガバナンス機能が働き，これが企業価値増大へ向けた経営者への圧力となっていると推測される。こうした関係性が租税負担削減行動という高リスクプロジェクトへのドライバーとなっている予想される。またIdrtoが経営者報酬とマイナスに有意な関係であるという点から，外部取締役が多ければ多いほど経営者報酬には抑制が働くと考えられる。最近，オリンパスなどの事例から外部取締役の役割を懸念する議論も見受けられるが，経営者報酬を通じたチェック機能は果たしていると考えられる。以上の分析結果からも，H2において予想した通り，また首藤（2009）などの先行研究の結果の通り，経営者報酬の決定にCGの状況が反映されていることが分かる。

その一方で，一部のコントロール変数については予想と異なる符号となっている。また成長性をコントロールする目的で含めたpbrについては，符号も有意水準も各モデル通じて一貫せず，経営者報酬とはあまり関連しない印象を持つ。

5 積極的な租税負担削減行動とCGの関連性

前節までの検証によって，租税負担削減行動は経営者報酬とプラスの関係にあることが明らかになった。ただ，CGの強度と経営者報酬は関連性を有することが明らかになったものの，租税負担削減行動とCGの関係性についてはあまり明確にはなっているとはいえない。H3に依拠すると，租税負担削減行動を積極的に実行する企業は，CGの強度との関係性が経営者報酬と

プラスもしくはマイナスの関連性を持つと予想される。この予想を明らかにするために，次のモデルを通じた追加検証を実施する。

$$Total\ comp_i = a_0 + a_1 TAX_i + a_2 SO_i + a_3 Inst_i + a_4 Idrto_i + a_5 eps_i$$
$$+ a_6 Ln\ TA_i + a_7 Setsubi_i + a_8 lev_i + a_9 \Sigma\ Market_i$$
$$+ a_{10} d\_TAX_i + a_{11} d\_TAX_i * Inst_i + a_{12} d\_TAX_i * Idrto_i$$
$$+ \varepsilon_i \qquad \cdots (3)$$

　積極的な租税負担削減行動を行っているかどうかを見るために，TAX 変数について平均よりも低い企業を 1，そうでない企業は 0 とするダミー変数 d_TAX（d_ETR, d_Current_ETR）を本節では追加で設定する[7]。さらに，当該変数を既存のモデルに組み込み，租税負担削減行動と CG の関係性を見るために，新たに上記のモデル（3）を設定してさらなる分析を行った。なお，各変数の定義は第 3 節と同じである。また分析手法としては，第 3 節と同様に，操作変数として連結納税制度ダミー ctrdummy と繰越欠損金を表す Taxcarryforward 変数を利用して，2 段階最小二乗法を実施した。分析結果は図表 5 − 6 の通りである。

　図表 5 − 6 から分かる通り，一貫して TAX 変数はマイナスで有意な値となっている。ETR と Current_ETR は，ともに減少するほど（負の数値が大きいほど）租税負担削減行動に積極的であると解釈される。それゆえ，分析結果から，積極的な租税負担削減行動は高リスクな事業と見なされ，経営者報酬に一貫してポジティブに反映されている。ダミー変数についても結果は共通である。積極的な租税負担削減行動を実施しているかどうかを表す d_TAX 変数もマイナスに有意な結果を示している。

　その一方で，CG 変数と経営者報酬の関連性については，必ずしも有意水準に達していないものや予想符号と異なる結果を示すものもある。機関投資家の経営者報酬に与える影響度合いはある程度一貫しているものの，社外取締役比率は分析結果によってかなり異なった印象を受ける。機関投資家によ

---

[7] TAX 変数として，小さければ小さいほど租税負担削減行動の水準が高いことが分かりやすいため，mpbt については分析対象から外した。

図表5-6　経営者報酬と各変数およびCG変数との関連性

total comp	(1) Coef.	(1) z値	(2) Coef.	(2) z値	(3) Coef.	(3) z値	(4) Coef.	(4) z値
ETR	−0.173	−4.69***	−0.207	−3.49***				
Current_ETR					−0.187	−4.77***	−0.236	−4.03***
so	0.003	5.13***	0.003	4.68***	0.003	4.96***	0.003	4.50***
Inst	0.000	2.38**	0.000	−2.21**	0.000	3.15***	0.000	−2.67***
ldrto	0.000	−1.60	0.000	−2.23**	0.000	−0.11	0.000	−1.66*
Ln_TA	−0.004	−9.25***	−0.004	−6.27***	−0.004	−10.65***	−0.004	−7.37***
setsubi	0.008	2.38**	0.006	1.45	0.008	2.27**	0.006	1.50
lev	0.000	0.35	0.000	0.89	0.001	1.43	0.001	1.70*
pbr	0.000	−0.20	0.000	−0.12	0.000	−0.17	0.000	−0.29
aveq	0.000	0.92	0.000	0.84	0.001	1.24	0.001	1.18
eps	0.000	3.34***	0.000	2.57**	0.000	4.33***	0.000	3.61***
d_ETR	−0.068	−4.74***	−0.094	−3.54***				
d_Current_ETR					−0.076	−4.83***	−0.108	−4.10***
d_ETR*ldrto	0.000	−0.31						
d_ETR*Inst			0.001	3.66***				
d_Current_ETR*ldrto					0.000	−1.47		
d_Current_ETR*Inst							0.001	4.37***
intercept	0.137	9.07***	0.157	6.06***	0.146	8.73***	0.174	6.54***
observations	16895		16895		16895		16895	
adjusted R^2	0.0294		0.0331		0.03155		0.03755	

***：1％水準で有意　**：5％水準で有意　*：10％水準で有意

る株式保有比率が上がるほど経営者への圧力が強まることで，経営者報酬は上がる。同時に外部取締役が取締役会に占める割合が高まるほど超過報酬への抑制になる。しかし，前者の関係性についてはある程度一貫した結果となっているものの，後者については一部予想と異なる結果になっている。

また，これらCG変数とd_TAX変数の交差項を見ていくと，租税負担削減行動と経営者報酬およびCGとの関係を明確に観察することができる。一部の結果を除き，租税負担削減行動を積極的に実行している企業ほどCGは

有意に経営者報酬と関連する。係数が一定割合で増加していることがこの見解を支える。つまり，租税負担削減行動という高リスクなプロジェクトを積極的に実行し，その結果を経営者報酬に反映させる企業ほど，CG は有効に機能する。租税負担削減行動へ積極的にコミットする企業ほど，CG は機能するという意外な結果を図表5－6は示唆する。

6 示唆と今後の方向性

　本章の目的は租税負担削減行動を実施する企業は，その行動を経営者報酬に反映させるかという点について検証することであった。租税負担削減行動と経営者報酬の関連性は，租税負担削減行動のリスク感応性を調整するために，2段階最小二乗法モデルを通じて分析を行った。本章の検証を通じて，いくつかの点が明らかになった。租税負担削減行動を進めることで租税支払額を減少させることはできる。この行動自体は高リスクであるものの，経営者報酬に対して肯定的に機能する。一方で，SO と Inst は経営者報酬とプラスに関連し Idrto はマイナスに関連することから，概ね経営者報酬の決定にCG は機能する。租税負担削減行動という高リスクな経営者行動は CG と共鳴しながら，経営者報酬を高める方向で反映していると推測される。

　この分析をさらに進め，租税負担削減行動を積極的に実行している企業における経営者報酬と CG の関係を検証した。検証の結果，租税負担削減行動を積極的な企業ほど経営者報酬と CG の強度は高い関係性を有することが示された。機関投資家による保有比率を表す Inst のみの係数よりも，d_TAX 変数との交差項の係数の方が大きいこともこの見解を裏づける。つまり，租税負担削減行動に積極的に取り組む経営者の意識に対して外部機関投資家は賛意を示していると考えられる。租税負担削減行動に積極的な企業を外部機関投資家は評価するからこそ，経営者報酬に一貫して肯定的な関係を示すのである。

第Ⅲ部

Market（市場）の
視点からの実証分析

第6章 移転価格税制の適用と資本市場の評価

1 はじめに

　海外に進出する日本企業においては，税務管理（タックス・マネジメント）の観点から国内の高率な法人税に対して，軽課税国での課税の方が有利である。多国籍企業の移転価格（Transfer Price：以下，TP）の設定目的に関して，宮本（1983），Tang（1992）[1]はTP設定の要因について説明する。彼らの調査によれば，TPが「企業の全社的利益最大化戦略」のもとに設定され，次いで「各国の法人税率および法人税制の相違」，「利益および配当の本国送金に対する政府の制限」を考慮して設定されることが上位に来る結果となっている。多国籍企業がTPを設定する際に重要視する要因は日本と諸外国との税制に関する問題であることを，こうした先行研究は指摘している。一方，課税庁は，海外への利益および国内所得の海外流出を抑えるために移転価格税制（Transfer Pricing Taxation：以下，TPT）を導入し，以降四半世紀に渡って企業の移転価格業務を厳しく調査してきている。

　企業へのTPT適用については現在も新聞報道される機会も多く，社会の注目も高い。TPTは，在外子会社への商製品の売価が独立企業間価格と異なる不自然なTPで売買される取引に適用される。このような取引にTPTが適用されれば企業は課税額の算定にあたって，膨大な資料の提供と莫大な事務コストを負うことになる。また近年は，商標やロイヤリティ，パテントなどの無形資産の海外移転やその利用料収入に対する課税へとTPTの対象

※本章は加藤ほか（2015）の内容に大きく基づく。共著者の2人に深くお礼申し上げたい。
[1] 宮本（1983），Tang（1992）以降の2000年代の調査でも同様な結果が引き続き提示されている。例えば李・上聰（2009）の結果も参照。

は移りつつある。結果として,TPT適用に企業側も慎重になり,その対応を通じた企業の動向を市場の投資家も注目するという構図となっている。

本章では,TPTの概要および動向にふれた後,TPTの適用に関して,資本市場はどのような反応をするかイベント・スタディ分析を実施する。分析の結果,TPT適用の新聞報道に対して資本市場は,有意にネガティブな反応を示していたことを明らかになった。本章はさらにこのイベント・スタディ分析の結果を基礎に,超過収益率(Abnormal Rate of Return:以下,AR)を累積させた累積超過収益率(Cumulative Abnormal Rate of Return:以下,CAR)を利用して,CARに内在するどの要素が反応し,何が市場への反応を引き起こしたかを重回帰分析を実施した。この結果,無形資産や実効税率,企業統治に関する変数がこれらの反応と有意に関係することが検証された。

以下,第2節はTPTについて説明する。第3節は先行研究について説明し,第4節はイベント・スタディの結果について説明する。第5節は本章の主たる分析であるクロスセクショナル分析について述べる。第6節はサンプルとデータについて,第7節では分析結果を説明し,第8節は本章からの示唆と今後の方向性について述べる。

2 移転価格税制(TPT)の概要および動向

1 TPTの概要

日本においては1986年の税制改革において,国際的租税回避(International Tax Avoidance)に対処するためTPT(移転価格税制:租税特別措置法66④)が導入された。これは,法人が特定の国外関連者との間で資産の販売・購入,役務の提供他の取引を行った場合に,当該取引価格が比較対象可能な第三者企業間との取引価格(独立企業間価格)と異なる場合には,独立企業間価格で行われたとして課税するというものである。日本における独立企業間価格の算定方式は棚卸資産の販売または購入,それ以外の取引に区分して定められている。算定方式については,基本三法と呼ばれる独立価格比準法,再販

売価格基準法，原価基準法[2]と以上の基本三法に準ずる方法，その他政令で定める方法が第四の方法として定められている。

2　TPTの動向

　TPTの施行後四半世紀が過ぎた。この間，TPの独立企業間価格の算定に際してはTPT施行直後から多くの問題点が指摘されてきた。1つはTP算定方法の不適合性であり，もう1つは無形資産（Intangibles）に関わる問題である。近年においては，企業のグローバル化の中で，企業内取引が増大するのに応じて取引の多様性，複雑性も増大してきた。中でも，TPの対象は，商品，棚卸資産という有形資産から，特許権，商標権，技術移転，製品開発，経営ノウハウ，役務提供，そして金融取引など，複雑で多様化する無形資産へと展開してきている。その一方で，無形資産のTP算定について，比準対象となる独立企業間取引が存在しない場合も多い。無形資産の本来の特徴が「他のものとの違いが独占的に認められている」ところにあるため，無形資産を含む諸取引に関して独立企業間価格が適用されにくいのは当然である。このような基本三法による算定方式の限界が指摘される中で，無形資産取引の増加により「第四の方法」として代替的に用いてきたTP算定方法の重要性が増していく。

　さらに，TPに対する企業と課税庁の考えの相違から，TPの算定に伴う法人税をめぐり企業と課税庁との間に，二重課税の問題，追徴課税，租税訴訟が増加してきた。課税庁も企業と事前にTPについて協議する事前確認制度や相互協議の制度を設け，二重課税のリスクを避けようとする制度を導入したが根本的な対策とはなっていない。

　国税庁（2013）によると，2012事務年度では167件の相互協議事案が発生し，うち事前確認に係るものが131件に達する。これを2002事務年度と比較すると，10年で相互協議件数が約1.8倍，事前確認に係る相互協議件数も約2.8倍

---

2)　独立価格比準法とは比較可能な非関連者間の取引価格による方法をいう。再販売価格基準法とは関連者間取引による買手の第三者への再販売価格から通常の利潤の額を控除して算定する方法をいう。原価基準法は関連者間取引における売手の原価の額に通常の利潤の額を加算して算定する方法をいう。

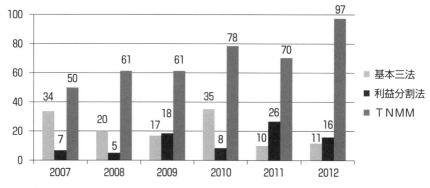

図表6-1 対象取引別相互協議処理事案の内訳

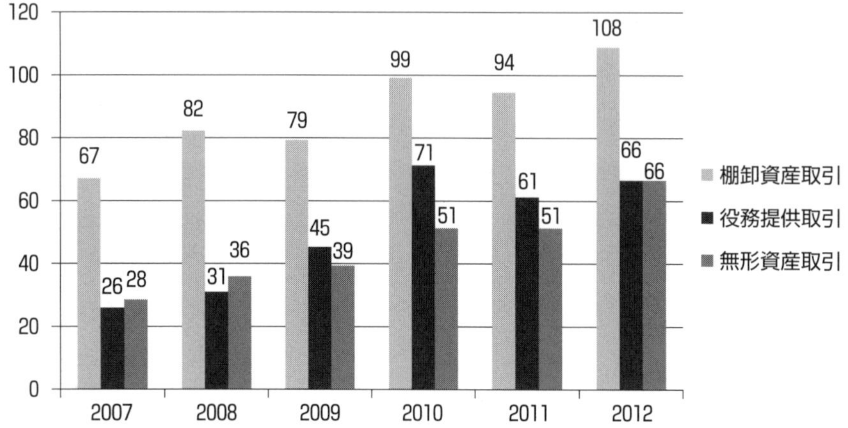

出所:『平成20-24事務年度の「相互協議の状況」について』 国税庁HPより作成。

図表6-2 相互協議処理事案の内訳（移転価格算定手法別）

出所:『平成20-24事務年度の「相互協議の状況」について』 国税庁HPより作成。

となっている。相互協議の処理事案の内訳を対象取引別に見ると（図表6－1），棚卸資産取引が108件，役務提供取引，無形資産取引がそれぞれ66件である。

次に，処理事案の内訳をTP算定方法別に見ると（図表6－2），2004年度税制改正で創設された「その他の方法」に規定される取引単位営業利益法[3]

---

3) 取引単位営業利益法とは検証対象のTP取引に係る売上高営業利益率，総原価に対するマークアップ率等を，比較対象取引のそれらと比較してTPの適正値を算定する方法をいう。

(Transactional Net Margin Method：TNMM)の件数が過半数となっている。つまり，相互協議や事前確認制度に委ねる場合，TPT 基本三法で対応できない状況として，主要取引であった棚卸資産などの有形資産取引に対し，役務提供および無形資産取引にかかる件数が拡大していることが鮮明になっている。以上のように，無形資産取引の増大が TPT 実務に大きな影響を及ぼしていることがいえよう。

3　先行研究

TPT を含む国際的租税回避に関するニュース・リリースが投資家行動にいかなる影響を与えるのかを検証した研究に Hanlon and Slemrod（2009）がある。分析の結果として，タックス・シェルター（Tax Shelter：以下，TS）活用企業に関する新聞報道に対する投資家の反応は有意にネガティブであったと結論した。Hanlon and Slemrod（2009）から得られる示唆とは，主に TS に代表される国際的租税回避戦略を採用する企業に関連するニュース・リリースは，投資家の利害と必ずしも一致するものではなく，経営者によるレント・エクストラクション（rent extraction）の証拠と見なしていることである[4]。

Armstrong et al.（2010）は国際財務報告基準（International Financial Reporting Standards：IFRS）がヨーロッパで採用されるのに関係した16のイベントについての市場の反応についてイベント・スタディを実施した。ヨーロッパ諸国において IFRS が採用されるというのは，会計基準のコンバージェンスという側面からは重要な一歩であると同時，さまざまな異論を生んでいるのも事実である。そこで彼らは，IFRS 採用に向けて特徴的な16のイベントごとに，CAR を算出し，この市場の反応について影響を与えた要素を分析した。分析の結果，IFRS を採用する以前から質の低い会計情報しか

---

4)　レント・エクストラクションとは，情報が占有されていることを奇貨として利益を独占する行為をいう。このケースであれば，複雑な租税回避スキームをもとに経営者が利益を独占しても，その詳細は株主に知られることは難しく，結果としてエイジェンシー・コストを高めることになる。詳細については Chen et al.(2010)，Desai and Dharmapala（2006）を参照。

提供できなかった法人については，情報の非対称性の緩和が期待されるとしてプラスの反応が見られた。このプラスの反応が顕著だったのは，以前から金融商品に関する情報の非対称性が高いと見られていた銀行である。彼らはIAS39号「金融商品：認識と測定」への期待が背景にあると指摘する。またIFRS採用以前から質の高い会計情報を公表していた法人ほどよりプラスの反応が見られた。一方で，大陸法系の国家にある法人ほど，概してIFRS採用の情報はCARに対してマイナスの反応を示していた。

　大沼（2011）は，TPTに関して資本市場向けに自主的に情報開示を行った2000年から2010年までの28事例に注目し，資本市場における投資家の反応をイベント・スタディによって明らかにした。その分析結果によれば，TPTに関連する自主的情報開示日から6営業日の間にCARについて10％水準と，それほど強くはなかったものの，投資家は有意にマイナスに反応した。

　加藤（2011）は，無形固定資産の海外移転であるとしてロイヤルティに対するTPT適用となった5件の報道に注目してイベント・スタディを行った。その5件は，2004年から2008年までのロイヤルティに対するTPT適用が新聞報道として取り上げられたものであり，加藤（2011）はこれら報道日をイベント・デイと設定した。分析の結果，多少のばらつきはあるものの概ね新聞報道の前日から翌日までの間にCARに関して1～5％水準でネガティブな反応があった。

　大沼（2011）・加藤（2011）のいずれも限られたTPT適用事例を分析対象としている。とりわけTPT適用による申告漏れ，課税の追徴や異議申し立て事例における自主的情報開示・新聞報道が投資家に与えた影響を観察している点は，共通した分析視角を有する。そこで本章は大沼（2011）と加藤（2011）の分析結果を踏まえてTPT適用に関する投資家の反応を検証する。本章もTPT適用についての市場反応を検証する目的を有することから，大沼（2011）と類似した分析視角を有するといえよう[5]。本章はこれらの先行

5）　本章の研究内容が大沼（2011）と明確に異なるのは，大沼（2011）は企業からの自発的開示情報を分析対象としている一方で，本章はTPTに関する新聞報道によるニュース・リリースを分析対象

研究を踏まえて，かつ先行研究よりもサンプルサイズを拡大して投資家の反応を検証する。

4 TPT 報道の株式市場への影響

1 イベント・スタディの分析モデル

　本章は Fama and French（1992）が提唱した，（1）式に示す株主期待収益率推定モデルの代表例である3ファクター・モデルを用いる[6]。本章はこのモデルをもとに AR の計算を行う。本章では TPT に関する新聞報道日をイベント日としている。推定期間はイベント日の180日前から30日前の150日間とした。新聞報道については日経メディア・マーケティング社提供の記事検索データベース『日経テレコン』，読売新聞社提供の『ヨミダス』，朝日新聞社提供の『朝日聞蔵Ⅱ』から収集し，どれか1つのデータベースでヒットすれば1件とカウントした。1986年の TPT 施行後に TPT 適用報道がなされた1987年11月から2012年2月までの合計78事例のうち，前述の通り株価データの収集できた51事例を対象とした。さらに消滅会社でデータがとれなかった企業および（報道時点で）非上場であった企業の株価データは収集不能のため分析対象から除外した。最終的に50事例を分析対象として設定した。次の図表6-3は分析対象とした移転価格税制の適用事例である。

　また分析に必要とな3ファクター・モデルに係るデータについては，株式会社金融データソリューションズの提供する「日本上場株式　久保田・竹原 Fama - French 関連データ」から収集した。

　としている点である。一般的に新聞に掲載される TPT 記事以前に自発的開示情報が存在し，新聞記者の判断によって重要と思われる TPT 情報が紙面掲載に至るという経緯を推定すれば，自発的開示情報による TPT 情報の総数は，新聞報道によるそれを上回るはずである。つまり TPT 情報について新聞記者は，社会的影響の大きい事例を取捨選択していると推測される。ただし，本章においては市場反応の大小についての検証は行っていない。

6）　Fama and French（1992）の3ファクター・モデルは，株式投資収益率を市場ベータ，時価総額規模，簿価／時価総額比率から説明できるとしている。同モデルを以て株式投資収益率を分析する研究は，辻本・伊藤（2011）を筆頭に，近年特に幅広く行われるようになってきている。分析は大沼ほか（2011）がベースになっている。

図表6-3 分析対象とした移転価格税制適用事例

年月	企業名	対象取引
1990年6月15日	日立グループ	VTR, 半導体輸出価格
1990年6月15日	東芝	VTR, 半導体輸出価格
1990年6月15日	松下	VTR, 半導体輸出価格
1994年10月21日	日立製作所, 日立電子	日米相互協議による所得の配分
2004年6月30日	本田技研	ブラジル2輪車に係るロイヤルティ
2005年3月29日	京セラ	電子部品
2005年5月3日	日本金銭機械	紙幣識別機
2005年6月30日	ソニー	CD, DVDロイヤルティ
2005年6月30日	TDK	電子部品等
2006年1月26日	浜松ホトニクス	光電子部品
2006年3月24日	ワコール	商標権使用量
2006年4月1日	カプコン	ロイヤルティ
2006年5月30日	リンナイ	技術援助料
2006年6月29日	武田薬品工業	医薬品
2006年6月30日	ソニーコンピューターエンターテインメント	ゲーム機
2006年7月1日	マツダ	自動車
2006年7月1日	三井物産	役務提供, 合弁会社へのノウハウ
2006年7月1日	三菱商事	役務提供, 合弁会社へのノウハウ
2006年10月20日	京セラ	追徴課税への異議を認定
2006年10月27日	任天堂	携帯ゲーム機, ゲームソフト
2006年12月28日	日本電産	HD駆動装置
2007年5月16日	アイホン	インターホン
2007年6月30日	三井物産	LNG事業のノウハウ
2007年6月30日	三菱商事	LNG事業のノウハウ
2007年7月27日	TDK	追徴課税の一部取消
2007年12月13日	京セラ	追加還付
2008年2月2日	信越化学工業	技術料

2008年4月4日	髙島屋	シンガポール子会社商標使用料
2008年4月25日	本田技研	中国四輪技術パテント料
2008年6月27日	ダイキン工業	中国への特許使用料
2008年7月1日	三井物産	合弁会社への情報提供経営指導料
2008年7月1日	三菱商事	合弁会社への情報提供経営指導料
2008年7月1日	デンソー	自動車部品（棚卸資産）
2008年12月4日	三井物産	追徴税額の一部還付
2008年12月4日	三菱商事	追徴税額の一部還付
2009年8月8日	アシックス	商標使用許諾料
2009年10月3日	カプコン	日米相互協議により二重課税分還付
2010年2月3日	TDK	追徴税額の一部還付
2010年3月11日	コマツ	子会社間取引
2010年3月11日	日本電産	HD駆動装置
2010年4月22日	東レ	炭素繊維
2010年4月28日	京セラ	電子部品売買取引
2010年6月11日	信越化学工業	日米相互協議により所得減額二重課税分還付
2010年6月12日	信越化学工業	米国子会社との技術料取引
2010年6月18日	商船三井	米国子会社に支払った荷役料金の一部，寄付金と認定される
2010年7月1日	イビデン	電子セラミック部品
2010年9月1日	ダイセル化学工業	エアバッグ製品輸出，医薬品原料
2011年6月30日	メック	台湾子会社の薬品
2011年6月30日	島津製作所（京都市）	シンガポールの子会社への計測機器販売取引
2012年2月23日	東洋炭素	特殊炭素素材の販売取引

個別の各銘柄iに関するt日におけるARを求めるために，（1）式からa_i，b_i，s_i，h_iの推定値を個別に求める。

$$R_{i,t} - R_{f,t} = a_i + b_i (R_{m,t} - R_{f,t}) + s_i SMB_{i,t} + h_i HML_{i,t} + \epsilon_{i,t} \quad \cdots (1)$$

個別に得られたa_i，b_i，s_i，h_iの推定値を用い，（2）式を通じて各分析対象企業のARを求める。

$$AR_{i,t} = R_{i,t} - R_{f,t} - \hat{a}_i - \hat{b}_i (R_{M,t} - R_{f,t}) - \hat{s}_i SMB - \hat{h}_i HML \quad \cdots (2)$$

R_{it}はt日のi株式の株式投資収益率，R_{ft}はt日のリスクフリーレート，R_{mt}はt日のマーケットポートフォリオの株式投資収益率，SMB_tは小型株ポートフォリオと大型株ポートフォリオとの株式投資収益率の差，HML_tは高い簿価／時価比率のポートフォリオの株式投資収益率と低い簿価／時価比率のポートフォリオの株式投資収益率の差，ϵ_{it}は誤差項を表す。なお，本章におけるARの算定結果は図表6－6で示す通り，イベント日の10日前から10日後までの各日において行うこととする。またARのt_1時点からt_2時点までの累積した値をCARとし，（3）式により算出する。

$$CAR_t = \sum_{k=t_1}^{t_2} AR_{i,k} \quad \cdots (3)$$

2 ARとCARの分析結果

分析対象となった50事例に関与するのべ50企業のARを単純平均し，その推移を図表6－4に示した。図表6－4より，イベント日となる新聞報道日の3日前から4日後までの間，継続的に市場はネガティブに反応し続けることが明らかとなった。さらにARを報道日10日前から10日後まで累積させたCAR（－10，10）の推移は図表6－5に示した通りである。報道日の3日前から一貫して下落しており，新聞報道が市場評価にあたえる影響は，視覚的にも大きなマイナスであることが分かる。実際，図表6－5に示す通り，新聞報道前から報道後の合計21日間における各社の市場調整後株式投資収益率は，平均して約3％下落する。

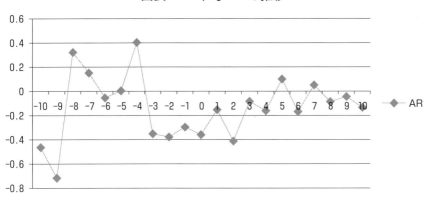

図表6-4 平均ARの推移

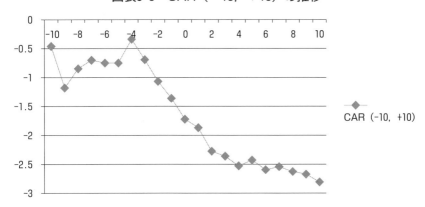

図表6-5 CAR（-10, +10）の推移

　この結果が統計的に有意な反応であるか否かを検証するために，t日における各個別企業のARの平均値を算出し，t検定およびノンパラメトリック検定の1つであるウィルコクスンの符号付順位和検定（z検定）を行った。その結果を示したのが図表6－6である。

　分析の結果，市場は10日前から有意にネガティブな反応を示し始めることが分かる。その後イベント日3日前および2日前になって5％水準で有意にネガティブな反応を見せ，イベント日2日後に5％水準で有意にネガティブな反応を示す。以上の結果については，TPT報道に先立って課税庁による

図表6-6 AR の検定結果

AR	n	平　均	t 値	判　定	z 値	判定
−10	50	−0.465	1.5223		2.1189	**
−9	50	−0.732	2.9795	***	3.0166	***
−8	50	0.332	1.5104		1.0184	
−7	50	0.146	0.6056		0.4103	
−6	50	−0.035	0.1327		1.1246	
−5	50	0.049	0.2136		0.5551	
−4	50	0.426	1.5749		0.7192	
−3	50	−0.357	1.7087	*	1.3563	
−2	50	−0.361	1.7233	*	0.9895	
−1	50	−0.331	1.4049		1.2694	
0	50	−0.293	0.9841		1.1246	
1	50	−0.127	0.5671		1.1825	
2	50	−0.464	1.9841	*	2.3023	**
3	50	−0.124	0.4025		0.2944	
4	50	−0.139	0.6566		0.5165	
5	50	0.120	0.4260		0.1786	
6	50	−0.229	1.0040		1.5204	
7	50	0.046	0.2444		0.4392	
8	50	−0.052	0.2426		0.1014	
9	50	−0.075	0.3572		1.1150	
10	50	−0.118	0.6224		0.8833	

***：1％水準, **：5％水準, *：10％水準で有意（両側検定）

税務調査と更正通知が送達されていることが原因となって投資家の反応を引き出したものと推定される。これに加えて，新聞報道3日前から市場がネガティブに反応する現象を考えると，投資家はそうした課税庁による更正通知の送達を事前に織り込んで反応したと考えられる[7]。

第6章　移転価格税制の適用と資本市場の評価

図表6-7　CARの検定結果

変数	n	平均	t値	判定	z値	判定
CAR (-10,0)	50	-1.621	1.8780	*	1.8390	*
CAR (-5,0)	50	-0.867	1.4998	*	1.2598	
CAR (-4,0)	50	-0.916	1.8594	*	1.7521	*
CAR (-3,0)	50	-1.342	2.6621	**	2.4664	**
CAR (-2,0)	50	-0.985	1.8754	*	1.8872	*
CAR (-1,0)	50	-0.624	1.3657		1.2501	
CAR (-1,1)	50	-0.750	1.3934		1.4046	
CAR (0,1)	50	-0.419	1.0142		0.2487	
CAR (0,5)	50	-1.026	1.5222		1.7521	*
CAR (0,10)	50	-1.454	1.5150		1.6652	*
CAR (1,5)	50	-0.734	1.1567		1.6942	*
CAR (1,10)	50	-1.161	1.2922		1.5494	
CAR (-2,2)	50	-1.575	2.7242	***	2.4278	**

***：1％水準，**：5％水準，*：10％水準で有意（両側検定）

　そこで，上記の推測を裏づけるためにCARの分析を行った[8]。CARを異なる期間で区切って計算することにより，市場反応が何日前から徐々に強まっていくかを分析する。分析の結果，図表6－7にある通り，CARにおいても新聞報道10日前から反応し始め，特に3日前から強い反応を示す。最終的には，図表6－7から新聞報道日の3日前から新聞報道日までのCARと，新聞報道日を挟む前後2日間のCARが最も強い反応を示していることが明らかとなった。

7）　税務調査と更正通知の通達を投資家はどう知り得るかについて調査したところ，新聞記者の中で企業に張り付いてさまざまな企業情報を集めるものがいるとのことである。こうした取材網から情報が流れ出ている可能性は考えられる。とはいえ，この情報の真偽や詳細については今後も調査を進めていく必要がある。

8）　CARの表記方法は，例えばイベント日の10日前からイベント日までのCARをCAR（－10，0），イベント日の5日前からイベント日の5日後までをCAR（－5，5）のように設定する。

5　市場反応の検証

1　導入

　前節では TPT 適用に関する新聞報道について，市場はどのように反応するかイベント・スタディを行った。分析の結果，TPT 適用についての新聞報道全般に対して，資本市場は有意にネガティブな反応を示している。その一方で，こうした市場反応に影響を及ぼす企業の経営・財務情報属性について検討を進める必要がある。

　TPT 適用を受けたという事実の根底にコンプライアンスと税務管理の不徹底性が原因にあると推測される。別の見方をすれば，TPT 適用を受ける企業はコーポレート・ガバナンス（CG）に脆弱性を抱える企業と見なすこともできる。第5節からは，新聞報道当日と翌日の資本市場の反応が企業の有するいかなる属性から生まれるかを検証する。

2　仮説の展開

　TPT 関連報道と市場評価の関連性を検証するために，市場の反応が何に起因するかを改めて考える必要がある。株式市場は企業の将来 CF を現在価値に割り戻した形で評価を決定する。その一方で，将来の見通しについて不信感を生むような情報は投資家には否定的な材料と映るだろう。というのも，投資家は経営者と比べ情報の非対称性は大きく，企業評価にネガティブな情報は投資家の不信感を増長する。この点について，Bushman et al.(2004) は透明性が欠如した企業ほどモラルハザード問題を解決するために，CG の改善が求められると主張する。また Lassila et al.(2010) は海外取引に従事したり，M＆A が関係してくるなど税務環境やそれに伴って組織が複雑になるほど，外部の税務専門サービスの提供を受けると説明する。つまり，組織の複雑性が増すと外部との情報の非対称性は強まる[9]。そうなるほど，企

---

9)　製造業は，非製造業と比べ機械設備や工場などの有形固定資産を多く抱えるため，事業構造の複雑性はより高まる。結果的に製造業は非製造業より外部との情報の非対称性はより強いと予想される。

業への不信感は強まり，ネガティブ（否定的）な評価につながる可能性が高い。これ以外にも，TPT 関連報道に前後して，投資家は当該企業の実務的な混乱について否定的な評価を下す可能性が高い。TPT の適用がある以上，取引条件は見直す必要はある上に，取引相手の見直し，組織の組み替えなども考えられる。つまり，TPT 適用は単に企業への不信感を強めるのみならず，今後のビジネスに追加的なコストを生じさせる疑念も投資家に抱かせ得る。そこで以下の仮説を設定する。

H1：組織の複雑性が高まるほど情報の非対称性が強いため，市場は企業をネガティブに評価する。

図表6－6の結果を踏まえると，TPT 適用に対する市場の反応は一貫してネガティブである。この反応の根底には投資家からの不信感があると推定される。TPT に関する投資家と経営者の間での情報の非対称性が，投資家にネガティブな反応を生み出したと予想される。こうした不透明性の原因として，加藤（2011）は無形資産の存在を指摘する。加藤（2011）はそういった透明性が欠如した無形資産を多く抱える企業ほど市場の反応はネガティブであることを実証する。特に，知的資産として近年無形資産の源泉として注目される度々取り上げられる研究開発費（R&D）も分析対象として取り上げる。すなわち，R&D についても市場はネガティブに評価するのか。この点を踏まえ，次の仮説を設定する。

H2：無形資産およびR&Dが多い企業ほど，透明性が低くなり情報の非対称性が強まるため，市場はそうした企業をネガティブに評価する。

これに加え，市場のネガティブな反応は TPT そのものの不透明性だけではなく，企業への不信感とも関係する。Hanlon and Slemrod（2009）は，TS や TP のような複雑なスキームを利用して税負担を削減するという行動は消費者に近い企業（BtoC firms）ほどネガティブな評判を生むことを指摘する。これに沿って考えれば，広告宣伝活動を積極的に進めて消費者の認知

度を高める企業ほど，不信感を持たれないように，企業に関するさまざまな情報を公表し情報の非対称性解消に積極的とみられる。反面，広告宣伝活動を積極的に進めている企業ほど，消費者からのコンプライアンスへの期待も高い。それゆえ，逆にTPT関連報道はネガティブな評価となりえる。またHanlon and Slemrod（2009）は，実効税率が高い企業ほど納税意識が高くコンプライアンスを重視する企業であると投資家は評価すると説明する。彼らの実証結果を敷衍して考えると，投資家と消費者が同質であるとすれば広告宣伝投資の規模や実効税率と企業評価は関係することが予想される。彼らの分析結果を踏まえて，続いて次の仮説を設定する。

H3－1－1：広告宣伝費率が高い企業ほどTPTを適用されたとしても市場はポジティブに評価する。
H3－1－2：広告宣伝費率が高い企業ほどTPTを適用されたとしても市場はネガティブに評価する。
H3－2：実効税率が高い企業ほどTPTを適用されたとしても納税意識が高い企業としてポジティブに評価される。

　経営者報酬については動機づけを通じて，経営者に企業価値最大化に向けた意識の植え付けのツールとしての役割が期待されている。所有と経営が分離した企業において経営者報酬はCGの中核をなすものである。その一方で，第5章でも説明した通り，経営者報酬は経営者に直接的な便益をもたらすために，超過報酬などのエイジェンシー問題の温床となりやすい。この点に関して，Core et al.（1999）はCGの弱さにより経営者報酬が過剰になることを指摘し，その上で，超過報酬が事後的な企業パフォーマンスに悪影響をもたらし得る可能性を指摘する。本章の題材であるTPT適用企業は，CGが十分に機能していない企業と見なすことができる。こうした企業の経営者はTPTを活用して得た利得を自身が独占してしまうと投資家は評価する可能性は高い。いわゆるレント・エクストラクションを懸念して，経営者報酬に対してネガティブに反応することが予想される。
　また山本・佐々木（2010）は，CGと強く結びつく現金報酬が翌期以降の

パフォーマンスと正の相関を持つことを示す。つまり彼らは，日本企業は経営者報酬を通じて業績改善に向けた動機づけが達成できていることを示唆する。本章の題材である TPT 適用企業は，企業価値最大化を試みる結果として課税庁からの調査を受けるような高リスク業務を行ったと考えることができる。この点に関して，大沼（2012）は，租税回避行為などの高リスク業務と CG の程度を踏まえて経営者報酬は決定されることを指摘する。つまり，CG が機能する企業では，経営者報酬の決定に企業価値最大化に向けた経営者自身の覚悟（ボンディング）が反映される。TPT 適用と経営者報酬決定との関連性に，CG 強度が関係することを以下の仮説を通じて検証する。

H4-1：経営者報酬が増えると経営者のレント・エクストラクションが強まると推測されるので，市場はネガティブに反応する。

H4-2：経営者報酬が増えると経営者のボンディングが強まると推測されるので，市場はポジティブに反応する。

6 サンプルとリサーチ・デザイン

TPT 適用についての新聞報道は第4節で収集したデータをそのまま利用した。その一方で，財務データについては日経 NEEDS Financial Quest Ver. 2.0（FQ）を通じて連結財務諸表データを収集し，新聞報道直前の決算期データを利用した。分析では入手不能なデータのある企業については削除したので，50事例を分析対象としたのは AR と CAR の分析と同様である。また入手できない情報は欠損値として処理した。

リサーチ・デザインを構築する際，従属変数として CAR（0,1）を採用した。Cavusoglu et al.（2004）らの先行研究の手法に従い，新聞報道等における TPT に関する情報が市場へ浸透していくのは新聞報道日とその翌日と推定する。実証分析については，Hanlon and Slemrod（2009）をベースに次のモデル（4）式を使用した。

$$CAR_{i,t} = \beta_0 + \beta_1 ln\_Subsidiary_{i,t} + \beta_2 Foreignsales_{i,t} + \beta_3 Manufact_{i,t}$$
$$+ \beta_4 Intangibles_{i,t} + \beta_5 RD_{i,t} + \beta_6 Advertise_{i,t} + \beta_7 High\ rd_{i,t}$$
$$+ \beta_8 High\ advertise_{i,t} + \beta_9 TAX_{i,t} + \beta_{10} Compensation_{i,t}$$
$$+ \beta_{11} Leverage_{i,t} + \beta_{12} Current\_rate_{i,t} + \beta_{13} Interestcoverage_{i,t}$$
$$+ \beta_{14} Loss\_dummy_{i,t} + \varepsilon_{i,t}$$

$$ETR, Current\_ETR \in TAX \qquad\qquad\qquad \cdots (4)$$

H1を検証するために,企業組織の複雑性を生み出す要素として連結子会社数を自然対数変換した ln_subusidiary, 海外売上高比率 Foreignsales, 製造業ダミー変数である Manufact を利用する。予測符号については,H1を踏まえ,$\beta_1<0$,$\beta_2<0$,$\beta_3<0$と推測される。その一方で海外売上高比率が高いほど今後とも海外への事業展開が期待できる変数とも考えられる。つまり,海外売上高比率は当該企業の成長性を示唆する変数でもあり,$\beta_2>0$も推測される。続いてH2を検証するために,透明性欠如の原因となる要素として無形(固定)資産比率 Intangibles や売上高研究開発費比率 Rd を利用する。予測符号については,$\beta_4<0$,$\beta_5<0$が推測される。H3を検証するために,透明性を高める要素として売上高広告宣伝費比率 Advertise も利用する。また Hanlon and Slemrod (2009) に従い,Rd と Advertise のサンプル全体の中央値よりも高い企業に1,低い企業には0というダミー変数を設定して,High rd と High advertise 変数を(4式)に組み入れた。予測符号については,$\beta_6>0$または$\beta_6<0$,$\beta_7<0$,$\beta_8>0$または$\beta_8<0$が推測される。租税負担削減変数 TAX が投資家の反応にどう結びつくかを検証するために,実効税率 ETR と当期実効税率 Current_ETR を利用した[10]。H3を踏まえると$\beta_9>0$が推測される。H4の検証を行うために,CG が機能しているか検証するための代理変数として,経営者報酬 Compensation を利用する[11]。予測符号についてはH4を踏まえると$\beta_{10}>0$または<0が推測される。この他,企業の安全性に対する市場

---

10) ETR と Current_ETR については山下ほか (2011) および第4章の定義にしたがって算出する。
11) 本分析で用いる経営者報酬は損益計算書注記において開示される経営者報酬を指す。経営者賞与やストック・オプション報酬のようなインセンティブ型報酬は含んでいない。

反応を見るために有利子負債対自己資本比率 Leverage（以下，レバレッジ），当座比率 Current_rate，インタレスト・カバレッジレシオ Interestcoverage，および，繰越欠損金 Loss_dummy を使用した。安全性に対する投資家の評価であるため，$\beta_{11}<0$ または>0，$\beta_{12}<0$ または>0，$\beta_{13}>0$ または<0 と推測される。Loss_dummy は過年度業績が良くないことを意味するものであり，将来業績へのマイナス材料ととられる可能性から，$\beta_{14}<0$ が推測される[12]。

図表6-8　記述統計量

変数	Obs	平均	標準偏差	最小値	最大値
CAR (0,1)	50	−0.4191	2.9220	−7.1652	7.7796
ln_subsidiary	50	4.6147	1.3311	1.6094	6.9546
Foreign sales	50	0.4646	0.2740	0.0000	0.8988
Manufact	50	0.7400	0.4431	0.0000	1.0000
Intangibles	50	0.0272	0.0486	0.0000	0.3045
Rd	50	0.0423	0.0459	0.0000	0.2221
Advertise	50	0.0152	0.0266	0.0000	0.1043
High rd	50	0.8600	0.3505	0.0000	1.0000
High advertise	50	0.5400	0.5035	0.0000	1.0000
ETR	50	0.3825	0.1190	0.0000	0.6022
Current_ETR	50	0.3543	0.1498	0.0000	0.6960
Compensation	50	0.0004	0.0010	0.0000	0.0061
Leverage	50	0.6948	0.7985	0.0000	3.3952
Current_rate	50	1.6011	1.1105	0.3177	4.7812
Interestcoverage	50	1.1019	1.9588	0.0306	10.9080
Loss_dummy	50	0.0400	0.1979	0.0000	1.0000
Size	50	14.1314	1.7242	9.2823	16.3035
Capital_intensity	50	12.4784	1.7061	7.7075	14.6057

---

12) 本研究における繰越欠損金はFQ内の「税効果会計の対象となった繰越欠損金」を利用している。

分析データの記述統計量は図表6-8の通りである[13]。また変数の定義については，図表6-9にまとめている。

変数間の相関関係について図表6-10を作成した。相関係数表の下半分がPearson 相関係数であり，上半分がSpearman 相関係数である。図表6-10を注視すると，連結子会社数 ln_subusidiary と資本集約度を意味する固定資産への投資額の影響を測る固定比率 Capital_intensity と企業規模の代理変数である総資産簿価を自然対数変換した Size との間に強い相関関係が発見される。両変数を調整せずに（4式）の推定を実施すると，これら変数間

図表6-9　変数の定義

変数名	変数の定義
CAR（0,1）	新聞報道日とその翌日の AR の累積値
ln_subsidiary	連結子会社数の自然対数変換値
Foreign sales	海外売上高／全社売上高
Manufact	当該企業が製造業に属していれば1，そうでなければ0のダミー変数
Intangibles	無形固定資産／当期売上高
Rd	売上高研究開発費比率＝当期研究開発費／当期売上高
Advertise	売上高広告宣伝費比率＝当期広告宣伝費／当期売上高
High rd	研究開発費が分析サンプル全体の中央値を超える企業は1，そうでなければ0のダミー変数
High advertise	広告宣伝費が分析サンプル全体の中央値を超える企業は1，そうでなければ0のダミー変数
ETR	（法人税・住民税・事業税＋法人税等調整額）／税金等調整前利益
Current_ETR	（法人税・住民税・事業税）／税金等調整前利益
Compensation	（取締役に対する現金給与＋賞与＋退職給与総額）／当期売上高
Leverage	固定負債総額／期首総資産
Current_rate	当座比率
Interestcoverage	EBIT／支払利息＝インタレスト・カバレッジレシオ
Loss_dummy	繰越欠損金を抱えるならば1，そうでなければ0のダミー変数
Size	総資産簿価の自然対数変換値
Capital_intensity	固定資産総額／自己資本総額

---

[13]　ETRとCurrentETRについては異常値を調整するために，最小値を0に調整する Winsorize を行った。一方で，Winsorize を実施しなかった場合の結果とは大きく変わらない。

第6章 移転価格税制の適用と資本市場の評価

図表6-10 相関係数表

(obs=50)	Ca (0,1)	In_subsidiary	Manufac	ETR	Current_ETR	Loss_dummy	Advertise	Foreignsales	Intangibles	Rd	Leverage1	size	Capital_intensity	Current rate	Interestcoverage	High rd	High advertise	Compensation
CAR (0,1)	1	-0.1211	-0.1122	0.1748	0.0607	-0.1839	0.2243	-0.0005	-0.1384	-0.0451	0.2309	-0.0636	-0.0950	-0.0297	-0.0444	-0.0220	0.1710	0.2120
In_subsidiary	-0.0416	1	-0.1912	0.3117	0.4335	-0.0778	-0.1556	0.0122	0.1956	-0.3537	0.4957	0.8729	0.8684	-0.5398	-0.5078	-0.1858	-0.0223	-0.2645
Manufac	-0.0278	-0.1466	1	-0.3744	-0.0300	0.1210	-0.0515	0.3470	-0.0111	0.3655	-0.5182	-0.3144	-0.2196	0.2449	0.2966	0.1551	-0.0897	-0.0805
Etr	0.1759	0.2821	-0.3307	1	0.5399	-0.2971	-0.0468	-0.6295	-0.2916	-0.6027	0.4531	0.3981	0.3077	-0.2148	-0.4207	-0.4494	-0.0681	0.1649
Current_ETR	0.0227	0.4420	0.0511	0.5386	1	-0.3395	-0.1500	-0.3326	-0.2320	-0.3280	0.2055	0.5071	0.4148	-0.1614	-0.4075	-0.3895	-0.1265	0.1408
Loss_dummy	-0.1159	-0.0512	0.1210	-0.4210	-0.4878	1	-0.2010	0.0638	-0.0708	0	0.0778	-0.1273	-0.0566	-0.1273	-0.1698	0.0824	-0.2212	-0.1424
Advertise	0.3107	-0.2447	-0.1139	-0.0093	-0.1149	-0.1174	1	0.1358	0.3043	0.3150	-0.1401	-0.1670	-0.2478	0.0944	0.2873	0.1703	0.9088	0.2064
Foreignsales	0.1264	-0.0351	0.3318	-0.5394	-0.3343	0.0691	0.1100	1	0.3934	0.4717	-0.3479	-0.0905	-0.0447	0.0796	0.4511	0.5748	0.0962	-0.2871
Intangibles	-0.1665	0.1376	0.1705	-0.1905	-0.1185	-0.0805	0.0991	0.2565	1	0.2005	-0.0399	-0.0270	-0.0806	-0.0808	0.0849	0.3020	0.4135	-0.0467
Rd	-0.0129	-0.4854	0.1150	-0.3692	-0.3659	-0.0297	0.2538	0.2686	0.0674	1	-0.4725	-0.4392	-0.4645	0.4578	0.5819	0.6021	0.2548	0.0086
Leverage1	0.1493	0.3990	-0.6213	0.4370	0.0827	0.0291	-0.1423	-0.3001	-0.0664	-0.2946	1	0.5031	0.5192	-0.7660	-0.7793	-0.2936	-0.0946	0.1206
Size	-0.0105	0.8973	-0.2654	0.3751	0.4423	-0.0682	-0.2103	-0.1243	-0.0379	-0.5172	0.4544	1	0.9290	-0.5256	-0.4852	-0.3096	-0.0487	-0.2450
Capital_intensity	-0.0238	0.8792	-0.1483	0.2435	0.3409	0.0291	-0.3045	-0.0557	-0.0062	-0.5182	0.4052	0.9491	1	-0.6255	-0.5202	-0.3775	-0.1404	-0.2374
Current rate	-0.1340	-0.5818	0.1837	-0.1896	-0.1256	-0.1356	0.1493	0.1113	-0.1684	0.3770	-0.5041	-0.4809	-0.5688	1	0.6869	0.2616	0.0820	-0.0899
Interestcoverage	0.0738	-0.3458	0.1441	-0.1441	-0.0699	-0.0900	0.1202	0.2143	-0.0290	0.3711	-0.3810	-0.2403	-0.3266	0.6068	1	0.3915	0.2725	-0.1441
High rd	-0.0031	-0.2181	0.1551	-0.4165	-0.4556	0.0824	0.1575	0.6910	0.1774	0.3750	-0.2237	-0.3206	-0.3183	0.2592	0.1983	1	0.0902	-0.0733
High advertise	0.2209	-0.0020	-0.0897	-0.0960	-0.1308	-0.2212	0.5310	0.0647	0.3394	0.2563	-0.1027	-0.0255	-0.0781	0.0785	0.1715	0.0902	1	0.2059
Compensation	0.1467	-0.2230	0.0356	0.0875	0.0623	-0.0771	0.0411	-0.1487	0.1183	-0.0069	-0.0353	-0.2430	-0.2606	-0.0244	-0.0702	0.0367	0.1409	1

での内生性（endogeneity）が懸念される。内生性を未解決のまま最小二乗法を用いた通常の重回帰分析を実施しても，誤差項が説明変数と相関してしまう問題が生じるおそれがある。そこで本章ではRajgopal and Shevlin (2002) とColes et al. (2006) を参考に，2段階最小二乗法（2 SLS）を利用して分析を行う[14]。

このとき，操作変数としてSizeおよびCapital_intensityを利用して第1段階の分析を，（5）式を通じて実施する。その後この（5）式からの推定結果を踏まえて式（4）の分析を実施する。

$$\ln\_subsidiary_i = a_0 + a_1 Size_{i,t} + a_2 Capital\_intensity_{i,t} + a_{k+3}\sum_{k=3}^{12} Contorls_k + \varepsilon_{i,t} \quad \cdots (5)$$

7　分析結果

2 SLSを用いた分析結果は以下の表の通りである。図表6-11はTAX変数としてETRを採用し，図表6-12はTAX変数としCurrent_ETRを採用している。いずれのパネルについても誤差項の不均一分散に対処するためにWhite (1980) の方法で標準誤差を求めた結果を使用している。各変数の多重共線性とモデルの説明力を上げる目的から，図表6-11と図表6-12において6モデル掲載している。検証結果からは，以下の知見が得られる。

H1に関していえば，子会社数は概ねマイナスに有意な結果であった。この分析結果から，複雑性の高い組織は外部との情報の非対称性が大きいので投資家からの評価は下がることがわかる。加えて，TPT適用に伴う今後の追加コストを嫌って，投資家はマイナスに評価すると考えられる。その一方で，海外事業を積極的に進めていることを示唆する海外売上高比率の高い企業ほどCARは高い。TPT適用企業は，海外売上高比率は平均50％ほどであり，将来の海外展開への期待を受けて評価は高い。単に組織の複雑性が高

---

14) 内生性の問題とこれを解決するための手法としての2 SLSについてはWooldridge (2002) を参照。とはいえ，操作変数の適正性については，もう少し慎重な検討が必要である。

いから評価が下がるのではなく，組織は複雑であっても，海外事業を展開して将来の成長性を求める企業の評価を投資家は下げないという点が分かる。あわせて，レバレッジはすべてのパネルにおいてプラスに有意なことから節税行動に前向きな企業ほどプラスに評価される。また当座比率もすべてのパネルにおいてマイナスに有意である。当座比率が高いと十分に活用されない現金預金等が多いと見なされ，企業評価を下げてしまうといわれる。本章の結果はこの見解を反映していると考えられる。

続いて，H2に関しては，無形資産はその内容についての解釈が難しいために，結果として外部からの透明性が低くなることから，TPT適用によって生じた不信感の原因となりやすい。オンバランスされた無形固定資産に対しては，一貫してマイナスに有意である。その一方で，売上高研究開発費比率はCARとは有意な関係にない。無形固定資産はマイナスに有意であるものの，その源泉となるCARについては，TPT適用企業については，投資材料ともならないのかもしれない。とはいえ，第一種の過誤の可能性もあるので，無関係であると断定はできない。

H3については，広告宣伝投資の多い企業と実効税率の高い企業はポジティブに評価される。TPT適用は投資家に対し不信感を与えるものであるが，広告宣伝投資を多く行う企業は情報開示への積極性を投資家は評価していると推測される。Hanlon and Slemrod（2009）と同様，実効税率の高い企業は納税意識の高い，良き企業市民（corporate citizen）と見なされるので，ポジティブに評価される。広告宣伝投資は，企業情報の積極的公表によるブランド構築を通じて良き企業市民という評判を高め，透明性を高めることに貢献する。TPT適用を投資家はネガティブに捉えるものの，このエビデンスからはHanlon and Slemrod（2009）と同様に，広告宣伝投資や適正な納税を進める企業を投資家は肯定的に評価するとわれわれは考える。

H4に沿って考えると，市場が経営者報酬にマイナスに反応するときは，市場は経営者によるレント・エクストラクションを疑っている。一方で，経営者報酬に市場がポジティブに反応するときは，経営者のボンディングが強まることでCGが機能していると市場は見なす。以上を念頭に置いて分析結果を見ていくと，経営者報酬についての市場の反応は全モデルで一貫してい

図表6-11　分析結果　パネルA

	p.s.	Model 1		Model 2		Model 3		Model 4		Model 5		Model 6	
		Coef.	z値	Coef.	z値	Coef.	z値	Coef.	z値	Coef.	z値	Coef.	z値
ln_subsidiary	−	−0.793	−1.88*	−0.548	−1.45	−0.672	−1.29	−0.931	−2.01**	−1.031	−2.52**	−0.672	−1.29
Foreignsales	+/−	5.187	2.70***	3.660	2.66***								
Manufac	−	1.627	1.52	1.742	1.63	0.637	0.69	1.346	1.34	1.429	1.43	0.637	0.69
Intangibles	−	−22.735	−5.44***	−23.389	−5.40***	−15.604	−3.00***	−23.011	−5.80***	−22.350	−5.69***	−15.604	−3.00***
Rd	−	−8.623	−0.99	1.164	2.42**	−1.067	−0.11	−8.075	−0.85	−9.164	−1.05	−1.0671	−0.11
Advertise	+	22.584	1.41	23.204	1.37	5.282	2.99***	5.718	3.05***	5.416	2.82***	5.282	2.99***
High rd	−	−1.381	−1.11			−1.437	−1.17	−1.353	−1.07	−1.130	−0.90	−1.437	−1.17
High advertise	+	1.748	1.97**	1.535	1.69*			2.428	2.82***	2.529	3.07***		
Compensation	+/−	363.297	1.28	366.112	1.37	517.110	2.12**	300.307	1.03			517.110	2.12**
ETR	+	5.697	1.72*	6.074	1.70*	5.851	1.63	7.468	2.11**	7.755	2.13**	5.851	1.63
Leverage	+/−	1.247	2.58***			0.827	1.31	1.069	2.21**	1.063	2.20**	0.827	1.31
Current_rate	+/−	−0.999	−2.42**	−1.059	−2.90***	−0.962	−2.12**	−1.022	−2.46**	−1.087	−2.77***	−0.963	−2.12**
Interestcoverage	+/−	0.003	1.27	0.003	1.43	0.003	1.31	0.003	1.07	0.003	1.01	0.003	1.31
Loss_dummy	−	−0.949	−0.63	−0.959	−0.59	−1.580	−0.99	−0.560	−0.37	−0.653	−0.44	−1.580	−0.99
intercept	?	−1.336	−0.44	−3.253	−1.31	−0.277	−0.08	−1.268	−0.39	−0.827	−0.27	−0.277	−0.08
Wald		75.58***		61.63***		45.96***		75.93***		66.36***		45.96***	
R-squared		0.4317		0.4136		0.2873		0.4022		0.3908		0.2873	

***:1％水準で有意　**:5％水準で有意　*:10％水準で有意

図表6-12　分析結果　パネルB

	p.s.	Model 1		Model 2		Model 3		Model 4		Model 5		Model 6	
		Coef.	z値	Coef.	z値	Coef.	z値	Coef.	z値	Coef.	z値	Coef.	z値
ln_subsidiary	−	−0.663	−1.10	−0.415	−0.66	−0.544	−0.77	−0.932	−1.45	−1.073	−2.04**	−0.544	−0.77
Foreignsales	+/−	4.078	2.30**	2.644	1.78*								
Manufac	−	1.791	1.64	1.842	1.65*	0.913	0.93	1.333	1.32	1.354	1.33	0.913	0.93
Intangibles	−	−24.046	−5.69***	−24.535	−5.46***	−18.250	−3.56***	−24.265	−5.61***	−23.377	−5.47***	−18.250	−3.56***
Rd	−	−10.493	−1.18			−4.174	−0.39	−10.539	−1.03	−11.585	−1.22	−4.174	−0.39
Advertise	+	28.730	1.72*	29.302	1.62	4.104	2.48**	4.508	2.54**	4.229	2.32**	4.104	2.48**
High rd	−	−1.270	−0.97			−1.305	−1.05	−1.016	−0.70	−0.715	−0.53	−1.428	−1.06
High advertise	+	1.452	1.51	1.228	1.27			2.373	2.59***	2.508	2.97***		
Current_ETR	+	0.088	0.02	0.727	0.18	−1.264	−0.30	1.905	0.50	2.707	0.84	−1.264	−0.30
Compensation	+/−	428.513	1.19	439.512	1.28	567.530	1.98*	313.793	0.84			578.077	1.78*
Leverage	+/−	1.523	3.37***	1.457	3.36***	1.115	2.05**	1.406	3.15***	1.413	3.21***	1.115	2.05**
Current_rate	+/−	−0.997	−2.37**	−1.044	−2.80***	−1.049	−2.17**	−1.063	−2.34**	−1.137	−2.67***	−0.975	−2.03**
Interestcoverage	+/−	0.004	1.47	0.003	1.58	0.004	1.81*	0.003	1.26	0.003	1.19	0.004	1.49
Loss_dummy	−	−2.333	−1.64	−2.168	−1.39	−3.490	−2.42**	−1.772	−1.48	−1.647	−1.47	−3.490	−2.42**
intercept	?	0.477	0.18	−1.548	−0.72	2.174	0.69	1.195	0.43	1.596	0.63	2.172	0.71
Wald		81.7***		64.46***		55.94***		91.66***		89.09***		55.94***	
R-squared		0.4174		0.3945		0.2692		0.3693		0.357		0.2692	

***：1％水準で有意，**：5％水準で有意，*：10％水準で有意

ないものの，経営者報酬に対して市場は概ねポジティブに反応することが分かる。もちろん，TPT 適用企業に関して CG が機能していると指摘することは難しい。ただし，経営者報酬に対してポジティブな反応を市場は示しているという点から，投資家は経営者によるレント・エクストラクションへの疑念を抱いている可能性は低いと考えられる。

8 示唆と今後の方向性

本章は TPT 適用報道に対して，市場はどう反応するかについてイベント・スタディを用いて分析を行った。本章前段の分析の結果から，TPT 適用報道に対して，資本市場は統計的に有意にネガティブな反応を示している。その反応は新聞報道の 3 日前から 2 日後にかけて強く見られる。この反応を累積させると，10日前から反応が強まり，イベント日を挟む 5 日間が最も強い反応を見せた。こうした市場反応の源泉を検証するために，後段では超過収益率の累積値である CAR を従属変数とした重回帰分析を行った。

回帰分析の結果から，子会社数，海外売上高比率，無形固定資産，売上高広告宣伝費比率，実効税率，当座比率などが有意な値を示した。つまり，仮説については部分的であるものの，立証された。海外売上高比率や売上高広告宣伝費比率のような企業の将来性や透明性を示唆する変数，あるいは実効税率のようなコンプライアンスを示唆する変数に市場はプラスの反応を示す。これに対して，子会社数や無形固定資産のような情報の非対称性を強める変数にはマイナスに反応する。売上高広告宣伝費比率や経営者報酬への投資家の反応から，Hanlon and Slemrod (2009) が指摘する経営者によるレント・エクストラクションへの疑念は広がっていないと考えられる。

今回の検証では，合法的な節税行動の代理変数であるレバレッジの影響についての分析は，十分なものではないとの反省はある。今後はさまざまな影響をコントロールして，市場反応が何に起因するかをさらに深く検証する必要がある。また，この分析だけで日本企業の経営者がレント・エクストラクションに消極的かどうか明確になったとはいえない。この点に関するさらなる検証が必要であると思われる。

第7章 IR優良企業の資本コストと租税負担削減行動の関係

1 はじめに

　租税負担削減行動は経営者の裁量的行為として行われている。そうした側面の一方で，Desai and Dharmapala（2006）によると，企業のコーポレート・ガバナンス（CG）が整備されていると，レント・エクストラクションが生じていないということから租税負担削減行動そのものは否定的に評価されないと説明する。その意味で，情報開示（以下，ディスクロージャー）に積極的でかつ租税負担削減行動のレベルの高い企業に対する市場の評価はどうなっているかは興味深い問題である。企業のCGの状況を反映する活動として，本章では，IR活動に焦点を当てる。

　IR活動はさまざまな団体から評価されている。代表的なものに，IR協議会が毎年実施する「IR優良企業賞」，東京証券取引所やJASDAQなど証券取引所が公表するディスクロージャー表彰企業，証券アナリスト協会が毎年実施する「証券アナリストによるディスクロージャー優良企業選定」，大和インベスター・リレーションズの「IR優良会社」などが挙げられる。本章はディスクロージャーへの積極性と株主資本コストとの関係についての分析を通じ，IR優良企業への市場からのポジティブ・フィードバックの存在を検証する。これまでの内容が，租税負担削減行動を行う企業経営の内面に焦点を当てた分析を行ってきたが，本章は株主資本コストに反映される市場評価に焦点を当てる。ディスクロージャーの積極性とともに株主資本コストへ影響を与える要素として，租税負担削減行動のレベルが関係するかについても検証を行う。

　先行研究によると，Botosan（1997）やBotosan and Plumlee（2002）な

どは，ディスクロージャーに積極的な企業ほど，株主資本コストが低減されるという分析結果を得ている。わが国においても，音川（2000）によると，情報開示に積極的なディスクロージャー・ランキング上位の企業ほど株主資本コストが低いという結果が，限定的ながら得られている。本章はこうした先行研究および Botosan and Plumlee（2002）や Francis et al.（2005）などにおいて検証されたディスクロージャーの水準が高い企業は資本コストも低いという仮説が日本市場でも同様に当てはまるかを検討することも目的となっている。さらに，株主資本コストへ影響を与える変数として，利益の質と租税負担削減行動の水準を表す実効税率（ETR）との関係も本章は検証する。

以下，本章は次のように構成される。第2節は仮説の展開を，第3節はサンプルについての説明を，第4節はリサーチ・デザインについて説明する。第5節で分析結果を示し，第6節で要約と今後の課題を述べる。

2 仮説の展開

情報の非対称性を原因とする市場の不完全性は，外部資金と内部資金との資本コストの差として現れる。場合によっては収益性の高いプロジェクトであっても，資本コストの高さから放棄する可能性も生まれる。IRを通じた自発的な情報開示は，情報の非対称性を緩和して外部資金の資本コストを引き下げる働きがあるとされる（Verrecchia 1983）。例えば Frankel et al.(1995）は外部資金調達に依存する企業ほど，頻繁に経営者利益予想を開示すると報告する。Botosan（1997）は株主資本コストと企業のディスクロージャー水準との間には負の関係があると指摘する。ディスクロージャーと負債コストあるいは株主資本コストに関する研究は多数あるが（Sengupta 1998, Healy et al. 1999, Lang and Lundholm 2000ほか），ある種のコンセンサスとして自発的情報開示は情報の非対称性を緩和することを通じて，証券の流動性を高め，投資家の期待収益率を引き下げると認識されている（Botosan and Plumlee 2005）。これ以外にも，Francis et al.（2005）は，資本市場が未発達の国であったとしてもディスクロージャー水準が高い企業は株主資本コストを引き下げていることを，全世界企業を対象とした分析にお

いても立証した。日本市場についても，音川（2000）は情報開示に積極的なディスクロージャー評価の高い企業ほど，株主資本コストが小さいという結果を得ている[1]。伊藤・円谷（2010）は，市場ベータとアンケート調査を通じて，ディスクロージャー優良企業は資本コストを効果的に引き下げ，かつ理念やビジョンを投資家らへ効率的に伝達していることを示す。そこで，本章は株主資本コストを分析の主眼に据えて，次の仮説を検証する。

H1：株主資本コストとディスクロージャー評価ポイントとの間には負の関係がある。

IR活動を評価する企画は多数あるが，本章はその中でも証券アナリスト協会が実施する「証券アナリストによるディスクロージャー優良企業選定（平成20年度版）」という報告書に基づいて分析を行う。

証券アナリスト協会ディスクロージャー研究会は，企業情報開示の向上を目指して，「ディスクロージャー優良企業選定制度」を平成7年度から毎年実施してきた。当該研究会が表彰するディスクロージャー優良企業は，次の5点について評価される。①経営陣のIR姿勢，IR部門の機能，IRの基本スタンス②説明会，インタビュー説明資料等における開示および四半期開示③フェアー・ディスクロージャー④コーポレート・ガバナンスに関連する情報の開示⑤各業種の状況に即した自主的な情報開示。これら5項目について，それぞれの業種を専門とする証券アナリストの専門部会によって評点が決められ，合計点で各業種におけるランキング企業が決定される。本章は，この合計点（総合評価）を各企業に対するディスクロージャーについての評価ポ

---

1) 村宮（2005）は，経営者が公表する予想利益の精度が低い企業ほど，資本コストが高い傾向にあることを示している。先行研究では，経営者が企業外部に公表する情報の量が資本コストに影響を及ぼすことが示されている。しかし，村宮（2005）の分析結果によれば，情報の量のみならず，経営者予想利益の精度のような情報の質もまた，資本コストに影響を及ぼしている。音川・村宮（2006）はすべての市場参加者が共有する公的情報の精度が高い企業ほど資本コストは低いのに対し，一部のアナリストのみが知り得る私的情報の精度が高い企業は反対に資本コストが高まるという結果を示した。彼らの分析結果によれば，情報の量とともに情報の質も考慮に入れて，市場は企業評価を行っていると解釈できる。

イントと見なして分析を進める[2]。

Francis et al. (2004, 2005) は資本コストと利益の質, 持続性, 予測可能性などの特性と強い関係があることを示した。この研究を踏まえ, Francis et al. (2008)（以下, FNO）は利益の質が低い企業ほど情報開示に積極的ではないと推測して分析を行った。分析の結果, 利益の質と株主資本コストとの間に負の関係の存在を実証した。つまり, 利益の質が低いと株主資本コストが高まると考えられる。そこで, 本章も, FNOの知見が日本企業群に適合するか調査するため, 次の仮説も検証する。

H2：利益の質と株主資本コストとの間には負の関係が存在する。

FNOの前提は, 自発的な情報開示は利益の質の高さが基礎になっているという点にある。こうした文脈に沿って考えるのであれば, 利益の質は情報開示の積極性についての代理変数と見なすことが可能である。

一方で, 租税負担削減行動の水準は経営の透明性とも関係すると考えられる。Bagnoli and Watts (2007) によれば, 自発的情報開示に積極的な企業は, 情報の非対称性を緩和するために内部情報の公開を通じて経営の透明性に対して前向きであると推測される。経営の透明性の障壁となるものに, 税効果会計適用時に検討する永久差異が挙げられる。永久差異の原因として, 交際費等や寄付金, 役員賞与の損金不算入額などが一般に想起される。永久差異の内容については, 有価証券報告書等の税効果会計に関する脚注の中で開示される。ただ永久差異には使途不明金や使途秘匿金などが含まれることもあり, 永久差異の金額が多ければ多いほど経営の不透明性が高まる。反対に, 永久差異が少なく, 税務上も効率的な経営を行っている企業ほど経営の透明

---

[2] このランキングは, 業種としては, 原則として東証一部上場の株式時価総額を基準として選定している。結果, 建設・住宅・不動産（22社）, 食品（20社）, 鉄鋼・非鉄金属（15社）, 機械（16社）, 電気・精密機器（31社）, 自動車・自動車部品・タイヤ（19社）, 電力・ガス（15社）, 運輸（19社）, 通信（6社）, 商社（6社）, 小売業（15社）, 銀行（13社）, コンピュータソフト（18社）の13業種215社が対象となった。さらに, 新興市場銘柄についても, ジャスダック・マザーズ, ヘラクレス, セントレックス, Q－Boardおよびアンビシャスの6市場に上場している企業の中で時価総額上位でかつそういった企業を分析対象とするアナリストが一定以上の48社も対象となった。

性が高まると推測される。永久差異が多い企業はETRが高く，そういった企業ほど株主資本コストは高まると予想される。

また，第3章で説明した通り，ETRは租税負担削減行動の水準も同時に表す。ETRが低いほど，税務コストの効率化をしっかりと進めていると考えられる。ETRが低いほど，投資家の期待収益率は下がるので，資本コストと正の関係が予想される。以上を踏まえて，次の仮説も検証する。

H3：株主資本コストとETRとの間には正の関係が存在する。

3　サンプル選択と変数説明

1　ディスクロージャー優良企業の概要

証券アナリスト協会による「ディスクロージャー優良企業選定（平成20年版）」によると，業種別における評価平均点は，建設・住宅・不動産65.3点，食品66.5点，鉄鋼・非鉄金属70.9点，機械67.9点，電気・精密機器71.6点，自動車・自動車部品・タイヤ65.6点，電力・ガス71.0点，運輸65.5点，通信68.8点，商社74.8点，小売業69.3点，銀行70.9点，コンピュータソフト61.9点という結果だった。業種によって多少の偏りはあるものの，概ね70点代前半から60点代に集まっている。業種間の評価平均点の相違は，具体的評価項目の内容および配点に業種間の相違があることも反映している。一方で，新興市場銘柄の評価平均点は56.1点と，他の業種と比べ若干低いことが分かる[3]。

アナリストらの献身的な作業の結果，各業種における平成20年度のディスクロージャー優良企業は次の図表7-1のようになった。いずれの企業も平成20年度初めて優良企業と選ばれたというよりも，何年も連続して選ばれて

---

[3] こうした評価の他に，当該ディスクロージャー優良企業選定は，個人投資家向け情報提供に積極的な企業のランキングも行った。資本市場の活性化を図るためには個人投資家の市場への一層の参入が不可欠であるとともに，IR活動の対象として個人投資家を重視する傾向が強まっていることも，このランキングが創設された理由として挙げられている。とはいえ，ランキングに上位の企業は各業種の上位企業でもあることから，重複を避けるために今回の分析には，このランキングは含めていない。

図表7-1　ディスクロージャー優良企業

建設・住宅・不動産	三菱地所
食品	アサヒビール
鉄鋼・非鉄金属	住友金属工業
機械	小松製作所
電気・精密機器	日本電産
自動車・自動車部品・タイヤ	日産自動車
電力・ガス	東京瓦斯
運輸	東日本旅客鉄道
通信	KDDI
商社	三菱商事
小売業	ローソン
銀行	住友信託銀行
コンピュータソフト	住商情報システム
新興市場銘柄	日本マイクロニクス
	サイバーエージェント
	プロトコーポレーション

いるという特徴がある[4]。本章の分析では，ディスクロージャー評価の結果であるディスクロージャー評価比較総括表を参照した。なお，評価対象としたディスクロージャーの状況は，平成19事業年度に関する企業情報（平成20年6月末のスコアシート記入までに開示された情報を含む）を対象としていることから，本章の分析も平成19年度の株式データおよび財務データに基づいて行う。

2　株主資本コスト

分析の主眼とした株主資本コストについて，最も一般的な推定方法は，資本資産価格形成モデル（Capital Asset Pricing Model：以下，CAPM）や

---

[4] 例えば三菱商事は13回連続であり，アサヒビールは6回連続，KDDIも6回連続，東京瓦斯は5回連続，三菱地所も通算6回選出と，特定の企業が連続して選出される傾向がある。こうした傾向は他のディスクロージャー・ランキング（例えば日本IR協議会の実施するIR優良企業賞など）においても近い傾向が見られる。

Fama and French (1992) の3ファクター・モデルに基づくものである。これらの理論モデルは資本コスト推定にあたり，期待リターンの推定を求めているものの，現実に期待リターンを観察することはできない。そこで実際に資本コストを推定する場合，期待リターンの代替として実現リターンを用いる。しかし音川 (2000) や村宮 (2005) の指摘によれば，これら実現リターンを用いて期待リターンを推定する方法にはいくつかの問題点が含まれる。Elton (1999) は期待リターンと実現リターンの相関は低いことから，実現リターンからの資本コスト推定に疑問を投げかける。Easley and O'hara (2004) は，CAPMや3ファクター・モデルのような特定の資本コスト推定法は，個別企業のリターンと市場リターンが連動する程度を示すマーケット・ベータの影響が大きすぎると指摘する。結果として，資本コスト推定に企業情報の役割が明示的に位置づけられないため，ディスクロージャーへの評価などが資本コスト算定に十分に反映されないと彼らは批判する。

そこで本章は，実現リターンに依存しない資本コストの推定方法を用いて分析を行う。具体的には，投資家が将来キャッシュ・フローを現在価値に割り引くときに用いる割引率である内部利益率 (internal rate of return：IRR) を各企業の事前の株主資本コスト (ex ante cost of equity capital) とする方法である。この事前の株主資本コストは暗黙裏に成立している資本コスト (implied cost of equity capital) とも呼ばれる[5]。事前の資本コストを計算するモデルはいくつかあるが (Gebhardt et al.2001, Claus and Thomas 2001, Gode and Mohanram 2003, Ohlson and Juettner-Nauroh 2005, Easton and Monahan 2005ほか)，いずれのモデルも以下の点で一貫している。評価モデルに当期の株価とアナリストの1株あたり予想利益を用いて，当期の株価とアナリスト予想から得られる期待（異常）投資収益率合計が一

---

[5] 暗黙裏に成立している事前の株主資本コストの推定方法にはさまざまなものがある。その代表例として Gebhardt et al. (2001) の残余利益評価モデルに依拠した推定方法が挙げられる。彼らのモデルは (A) の残余利益評価モデルを活用し，時間軸を拡張して継続価値を加えたモデルを構築する。

$$P_t = B_t + \sum_{i=1}^{\infty} \frac{E_t[NI_{t+i} - r_e B_{t+i-1}]}{(1+r_e)^i} \quad \cdots (A)$$

致するような内部利益率を事前の資本コストとしている点である。本章は Ohlson and Juettner – Nauroh (2005) の以下のモデル (1) をまず考える。

$$r = A + \sqrt{A^2 + \frac{eps_1}{P_0} * \left(\frac{eps_2 - eps_1}{eps_1} - (\gamma - 1) \right)} \qquad \cdots (1)$$

ここで,

$$\left. \begin{array}{l} A \equiv \dfrac{1}{2} \left((\gamma - 1) + \dfrac{dps_1}{P_0} \right) \\[2mm] \gamma = \dfrac{z_{t+1}}{z_t} \\[2mm] z_t = \dfrac{1}{r} (eps_{t+1} - (1+r)eps_t + rdps_t) \end{array} \right\} \cdots (2)$$

(2) の中の dps は 1 株あたり配当, γ は予測期間にわたる 1 株当たり利益の成長率を意味する。Easton (2004) は (1) のモデルの $dps_1 = 0$, $\gamma = 1$ という少々強い制約条件をつけてPEGモデルを設定した[6]。具体的には, (1) を P_0 について解くと (3) となり, (3) を r について解くと (4) となる。このモデル (4) に dps = 0 の条件を付加するとモデル (5) になる。

この式ではPはt事業年度末の株価, Bはt事業年度末の純資産簿価, E (・) は期待オペレータ, NIt + i が t + i 期の純利益, r が資本コストを表す。Gebhardt et al. (2001) は (1) 式の時間軸を拡張するのとともに, アナリスト予想を利用して予想ROEを算出し, この値が最終的に業界ごとのメディアンに収束するという経験則を利用して以下のモデル (B) を構築する。

$$P_t = B_t + \frac{FROE_{t+1} - r_e}{(1+r_e)} B_t + \frac{FROE_{t+2} - r_e}{(1+r_e)^2} B_{t+1} + TV \quad \cdots (B)$$

FROEは予想ROEを意味し, これはアナリストの1株あたりの予想利益をもとに計算する。継続価値 (TV) は次のように表される。

$$TV = \sum_{i=3}^{T-1} \frac{FROE_{t+1} - r_e}{(1+r_e)^i} B_{t+i-1} + \frac{FROE_{t+T} - r_e}{r_e (1+r_e)^{T-1}} B_{t+T-1} \quad \cdots (C)$$

Dhaliwal et al. (2007) は推定期間を12年に拡張して継続価値を推定する。詳細については後藤・北川 (2010) も参照。

6) この仮定は予測期間を超える異常収益率の成長はないというものである。やや現実的ではないように思われるものの, ROEは長期的には産業のROEメディアンに収束するという特性とも合致する。

第7章 IR優良企業の資本コストと租税負担削減行動の関係

$$P_0 = r^{-2}[eps_2 + rdps_2 - eps_1] \qquad \cdots (3)$$

$$r = \sqrt{\left(\frac{eps_2 + rdps_1 - eps_1}{P_0}\right)} \qquad \cdots (4)$$

さらに $dps_1 = 0$ とすると,

$$r = \sqrt{\frac{eps_2 - eps_1}{P_0}} \qquad \cdots (5)$$

本章は,Easton(2004)に基づくモデル(5)であるPEGモデルによって計算される株主資本コスト[7]を被説明変数とするリサーチ・デザインを採用して分析を行う[8]。

3 利益の質

FNOの知見をベースに,利益の質と株主資本コストの関係について本章は分析を進める。問題は利益の質の代理変数を何とするかである。FNOはDechow and Dichev(2002)モデルによって計算された会計発生高を利益の質の代理変数として採用する。これ以外にも1992年から2001年の税引前経常利益の標準偏差を利益の質の代理変数として利用する。さらに,Dechow et al.(1995)による修正ジョーンズモデルを利用して計算した裁量的会計発生高を総資産でデフレートした値の絶対値をもう1つの利益の質の代理変数として採用する。最終的にこれら3つの変数について因子分析を行って共

---

[7] Dhaliwal et al.(2006, 2007),後藤・北川(2010)のように,事前の資本コスト分析を進める場合,複数の資本コストを利用して結果の頑健性を示すのが一般的である。しかし,PEGモデル以外のモデルで事前の資本コストを算出するには,複数期間の予想利益が搭載されたデータベースが必要である。本章において,筆者はそういったデータベースを利用することができないため,PEGモデルによって算出される事前の資本コストのみに結果は依拠する。したがって分析結果の頑健性については,さらなる検証が必要と考えられる。
[8] PEGモデルを使う場合,eps2 − eps1 > 0が前提となる。ただこの通り用いると,計算ができなくなり,サンプルサイズがかなり小さいものとなる可能性が高い。そこでBotosan and Plumlee(2005)のように,1・2期先ではなく4・5期先のepsを使い,この問題を回避することも考えられる。ただこうした解決策を実行するにはI/B/E/Sのような長期予想を含むデータベースが必要となるため,本章では検討しない。

通因子を算出して，これを利益の質の代理変数とした。ただ，本章はもう少しシンプルに Kasznik（1999）の CFO 修正ジョーンズモデルを用いて算出された裁量的会計発生高を前期末の総資産でデフレートした値の絶対値を利益の質の代理変数として採用する。具体的には次のモデルを利用する。

$$TACC_{it} = a_0 + a_1(\Delta REV_{it} - \Delta AR) + a_2 PPE_{it} + a_3 CFO + \eta_{it} \cdots (6)$$

具体的な変数は以下の通りである。
TACC ＝全会計発生高＝ EBEI ＋ TTE －（CFO ＋ ITP）＋ EIDO
EBEI ＝特別損益控除前当期純利益
TTE ＝法人税等費用＝法人税および住民・事業税＋法人税等調整額
CFO ＝営業キャッシュ・フロー
ΔCFO ＝営業キャッシュ・フローの前年度からの変化分
ITP ＝キャッシュ・フロー計算書における法人税等実際支払額
EIDO ＝キャッシュ・フロー計算書における特別支出
ΔREV ＝売上高の前年度からの変化分
ΔAR ＝売上債権の前年度からの変化分
PPE ＝建物，機械等の償却対象の有形固定資産
η ＝裁量的会計発生高＝ DA

本章では EarningQ ＝ DA ／（EBEI ＋ TTE）を利益の質の代理変数とする。DA は経営者の裁量的会計処理に基づいて増加する変数であることから，次の関係が予想される。

$$EarningQ = f(DA, EBEI, TTE)$$

$$\frac{\partial EarningQ}{\partial DA} > 0$$

EarningQ は裁量的会計発生高に関する増加関数と考えられることより，株主資本コストとは正の関係が予想される。

4　実効税率（ETR）

ETR は税引き前利益に対する法人税・住民税，および事業税の負担比率である。当期の法人税等費用を計算するために算出される法人税等調整額は，当年度もしくは次年度以降に解消する会計利益と課税所得の将来減算一時差異に対応して発生する。反面，解消することのない利益と所得の差異である永久差異は法人税等調整額に関係しない。

したがって，一般論として，企業の ETR がこの時点での法定実効税率（約41％）よりも高い企業は，永久差異を抱えるため，非効率な経営と見なされる可能性が高い。前述の通り，ETR を高める永久差異には非効率な経営によって生まれるものが多い。代表的なものに，使途秘匿金がある。使途秘匿金とは，金銭支出のうち，相当の理由がなく，その相手方の氏名または名称および住所または所在地ならびにその支出事由をその法人の帳簿書類に記載していないものをいう（租税特別措置法第62条，第68の67条）。使途秘匿金の支出があった場合，その支出の額は損金に算入されない。もちろんすべての企業が使途秘匿金を支出するわけではないものの，こうした支出を含む永久差異は経営の非効率な要素の代表と見られる。本章では ETR は第3章の式に基づいて計算する。

法人税・住民税・事業税の金額に永久差異が含まれることから，永久差異が多く ETR の高い企業は，利益の質も下がり，資本コストも高くなると推測される。つまり，ETR と株主資本コストとの間には正の関係が予想される。

5　その他の変数

ディスクロージャー優良企業の評価ポイントと株主資本コストとの関連性を分析することが本章の目的であるものの，株主資本コストは同時に企業リスクの代理変数と解釈もできる。そこで，その他のリスクをコントロールするためにいくつかの変数もモデルに組み入れる必要がある。本章では次の変数をコントロール変数として用いる。

1つは企業規模である。本章では株式時価総額（MVAL）と総資産（LAASSTS）をコントロール変数として利用する。株式時価総額について

は決算日時点でのデータを用いた。総資産については，決算日時点のものを用いた。両変数とも分散不均一性をコントロールする目的から，自然対数変換を行っている。こうした企業規模を表す変数は，その値が大きければ大きいほど，企業リスクは低減することから，予想符号は負が予想される（Botosan 1997, Botosan and Plumlee 2002）。

2つ目に，信用リスクを反映するレバレッジ（LEV）である。レバレッジが高ければ高いほど，企業リスクも高まり，株主資本コストも高くなると推測される。したがってレバレッジの予想符号は正が予想される。

3つめに，収益性（ROA）である。企業リスクが高まれば高まるほど，収益性は高まると予想される。Francis et al. (2005) とは対照的であるが，株主資本コストとは正の関係が予想される。ROAについては，税引後当期純利益と期首・期末総資産の平均額との比率を用いる。

4つ目に，マーケット・リスク（β）が挙げられる。マーケット・リスクが高まるほど株主資本コストは高まることから，正の関係が予想される。本章においては，5年間の月次株式リターン（2007年度からさかのぼる60ヶ月のリターン）とTOPIXを通じてマーケット・リスクは計算される。マーケット・リスク算出についてはCAPMを利用する。

もう1つのコントロール変数として，営業CF（Δ CFO）の前年度からの変化額を採用する。Δ CFOがプラスであると，営業CFは増加していることになり，安全性が高まっていると見なすことができる。安全性が高まれば株主資本コストは下がることから，この変数と株主資本コストとの間では負の関係が予想される。

4 リサーチ・デザイン

本章は次のリサーチ・モデルを用いて分析を進める。

$$r_{i,t} = \gamma_0 + \gamma_1 DISC_{i,t} + \gamma_2 \beta_{i,t} + \gamma_3 MVAL_{i,t} + \gamma_4 LAASSTS_{i,t} + \gamma_5 EarningQ_{i,t} + \gamma_6 ETR_{i,t} + \gamma_7 \Delta CFO_{i,t} + \gamma_8 LEV_{i,t} + \gamma_9 ROA_{i,t} + \varepsilon_{i,t} \quad \cdots (4)$$

変数については前節の通りである。rは株主資本コストを表す。DISCは

図表7-2 記述統計量

	平均	標準偏差	25%	中央値	75%	N
r	0.109	0.126	0.000	0.082	0.168	1988
DISC	4.033	16.132	0.000	0.000	0.000	3946
DISC2	0.000	2.145	−0.530	−0.530	−0.530	3946
ROA	0.026	0.074	0.010	0.029	0.054	3779
LEV	0.513	0.215	0.349	0.521	0.675	3763
β	0.809	0.449	0.502	0.776	1.082	3772
Δ CFO	−0.004	0.116	−0.040	−0.003	0.034	3764
MVAL	22.837	1.833	21.534	22.585	23.941	3766
LAASSTS	10.354	1.690	9.192	10.194	11.338	3779
EarningQ	0.000	0.002	0.000	0.000	0.000	3747
ETR	0.237	3.338	0.243	0.411	0.465	3779

ディスクロージャー評価ポイントを用いる。βはマーケット・リスクを表す。MVALは株式時価総額を表す。LAASSTSは総資産を表す。MVALとLAASSTSについては対数変換している。EarningQはCFO修正ジョーンズモデルを通じて算出した裁量的会計発生高を分子とし，税引後当期純利益を分母とする比率を意味する。Δ CFOは前年度からの営業CFの変化額を表す。LEVはレバレッジを表し，負債／総資産額で計算される。ROAは総資産利益率を意味し，当期純利益／（期首・期末総資産の平均額）で計算される。

各データについての記述統計量は図表7－2の通りである。前述の通り，データについては平成19年度のものを用いている。データから明らかなこととして，MVALとLAASSTSは平均においても他と比較して大きい。株主資本コストは平均で10%強，中央値で8％程度である。

すべてのデータは，日経デジタル・メディア社が提供する日経NEEDS Financial Quest ver.2.0（日経FQ）から収集した。株主資本コストの計算で用いる1株あたり利益の予想値は，同じくFQから収集した。ただし，1株あたり利益の予想値は2期先までしか集められなかったので，事前資本コストもあまり長期間に渡るものではない。またEaston（2004）のモデルではeps 2 － eps 1 ＞ 0 が条件となっているため，データ数は他と比較して少な

図表7-3 相関係数表

	r	DISC	DISC2	ROA	LEV	β	ΔCFO	MVAL	LAASSTS	EarningQ	ETR
r	1										
DISC	-0.0205	1									
DISC2	-0.0195	0.9984	1								
ROA	0.1597	0.0624	0.0632	1							
LEV	0.1655	0.0232	0.0256	-0.1908	1						
β	0.1129	0.0840	0.0794	0.0509	0.1310	1					
ΔCFO	-0.0657	0.0033	0.0034	-0.0521	-0.0442	-0.0185	1				
MVAL	0.0435	0.4595	0.4618	0.2628	-0.0690	-0.0065	-0.0248	1			
LAASSTS	0.1348	0.4718	0.4744	0.1819	0.1827	0.1475	0.0040	0.8471	1		
EarningQ	0.0013	-0.0036	-0.0036	-0.0062	0.0020	0.0021	0.0321	-0.0159	-0.0057	1	
ETR	0.0412	0.0205	0.0204	0.0410	-0.0064	0.0113	-0.0078	0.0281	0.0251	-0.7915	1

い。すべての財務データは連結ベースの数値に基づいている。分析対象はFQにおいてすべての情報が収集できる企業とした。

記述統計量の中のDISC 2はDISCと同じディスクロージャー評価ポイントを表すが，DISCとは多少異なる。DISCはディスクロージャー評価による総合評価を利用している。一方でDISC 2はその内訳である5項目（①経営陣のIR姿勢②説明会等における開示および四半期開示③フェアー・ディスクロージャー④コーポレート・ガバナンスに関連する情報の開示⑤自主的な情報開示）について，主成分分析を用いて算出した相関係数行列から求めた合成指標を用いている。つまり，DISCは単なる合計としての評価ポイントであるが，DISC 2は個々のポイントの合成であり，個々の評価要素を組み込む。

変数同士のPearson相関係数を図表7－3に示す。MVALとLAASSTSの相関係数が高いため，同時に分析モデルに取り入れると多重共線性（multicollinearity）の可能性が生まれる。そこで，それぞれを別個に組み入れた分析もあわせて行った。

5　分析結果

分析結果は図表7－4と図表7－5の通りである。図表7－4ではディスクロージャー評価ポイントとして，DISCを採用した結果が掲載されている。図表7－5はディスクロージャー評価ポイントとして，DISC 2を採用した結果が掲載されている。

図表7－4，7－5ともに，全体として有意な結果が得られた。まずディスクロージャー評価ポイントについては，図表7－4，7－5とも予想と同じ符号と有意な結果が得られた。この結果から，H1は実証されたと考えられる。続いて利益の質の変数であるEarningQは，model 1 から 3 までについては有意な結果が得られた。一方で，ディスクロージャー評価ポイントをDISC 2に置き換えたmodel 4と5では有意な結果を得ることはできなかった。投資家にとっては総合評価の結果がディスクロージャーに対する投資家の評価をコントロールしており，個々の評価ポイントは若干低位に位置する

図表7-4　分析結果　パネルA

項	P.S.	model1	t値	model2	t値	model3	t値
intercept	?	0.132	2.690***	−0.038	−2.070**	−0.025	−0.640
DISC	−	−0.001	−3.160***	−0.001	−3.640***	0.000	−2.410**
ROA	+	0.249	7.840***	0.232	7.360***	0.247	7.750***
LEV	+	0.077	5.370***	0.098	7.330***	0.110	8.450***
β	+	0.015	2.290**	0.021	3.280***	0.023	3.700***
Δ CFO	−	−0.063	−2.560**	−0.056	−2.270**	−0.053	−2.130**
MVAL	−	−0.012	−3.730***			0.002	1.360
LAASSTS	−	0.018	5.290***	0.007	3.980***		
EarningQ	+	5.214	2.170***	5.431	2.250**	5.510	2.280**
ETR	+	0.004	2.660***	0.004	2.710***	0.004	2.750***
R2乗		0.093		0.087		0.080	
自由度調整 R2乗		0.089		0.083		0.076	
N		1918		1918		1918	

***, **: は1%水準，5%水準で有意

図表7-5　分析結果　パネルB

項	P.S.	model4	t値	model5	t値
intercept	?	−0.026	−0.650	−0.041	−2.180**
DISC2	−	−0.003	−2.300**	−0.005	−3.560***
ROA	+	0.253	7.910***	0.237	7.510***
LEV	+	0.111	8.450***	0.098	7.340***
β	+	0.024	3.730***	0.021	3.300***
Δ CFO	−	−0.051	−2.040**	−0.054	−2.180**
MVAL	−	0.002	1.330		
LAASSTS	−			0.007	3.980***
EarningQ	+	0.246	0.170	0.248	0.170
R2乗		0.076		0.083	
自由度調整 R2乗		0.073		0.080	
N		1918		1918	

***, **: は1%水準，5%水準で有意

のかもしれない。それゆえ，model 1 から3では有意な結果になったのに対し，4と5では対照的な結果となった。利益の質が低ければ株主資本コストも上昇するが，利益の質と関係するディスクロージャー評価ポイントは総合評価の結果となる。ETRについては，model 1 から3についてのみ検証を行った。その結果，いずれのmodelにおいても期待符号とほぼ同一の有意な結果が得られた。株主資本コストとETRはプラスの関係にあることから，ETRが上昇する企業ほど株主資本コストも上昇する。つまり，ETRを上げるような非効率な支出が増えれば増えるほど，利益の質も悪化し，結果として株主資本コストを高めるのだと解釈される。このような分析結果から，H2と3は実証されたと考えられる。

なお，いくつかのコントロール変数については，予想と異なる符号結果となっている。特に特徴的なのは，企業規模を表すLASSTSについてである。結果は有意であったものの，符号はmodel 1 と2，5についていずれも逆であった。これについて，本章の分析はPEGモデルによる株主資本コストを被説明変数としたため，企業規模と正の関係が生じたのかもしれない。しかし，この結果は先行研究であるFrancis et al. (2005)のものとは相反する。

6　要約と今後の議論

本章はBotosan (1997) やBotosan and Plumlee (2002)の知見を参考にしながら，ディスクロージャーへの積極性と株主資本コストとの間にある関係の分析を通じて，IR優良企業への市場からのポジティブ・フィードバックは何であるかを検証することを目的としていた。成果としては以下の通りである。

第1に日本証券アナリスト協会の評価するディスクロージャー優良企業ほど，暗黙裏に成立している資本コストは低下する傾向が明らかになった。第2に，本章の貢献として，株主資本コストと利益の質との間には負の関係（分析結果は正である）が成り立っていることが明らかになった。利益の質が高い企業ほど株主資本コストは小さくなる傾向があり，これはIR等ディスクロージャーへの評価を総合評価ポイントでコントロールしたときに有意な結

果となった。第3に，本章のさらなる貢献として，ETRの高低も株主資本コストに影響を与えていることも明らかになった。ETRを上げるような非効率な支出は利益の質も悪化させ，株主資本コストの上昇につながっている。

　本章では総じて仮説通りの結果は得られたものの，複数年度で同じような結果になるのかについて，また資本コストは1つしか算出できなかったので，複数の資本コストを使用しても同じ結果が得られるか，今後も検証を重ねる必要性は高いと考えられる。

第Ⅳ部

Mandates／Regulation
（制度／規制）の視点からの
実証分析

第8章
連結納税制度採用インセンティブとコーポレート・ガバナンス，および租税負担削減行動との関連性

1　はじめに

　連結納税制度（Consolidated Tax Return system：以下，CTR）とは，企業グループを1つの納税単位と捉え，その企業グループの所得に対して課税を行うものとして，平成14年度税制改正により創設されたものである（法人税法81条）。新日本アーンスト＆ヤング税理士法人（2011）などによると，CTRの採用は，企業にとっては任意であるため，採用・非採用の意思決定には何らかの経済的な背景が関係していると推測される。

　CTR採用のメリットとデメリットについて検証してみると，優れてメリットの方が多いわけではない。確かに，CTR採用に伴い企業側で変更しなければならないことは少なくない。その点を踏まえても，実際にCTR採用企業は非常に少ない。この原因について検討することを通じて，むしろ採用する企業の特徴は何かを検証することが，本章の最大のリサーチ・クエスチョンである。CTR採用のためには企業グループの組織構造そのものを大きく見直す必要があるため，経営者は採用に向けて大きな決断を迫られる。この決断を促す要因として，組織構造，統治構造，経営業績を含むさまざまな財務的影響がその意思決定に関与すると推測される。こうした諸要因の中から，本章は，租税負担削減行動と企業統治構造すなわちコーポレート・ガバナンス（CG）が，どのようにこの意思決定の背景にあったかを検証する。

　CTRを採用すると連結納税グループにおいて所得と繰越欠損金の合算を進められるため，グループ内でのキャッシュ創出が可能となる。この点から考えても，CTR採用に租税負担削減行動を狙う意図は高い可能性で存在す

る。その一方で，CTR 採用企業の租税負担削減行動の分析は，自己選択バイアス（self‐selection bias）の問題を引き起こす。というのも，租税負担削減行動の一環として CTR の採用を決定したとしても，その意思決定には目に見えない別要因が機能している可能性が高いからである。こうした要因をコントロールして分析することが重要になってきている。そこで，本章は Tucker(2007) や Omer et al. (2006)，Lennox et al. (2012)，McGuire et al. (2012)，Badertscher e al. (2013) などで利用される Heckman(1979) の開発した Heckman の 2 段階選択モデル（Heckman two-step selection model）を利用して分析を行う。

　Lennox et al. (2012) によると，Heckman の 2 段階選択モデルを利用した研究は増加傾向にある。Heckman の 2 段階選択モデルは，第 1 段階において外生的に決定される指示変数（indicator variables）を置くことで，自己選択バイアスを逆ミルズ比（inverse Mills ratio）に吸収させて，第 2 段階での分析を実施するものである。

　本章の分析によって，以下の点が明らかになった。第 1 に，CG の状況と CTR 採用に何らかの関係はある。ただ，CG の質や強度は多面的な側面を有しており，社外取締役比率が高く平均年齢の若い，かつ規模の小さい取締役会を有する企業は CTR を採用する可能性は高いようである。第 2 に，CTR を採用するかどうかには繰越欠損金の有効活用が影響する。第 3 に，有形固定資産は多く持たないが子会社数は多い企業は，CTR 採用を検討する可能性が高いと考えられる。第 4 に，CG が機能する企業ほど租税負担削減行動にあまり積極的ではないものの，この結果は CTR を採用するかどうかにあまり影響を及ぼさない。総合的に考えると，CTR の採用はエイジェンシー・コストを削減して企業価値を高めるという狙いが示唆される。

　CTR についての制度研究は少なからずあったものの，CTR 採用インセンティブを実証的に検証した研究はこれまで見つけられなかった[1]。海外の先行研究を渉猟したものの，CTR 採用インセンティブを題材とした研究をついに見つけることはできなかった。これは果たして，CTR 採用は決して欧

---

1) 大倉（2009）はアンケート調査を実施して CTR に対する企業側の対応や取り組み，意見を集約している。

米企業にとって大きな問題ではないからなのか。欧米諸国において，CTRはかなり前から導入されていた租税制度である[2]。したがって，欧米企業にとってCTR採用は当然のもので，改めて経済的な意味を検証する必要性はないのかもしれない。その意味では，CTR採用インセンティブを分析の俎上に載せたというのが本研究の最大の貢献といえる。またCTR採用という意思決定が租税負担削減行動とそれほど明確な関連性を持たないという点を実証したことも，本研究のもう1つの貢献といえる。

以上を踏まえて本章は次のように構成される。第2節は制度の背景を説明する。第3節は先行研究のレビューと仮説の展開について記述する。第4節ではリサーチ・デザインについて説明する。第5節では，租税負担削減行動への積極性とCTR採用インセンティブとの関連性についての分析結果を示す。第6節ではインプリケーションと今後の課題を示す。

2 制度の背景

CTRは連結グループ全体を1つの納税主体と見なして納税する制度で，平成14年法人税制改正によって導入された。CTRは100％グループ内の内国法人のみを対象としており，完全親法人と子法人との間のみで所得通算する納税制度である。CTRは企業の組織実態に応じた課税と国際競争力の強化に主眼を置いて導入された。CTRは，内国法人である親法人とその親法人に発行済株式の100％を直接または間接に保有される内国法人（子法人）がその制度を選択することにより適用される。その適用にあたっては，100％保有関係にあるすべての子法人を連結納税グループに含めなければならないが，外国法人により保有される兄弟関係にある内国法人間には，CTRを適

---

[2] 河本（2000）によると，アメリカで最初にCTRが導入されたのは1917年，累進税率適用の超過利潤税の負担回避防止の目的で連結納税制度が導入された。イギリスでは1967年に法人所得課税強化の緩衝を目的としてグループ・リリーフという個別損益振替型の企業集団税制が導入された。フランスでは連結納税制度は1966年に導入されたが，その適用には大蔵大臣の承認が必要であるなど，承認の要件や手続が非常に厳格であった。その後，1988年に改正され，個別承認を廃止するなどして現在の連結納税制度となった。諸外国では導入されてからおよそ30年以上の歴史を有するため，2002年から導入された日本は，国際的に見てかなり遅きに失したということができる。

用することはできないこととされている。また,いったんCTRを選択すると,原則としてこれを取りやめることはできない。

　CTR採用の背景に日本企業の経済活動のグローバル化の進展を筆者は想起する。CTR導入の必要性について河本（2000）は,第1に企業形態に対する税制の中立性の確保,第2に企業活動のグローバル化と税制の国際的整合性を保つためと説明する[3]。だがCTR創設以降約10年経過し,制度も定着してきたとおもわれるものの,導入企業数は依然として上場企業の過半数には達しない[4]。

　畑中（2010）によると,CTR採用のメリットは,大きく分けて5点ある。第1にグループ間の損益の通算すなわち各社の黒字・赤字の相殺ができる点にある。特に持株会社の場合には,主要な事業はすべて持ち株会社内の子会社に移しているために,課税所得が赤字になりやすいのでCTRを利用して連結納税グループ全体としての課税所得を下げることができる。親会社の赤字が有効に活用され,グループ全体での税額が減少し,減少した税額相当額は黒字の子会社が受け取ることになる。結果としてグループ全体での税額が減少し,グループ内にキャッシュが留保されることになる。

　第2のメリットに親会社の繰越欠損金が早期に解消されるという点が挙げられる。CTR採用によって親会社のみならず子会社の欠損金も連結納税グループに持ち込むことが従来よりも柔軟になったことで,連結納税グループ全体での税額をより減らすことができるようになった。場合によっては早期のキャッシュ・フロー改善を達成できるようになる[5]。グループ全体で親会社の繰越欠損金を活用できるので,グループ全体で見たときの効率的な繰越欠損金活用が可能である。特に子法人の繰越欠損金の扱いについては,2010

3）　河本（2002）は企業活動のグローバル化に対して,税制もその状況へ対応させる必要性が求められた結果,導入に至ったと説明する。
4）　これに対して,2010年度から10月1日導入されたグループ法人税制は,これまではCTR固有の取り扱いとされていた規定の一部が,連結納税を選択していない100％グループ内の法人にも適用されることになったというものである。現在のところ,CTRはグループ法人税制の特殊事例という扱いのため,採用のための要件は多く制約が大きい。
5）　CTRは法人税のみに導入されており,地方税には導入されていないことに注意が必要である。CTRは地方税に導入されていないので,(1)連結納税採用時に切り捨てられた欠損金であっても,通常通り単体ベースで利用可能となる。(2)所得通算ができない。(3)法人ごとに申告納付する,という点を留意しなければならない。

年法人税制改正によってより活用しやすくなった[6]。この改正によって、欠損金は次の3種類に分類されることになった。1つは、特定連結欠損金である。この欠損金は連結子法人の開始・加入前の欠損金で、当該子法人の所得を限度として繰越控除可能なものである。2つに、非特定連結欠損金である。これは連結子法人の開始・加入後の欠損金および連結親法人の開始・加入前の欠損金で、連結全体で繰越控除可能とされるもの（新設株式移転等の子会社の欠損金も親法人同等として含まれる）となった。3つに、切り捨て欠損金である。上記以外の欠損金であり、CTRに持ち込むことはできない[7]。従来、CTR採用にあって子法人の欠損金は新設株式移転における完全子法人の欠損金の場合を除いて、原則持ち込みができなかった。しかし2010年法人税制改正で、時価評価対象外法人[8]については、欠損金の持ち込みが可能となった。ただし、子法人の欠損金額に関して、当該子法人の所得金額が利用限度となる。

　第3のメリットとして、試験研究費税額控除・外国税額控除がグループ全体で活用できるというものがある。CTRを採用して各税額控除限度額計算がグループ全体での計算になると、従来切り捨てられる可能性があった試験

---

6) 欠損金持ち込み制限は、グループ法人税制と組織再編税制と比べ、また現行の単体法人税制と比較しても、厳格に過ぎるとの指摘がなされていた。具体的には以下のような指摘がなされていた。第1に、完全子法人の欠損金切り捨てがCTR導入の阻害要因となっている、第2に組織再編税制においては5年以上企業グループ内にある法人の欠損金等の利用は原則可能であり、密接に関係し合う両制度の一本化を図るべきというものである。第3に、諸外国では一定条件の下欠損金の持ち込みが可能となっている。諸外国の制度と平仄を合わせる必要があった。第4に国内の単体納税では欠損金は例外を除いて単体ベースで利用可能である。第5に、組織再編税制・CTR間での長期子法人の欠損金持ち込みの取り扱いに齟齬が生じていたので、企業のグループ経営や再編手法に制度が中立ではなく、一種の阻害要因となっていた。こうした指摘から欠損金の持込制限の規定を緩和したといわれる。畑中（2010）参照。

7) 連結欠損金繰越控除の順序としては、まず古い事業年度分から控除し、その後同一事業年度中に特定・非特定連結欠損金がある場合は、まず特定を控除し、その後に非特定連結欠損金を控除するとなる。

8) この規定を免れる子会社を時価評価対象外法人と分類し、以下の5条件を満たす子会社のCTR採用前に生じた欠損金額は、当該子法人の個別所得の範囲を限度に繰越控除の対象とした（法法81の9）。(1)親法人に長期（5期超）保有されている100％子法人。(2)親法人または100％子法人による新設株式移転によって設立された完全子法人。(3)適格株式交換による完全子法人。(4)適格合併、適格株式交換または株式移転による子法人で被合併法人、株式交換完全子法人または株式移転完全子法人の長期保有していた100％子法人。(5)法令の規定に基づく株式の買い取り等により親法人の100％子法人となったもの、である。

研究費等税額控除が効率的に活用可能となる。例えば試験研究費の特別減税を例にとると，控除限度額は20％となっており，打ち切りもしくは繰越が必要なケースがある。しかも税額控除限度額の繰越期限は2年である。それゆえ，試験研究費をある程度必要とする企業グループはCTRの活用は重要な手法となり得る。

　第4のメリットは，第3のメリットとも類似するものの，グループ外寄附金をグループ全体で活用できるようになったということが挙げられる。すなわち，寄附金の損金算入限度額がグループ全体で計算できるようになったのである。個別では納税試験研究費と同様に，損金算入限度額を超えた部分に関しては損金算入できないが，連結納税の場合には全体計算となり，損金算入限度額が増額する。したがって，特にグループ外への寄附金の多い会社がある場合には，大きなメリットになる。

　第5のメリットとして，子会社からの配当金が全額課税対象外となるというものがある。結果として納税額が減少し，キャッシュ・フローの増加が期待できる。

　その一方で，CTR採用には，主に3つのデメリットがある。第1のデメリットに，時価評価と欠損金の扱いについて柔軟性を欠如している点が挙げられる。メリットの説明においても指摘したが，子法人は原則としてCTR採用時に時価評価して含み損益を精算する必要がある。この規定は，子法人の欠損金は，新設株式移転における完全子法人欠損金の場合を除いて，租税回避行為を防止するという目的から，原則持ち込みができないという制度発足時の理念を具体化したものである。2010年法人税制改正によって，時価評価対象外法人については，欠損金が持ち込むことができるように改正されたのは前述した通りである。しかし子法人の欠損金額に関して，当該子法人の所得金額が利用限度となる以上，相変わらず使い勝手が改善されていない。

　第2のデメリットとしては，一度CTRを採用すると原則として継続適用しなければならないという点である。一度CTRを採用すると，グループ全体での計算処理になるので，システム化を進めずに，特段の対処をせずに始めると税務処理が煩雑化し，却って税務コストが膨らむ可能性がある。その反面，CTR採用時に会計システムを新規に導入していると，CTR採用に余りメリ

ットが感じられなくても簡単に取りやめることができないという側面もある。

　第3のデメリットとしては，税務上の会社区分を親会社の資本金で判断するので，子会社によっては軽減税率や特例措置を受けられなく可能性を有する（例えば交際費の中小法人特例措置）。グループ法人税制では親法人の資本金が5億円以上の場合は子法人も中小特例を受けられないが，CTRの場合は，親法人が1億円超の場合に子法人の中小特例を受けられなくなる。資本金1～5億円の親法人は注意が必要である。

3　先行研究のレビューと仮説の展開

1　コーポレート・ガバナンスとCTR採用との関連性

　CTRは企業集団での申告納税の効率化を目的としたものである。つまり，CTR採用は租税負担を削減することが基本的な目的になると予想される。それゆえ，CTR採用によって支払税額の最小化が達成されるとき，広義の租税負担削減行動となるであろう。その一方で，CTRを採用するためには，子会社を含めた企業組織構造の再構築が必要となる。よってCTR採用の決定には，取締役会および経営者による企業改革を推し進めようとする強いリーダーシップが必要になると考えられる。本章は経営者らによるCGが機能しているからこそCTRは採用されたと推測する。

　Jensen and Mechling（1976）に代表されるプリンシパル－エイジェント関係を記述するエイジェンシー理論を前提に企業組織を考えた場合，株主のエイジェントである経営者が租税負担削減行動を行うことは，経営者自身にどのような便益とコストをもたらすのであろうか。山下ほか（2011）は，租税負担削減行動に係る代表的な便益とコストとして以下をそれぞれ指摘している。まず他の条件が変わらなければ，租税負担削減行動は，税引後利益およびキャッシュ・フローを増加させ，企業価値を高めることになる[9]。租税

---

[9] Hanlon and Slemrod（2009）はイベント・スタディを通じて，タックス・シェルターに関する報道のあった企業ほど，株価下落が大きく，小売業ほどその傾向が強いことを示している。この他CGが強いからといって市場評価は高いとはいえず，解釈としてCGの強弱は織り込み済みであったと結論づける。

負担削減行動の第1の便益は，企業価値を増加させた結果として，経営者が直接的あるいは間接的な報酬を得ることである。租税負担削減行動によって企業価値が増加し，これに連動して経営者報酬が増加するとすれば，経営者にとってCTR採用は企業価値を高めるまたとない機会である。CTR採用によって納税の効率化が達成され，企業価値を高める機会となるならば，CTRを採用するインセンティブは経営者にとって大きい。つまり，企業価値の高い企業はCTR採用に対して前向きと考えることができる。一方でCTRを導入して損益通算が行われると，租税負担の削減がなされ，租税負担削減行動の実行と同様の効果が得られる。実際にCTRを導入すると，それまで100％未満の保有割合だった子会社も完全子会社化するため，外部に情報が流出しにくくなり，企業内部の情報を外部からは把握しにくくなる。結果として，経営者には，CTR採用によって企業内部の透明性が減退することと引き換えに，自己の利益を追求する機会が存在すると考えられる。これが第2の便益である。

他方，第1のコストは，税務当局による調査リスクが増大し，調査の結果によって追加的な税金の支払や企業の評判の低下が生じ，これらが経営者の業績評価において負の要因となり得ることである。実際，CTRと自社株買いを組み合わせたスキームで課税逃れをしたとして，東京国税局から約3995億円の申告漏れを指摘された日本IBMの係争事案もあった（日本経済新聞朝刊 2014年5月10日）。裁判の判決において，東京地裁八木一洋裁判長は「税逃れの意図があったとは認められない」として日本IBM側の主張を認め，処分を取り消した。とはいえ，この事案から，CTRを通じた租税負担削減行動は国税当局から常にマークされていると考えるべきであろう。判決としては日本IBM勝訴となったものの，訴訟対応コストは，有形・無形のモノを含め少額ではないであろう。第2のコストは，経営者が独占的な情報で自己の利益を追求するレント・エクストラクション（rent extraction）を周囲から疑われることによって，株価すなわち企業評価が下がることである。Hanlon and Slemrod(2009)やChen et al.(2010)も指摘するように，こうした租税負担削減行動に関する情報が投資家にもたらされることはほぼないために，かえって投資家からの不信感を招くことになる。ただ，レント・エ

クストラクションを生み出すドライバーは，Desai and Dharmapala（2006）は，脆弱なCGとしている。しかしCTR採用には外部利害関係者からの同意や支援がなければ，組織内の理解は得られにくいと考えられる。CTRを採用する場合，会計システムの再構築や，株式交換・株式移転等を通じた完全親子会社関係の構築など，非常に多額のコストが必要となる。CTR採用を実行するためには，全社的な改革とグループ横断的な協力が不可欠であると考えられる。組織改革に対して取締役会の属性がどのように関わるかという点をあわせて検証する必要もある。結果として，CGがある程度有効に機能している企業グループほどCTRを採用しやすいと予想される。

そこで，次の仮説について検証する。

H1：CGが機能する組織は，CTR採用の可能性が高い。

2 租税負担削減行動とCTR採用との関連性

租税負担削減行動の先駆的研究の代表であるDesai and Dharmapala（2006）は，租税負担削減行動実行に向けた意思決定は，経営者報酬およびCGに関連性があると説明する。彼らは，CGが余り有効に機能しない企業ほど租税負担削減行動が行われやすいことを指摘する。Wilson（2009）はガバナンスの強い企業（すなわち経営者が自己の利益を追求しにくいと考えられる企業，アラインメント効果の強い企業）の租税負担削減行動は企業価値を増加させることを指摘している。Frank et al.（2009）は積極的な利益調整を行う企業は同時に積極的な税務戦略を実行しやすく，またそうした企業を市場は過度に高く評価しがちであることを示す。利益調整を実行する企業は，利益連動型報酬制度と強い関連性を有することから，租税負担削減行動とも一定の関連性が予想される。こうした先行研究から示唆されるのは，租税負担削減行動とCGとの間に一定の関連性の存在である。Rego and Wilson（2012）は租税負担削減行動の決定要因の1つに株式報酬に含まれるリスク・インセンティブが存在することを検証した。彼らは租税負担削減行動とCGの関係に言及し，経営者報酬のリスク・インセンティブが高リスク

プロジェクトである租税負担削減行動を引き起こすという点を分析した。

こうした先行研究から示唆されるのは，租税負担削減行動を実行する企業は経営者のリーダーシップが強く，CGが機能する企業という推測が成り立つということである。その意味からすれば，CTR採用に至る間接的な影響が租税負担削減行動に対しても影響を生み出すと可能性が考えられる。そこで，次の仮説も検証する。

　H2－1：CTR採用企業ほど租税負担削減行動に積極的である。
　H2－2：租税負担削減行動にCGは有意な関連性を持つ。

3　組織構造と制度趣旨がCTR採用に与える影響

CTRを利用する場合，組織構造そのものを改革する必要性が高く，トップマネジメントの意識改革が必然的に求められる。また，組織構造の変革を生み出すことで，企業の統治構造についても変革が求められるであろう。その意味で，CTR採用の前提には租税負担の削減があり，結果として，CTRを採用するためには組織構造の見直しが不可欠となる。

CTR採用を通じた組織構造改革が求められる根底には，組織の複雑性があると考えられる。特にCTR採用に際して，完全親子会社関係を構築することで組織構造の簡素化を試みることを目的としていると推測される。Lassila et al.(2010) はSox法が議会を通過した前後の期間に，監査法人の提供する税務サービスを利用するか放棄するかを一般企業が決めた要因を調査した。分析結果からは，事業が複雑で税務サービスを重点的に考える企業ほど，監査法人の税務サービスを利用する可能性が高いことを指摘した。事業規模の大きさは結果として組織構造の複雑性を生み出し，こうした複雑性が特定の意思決定に影響を与える可能性を彼らは指摘する。この点について，Bushman et al.(2004) は組織構造が複雑となって透明性が欠如した企業ほどモラルハザード問題を解決するために，CGの改善が求められると主張する。CTR採用と組織構造に有意な関係があるとする以下の仮説を検証する。

H3－1：複雑性の高い企業ほど組織改革に前向きであり，それゆえCTR採用を選択しやすい。
H3－2：複雑性の高い企業は保有する設備などが多いために，容易にCTRを採用しにくい。

　この仮説の含意として，組織の複雑性の高い企業ほど，意思決定の透明性を高めて企業グループ全体の企業価値も高まるというものである。つまり，組織構造の複雑性はエイジェンシー・コストを高めることに繋がる。エイジェンシー・コストを削減して企業評価を高める可能性が考えられる。Lang et al. (2012) によると，外部との情報非対称性が低く，透明性の高い企業の資本コストは低いことから，株式流動性は高く，結果として企業価値は高まりやすいと説明する。それとは対照的に，事業内容から設備等の固定資産を多く保有する企業ほど，管理運営が大変であり，思い切った組織改革に踏み切れない状況にあることも予想される。それゆえ，H3－1と3－2のような対照的な仮説を設定する。
　またCTRの採用は制度趣旨から租税負担削減行動そのものではないものの，CTRを通じた繰越欠損金の効率的活用は最も念頭に置かれるものと予想される[10]。グループ全体の業績を改善させる目的を持ってCTRを採用することが目的に上がってくることが推測される。子会社の繰越欠損金がCTR採用インセンティブと関係があると推測するのであれば，その反対に好調な子会社の業績をグループに取り込んでグループ全体の業績を向上させることもCTR採用とプラスに関係すると予想される。そこで以下の仮説を検証する。

H4－1：　繰越欠損金の有無はCTR採用と有意にプラスの関連性を持つ。
H4－2：　子会社の業績はCTR採用と有意な関連性を持つ。

---

[10] Ayers et al. (2010) によると，BTD (book tax differences) に含まれる情報を活用して，債券格付アナリストは企業の信用リスクを分析していることを検証する。分析の結果，BTDの拡大は利益の質低下を示唆するとアナリストは見ているようだが，必ずしもはっきりとした結果を得られなかった。

4 リサーチ・デザイン

1 自己選択バイアスとリサーチ・デザイン

　本章では前節の仮説を Lassila et al.(2010) と McGuire et al.(2012) および大沼・櫻田（2015）のモデルに従い，Heckman の 2 段階推定法に依拠して検証を行う。先述の通り，CTR の採用は租税コストの負担削減を重要な目的とするのはある程度明確である。しかし，CTR 採用によって租税負担の削減が進んだとしても，その状況はランダムではなく意図的な結果である。CTR 採用という選択手続きが含まれたデータによって，租税負担削減行動の分析を進めても，分析に自己選択バイアスが含まれてしまう。観察可能な要因によって租税負担削減行動の原因を調査した上で，さらに観察できない要因によって進められる租税負担削減行動も分析に含める必要がある。ここでは，第 1 段階では連結納税制度の採用についての推定モデル（1）式を用いて，連結納税制度採用企業の選択プロセスを推測する。なお，添え字は省略する。

$$\begin{aligned}
PR(CTRadoption) = & \beta_0 + \beta_1 IDRTO + \beta_2 IADTADT + \beta_3 INST \\
& + \beta_4 BRDAGEAVE + \beta_5 LNSUBSIDI \\
& + \beta_6 CAPITALINTENSITY + \beta_7 LNNOL \\
& + \beta_8 RRI + \beta_9 RD + \beta_{10} FS + \beta_{11} MV + \beta_{12} BTM \\
& + \beta_{13} LEVERAGE + \beta_{14} POSITIVEIN * RD \\
& + \beta_k INDUSTRY\ fIXED\ EFFECTS \\
& + \beta_j YEAR\ FIXED\ EFFECTS + \varepsilon \quad \cdots (1)
\end{aligned}$$

　森田（2014）によると Heckman の 2 段階推定法が使用されるのは，分析対象となるデータに自己選択バイアスが含まれる場合である。この研究では CTR 採用企業と非採用企業の両者を含め，非常に多くの企業を分析に含めているものの，自己選択バイアスの存在を認識しておく必要がある。このた

め，CTR制度のうち採用の決め手となる条件を検証変数とコントロール変数に含めている。

従属変数であるCTR採用を表す変数Pr（CTRadoption）は，検証期間である2006～2010年度の間にCTR採用が確認された企業を1，採用が確認できない企業については0とおく2項変数を用いる[11]。CTRの採用は条件を満たさなくなると適用が取りやめになることもあり得るので，毎年採用しているかどうか確認する。

H1と3および4を検証するために，第1段階の分析を実施する。CGが機能する組織は，外部利害関係者の視点が経営意思決定に反映されていると推定される。そこでCGが機能する組織の指標として，本章では社外取締役比率IDRTOと社外監査役比率IADTADT，機関投資家の持株比率INST，取締役会の平均年齢BRDAGEAVEを用いる。Carcello et al.（2002）は，取締役会における独立な立場の社外取締役の比率が高ければ高いほど取締役会の独立性が保たれていると評価する。この点から，IDRTOは取締役会にどれだけ外部の視点を取り入れられるかという，内部からのガバナンス機能を表す。IDRTOが高いほどCTR採用の確率は高まることが予想される。その意味で，社外取締役の存在はCTR採用にプラスに影響することが予想されるので，IDRTOの予測符号はプラスである。一方で，社外監査役の監査役会に占める比率IADTADTも同様に内部によるガバナンス機能を表す変数として投入したが，IDRTOと対照的にCTR採用意思決定にとっては一種のブレーキとして作用すると考える。それゆえ符号はマイナスと予想する。その一方で，独立監査役の存在が組織改革に影響を持つものとは考えにくいとも考えられる。さらに外部利害関係者の意向を示す変数を投入し，CGが機能するか否かを検証する必要性から，本章は機関投資家の持株比率INSTも外部利害関係者によるガバナンスの作用を示す変数として投入する。ただし機関投資家の立場で考えると，租税負担削減行動に関する情報は

---

[11] CTR採用に関しては，株式会社プロネクサスが提供する『EOLデータベース』から適時開示資料を収集してCTR採用を報告する資料が見つかった年度を「採用の確認できた年度」と設定した。この内容を確認するために，新日本有限責任監査法人　ナレッジセンター・リサーチが公表する連結納税制度採用会社調査結果，および（株）日経デジタルメディア社の日経FQ Ver.2.0の連結納税制度フラグもあわせて利用した。

レピュテーション・リスクを高める可能性は高い。さらに，CTR採用を境に，例えば上場子会社が完全子会社化することで子会社に関する入手可能な情報が減少する。この結果，情報の非対称性が強まる懸念から機関投資家の持株比率が高い企業ほどCTR採用に慎重になると考えられる。それゆえ，INSTについてはマイナス符号を予想する。加えて取締役会の平均年齢BRDAGEAVEが高いほど取締役会は組織改革に対して保守的になると考え，CTR採用に消極的になると思われる。それゆえ，予測符号はマイナスを予想する。

　H3に掲げるように，CTR採用の1つの目的としては，組織が大きく，複雑性（complexity）の高い企業ほど，組織構造の簡略さを求めてCTR採用の決断をするというものである。複雑性とは組織階層が重層的であるとか，事業展開が国内外を問わず広範であるとか，意思決定の手続が直線的ではないなど，さまざまな定義が可能である。ここでは，子会社数が増えるほど，あるいは海外事業売上高が高まるほど，その組織構造は複雑になると推測する。複雑性が増すと，企業内部と企業外部とでの情報の非対称性が増すため，エイジェンシー・コストの削減を目指して組織構造の変革を求めCTR採用の確率が高まると予想する。また，機械設備や建物等有形固定資産が増加すると，その管理作業や操業の段取り等がますことで，企業の複雑性は増すと予想される。

　その一方で，有形固定資産は事業発展の中で業務の拡大に合わせる形で増えてきたのが通常であることから，CTRを採用したからといって簡単に廃棄や除却は進まないと推測される。逆に資本集約度の高さは組織改革の制約条件となり，結果としてCTR採用は進まないと予測する。Lassila et al. (2010) に従い，複雑性の代理変数として，1つに子会社数を自然対数で標準化した指標LNSUBSIDIを利用する。この変数については，予測符号はプラスを予想する。もう1つの代理変数に資本集約度CAPITALINTENSITYを利用する。資本集約度については，有形固定資産の簿価を前期末総資産で標準化している。資本集約度については予測符号にマイナスを予想する。

　H4－1においては，繰越欠損金LNNOLが多いほどCTR採用にプラスの影響を与えると考える。LNNOLが大きいほど，繰越欠損金を効率的に活

用するためCTR採用のインセンティブになると予想される。またH4－2に従うと，親会社の業績が芳しくない場合，子会社の好業績をグループに取り込むためにCTRを採用すると予想する。子会社の業績についての直接的な測定は難しいので，本章では連結グループでの経常利益と親会社単体での経常利益の比率である連単倍率 Rentan_ratio_keijou_income（以下，RRI）を利用する。RRIが高いほど親会社単体の業績よりもグループとしての業績の方が良好とされる。H3と組み合わせて繰越欠損金との関係を踏まえると，RRIが高いほどCTR採用の確率は高まると予想される。RRIが高い企業ほど，親会社は繰越欠損金の早期解消による企業価値を高めるために，CTRを採用して子会社の好調な業績をグループ業績に取り入れようとするであろう。それゆえ，RRIの予測符号はプラスである。

　CTRを採用すると，試験研究費税額控除および外国税額控除がグループ全体で活用できるというメリットを享受できる。つまり，多額の研究開発費を投資する企業ほどCTR採用のメリットが高くなる可能性がある。研究開発費を多く支出している企業ほど，CTR採用のメリットが高く，研究開発費の多寡がCTR採用のインセンティブとなる可能性は高い。この点を踏まえ，売上高研究開発費率RDもコントロール変数としてモデルに組み入れる。その一方で試験研究費税額控除は黒字法人しかその適用を受けないため，最終利益が黒字であることを示すダミー変数POSITIVEINとRDの交差項も含めて検証する。また外国税額控除について考えると，海外売上高の多寡は外国税額控除額を完全に示すものではないものの，一定の代理変数となり得る。その上で，海外売上高の多寡はCTR採用インセンティブを検証するための，重要な代理変数となり得る。また海外売上高は組織構造の複雑性の代理変数としても考えられる。全社売上高対海外売上高比率FSもコントロール変数としてモデルに組み入れる[12]。

　これ以外のコントロール変数として，Lassila et al.(2010) に従い，以下の諸変数を用いる。規模を表す株式時価総額MVがその1つである。また，

---

[12] 売上高研究開発費率RDと全社売上高対海外売上高比率FSのいずれも，増加すれば支払税額が減少し，租税負担削減が進むことから，予想符号はマイナスである。

将来の成長性を示唆する変数として，本章では過去3年間での平均簿価時価比率BTM（Book to Market Ratio）を利用する。BTMが高いほど将来の成長性に対する市場の期待も高く，オンバランスではない無形の企業価値も高い。そういった無形価値を根底におく成長性もCTR採用になんらかの影響を与えると予測される。CTRを採用すると，受取配当金の益金不算入額を計算する際に負債利子の控除が不要となる（連結グループ内の連結法人に支払う負債利子の額に限定）。そこで，総資産に対する有利子負債の比率である有利子負債比率LEVERAGEもコントロール変数として，モデルに組み入れる。負債比率をモデルに含めることによって，負債利子のCTR採用への影響も検証する。

2　租税負担削減行動に与える影響

引き続き，H2を検証するために租税負担削減行動に対して影響を与える変数を調査した。分析モデルは以下の通りである。Heckmanの2段階推定法では，第一段階での推定の結果逆ミルズ比INVERSEMILLSが算出される。この数値にCTR採用による自己選択バイアスが吸収され，そのP値から自己選択バイアスの大きさが推定できる。McGuire et al.(2012)の説明を基に検討すると，逆ミルズ比はCTR採用企業の意思決定に影響を与える見える要素と見えない要素の両方からの影響をコントロールすると考えられる。Lennox et al.(2012)によると，逆ミルズ比は第1段階の関数であることから，係数と有意水準からその関連性を分析することが可能である。そこでコントロール変数の1つとして，逆ミルズ比を第2段階での分析モデルに挿入する。逆ミルズ比をH2-1の検証のために用いる。従属変数（TAXAVOID）はETRとCurrent_ETRの2種類を採用し，CGの高さと租税負担削減行動の積極性との関連性を，（2）式を通じて分析する。

$$TAX\ AVOID_i = a_0 + a_1 EBRD\_NUM_i + a_2 DIR_i + a_3 FRGN_i \\ + a_4 CGRANKING_i + a_5 TOBINQ_i + a_6 ROA_i + a_6 DNOL_i \\ + a_7 PPE_i + a_8 INVERSEMILLS_i + \varepsilon\ i$$

$$ETR,\ Current\_ETR \in TAXAVOID \qquad \cdots (2)$$

H2を検証するための租税負担削減行動の指標にはさまざまなものが考えられる。その中で最も一般的なものは，第3章で示したChen et al.（2010）や山下ほか（2011）なども用いたETR（GAAP effective tax rate），Current_ETR（Current effective tax rate）であろう。本章もこの定義に従い，これらの変数を従属変数として用いる。これら2つの指標は，その値が小さくなるにつれて税負担が減少し，租税負担削減行動に対して経営者は積極的であると見なされる。本章においても，課税所得がマイナスの企業は租税負担削減行動のインセンティブはないものとして，ETRとCurrent_ETRについては0と1の間におさまるよう調整（winsorize）を行った。奥田・山下（2011）にしたがって，ETRとCurrent_ETRについては0と1を超えるデータはすべて削除することで異常値の影響は調整した

H2-2を検証するために，租税負担削減行動に及ぼすCGの影響を分析する。CGの機能を説明するために，以下のいくつかの変数を用いる。まずCGが機能する企業は，投資や財務などさまざまな意思決定が柔軟かつ透明性が高いというものである。最初の条件として，取締役会の規模が挙げられる。つまり取締役会の規模が大きくなればなるほどCTR採用を通じた租税負担削減行動は実行しにくいと推測される。以上から，取締役会の規模EBRD_NUMが大きいほど租税負担削減行動が行われにくいので，予測符号はプラスである。次の条件として，利害関係者がどの程度株式保有比率を高めているかというものが上げられる。そこで，取締役会役員の持株比率DIRと外国人持株比率FRGNもCGに関係する変数として，モデルに含める。DIRが高ければ高いほど，企業価値に対する役員のインセンティブとコミットメントは高まり，結果として租税負担削減に向けて積極的になると推測される。それゆえ，この変数についてもマイナス符号が予想される。さらに外国人持株比率FRGNもDIRと同様，モニタリングの強さを示す変数と考えられる。特にFRGNが高いほどCGが強く機能していると考えられる。それゆえ，FRGNが高いほどCGが機能することから，租税負担削減行動については積極的になると予想され，予測符号はマイナスが予想される。

こうしたCGに関する諸変数は，それぞれの側面を表象しているものの，全面的なCGの機能を表す指標が求められる。1つには第一段階の分析モデ

ルに利用される変数と同一の変数は多重共線性の問題が指摘されること。いま1つに，より広範なCGを反映した変数が必要となる点から，日経デジタル・メディア社が提供する日経 Needs C - ges に納められるCGランキング CGRANKING を利用する。同様に予測符号はマイナスである。

さらに，McGuire et al.(2012) と同様に，企業価値と企業業績と租税負担削減行動との関連性も検証する必要がある。本章では企業価値の代理変数として過去3年間のトービンのQの平均値 TOBINQ を利用する。企業業績と租税負担削減行動の関係をコントロールするために，過去3年間での平均総資産経常利益率 ROA も分析モデルに含める。この他に，繰越欠損金が租税負担削減行動に与える影響をコントロールするために，繰越欠損金ダミー DNOL を利用する。2010年度から連結納税制度の条件を緩和したグループ法人税制が導入されたことによって繰越欠損金の使用制限がさらに緩和された。このことで，CTR 採用企業は増加し，結果として企業の租税負担削減行動は積極性を増すと考えられる[13]。それゆえ予測符号はマイナスである。

---

[13] 繰越欠損金の規定が改正された2010年度に，あわせて導入されたグループ法人税制は CTR に大きな影響を与えている。CTR は企業にとってさまざまなメリットを与える一方で，導入に際して強い負担を要する制度である。これに対してグループ法人税制は，CTR が企業に与えるさまざまな特典を，条件を緩和した形で享受することができるようにした制度と見られている。グループ法人税制とは，100％の資本関係にある内国法人間で行われる一定の資産譲渡，寄附，配当，株式の発行法人への譲渡等につき，税務上は損益を認識しない仕組みをいう。グループ法人税制は，100％の資本関係により強固に結ばれた企業グループを経済的に一体性のあるものとして課税関係を規律しようとする仕組みであり，2010年度税制改正前の CTR を発展するかたちで，グループ納税のメリットを広く享受できるよう制度化されたものであった。グループ法人税制は，以下の制度に個別に反映されている。第一に100％グループ内の内国法人間で一定の資産の移転を行ったことにより生ずる譲渡損益を，譲受法人においてその資産の譲渡等の事由が生じたときに，その譲渡法人において計上することになる（法人税法61条の13）。第二に100％グループ内の内国法人間の寄附金について，支出法人において全額損金不算入とするとともに，受領法人において全額益金不算入とする（法人税法25条の2，37条2項）。第三に，100％グループ内の内国法人間の現物配当（みなし配当を含む）について，当該現物分配の，現物分配法人の直前の帳簿価額による譲渡をしたものとする（法人税法第62条の5第3項）。第四に，100％グループ内の内国法人からの受取配当について益金不算入制度を適用する場合には，負債利子控除を適用しない（法人税法23条4項）。第五に，100％グループ内の内国法人の株式を発行法人に対して譲渡する場合（自己株式の譲渡），当該株式の譲渡損益の計上を行わない（法人税法第61条の2第16項）。第六に，資本金の額が1億円以下の中小法人に係る軽減税率，特定同族会社の特別税率の不適用，貸倒引当金の法定繰入率，交際費等の損金不算入制度における定額控除制度，欠損金の繰戻しによる還付制度などの諸制度については，資本金の額が5億円以上の法人の100％グループ内の法人には適用しない（法人税法66条6項二など）。グループ法人税制は，連結納税制度のように適用が法人の任意の選択に委ねられるものではなく，要件が満たされる法人すべてに強制適用されることになっている。詳細については新日本アーンスト＆ヤング税理士法人（2011）を参照。

図表8-1 変数の説明

変数	予想符号	変数の説明
CTRadoption		連結納税制度に加入していることが確認されている企業は1，確認されない企業は0を表すダミー変数
IDRTO	+	社外取締役比率（＝社外取締役人数／取締役会人数 *100）
IADTADT	−	監査役会に占める外部監査役の比率（＝外部監査役人数／監査役会人数 *100）
INST	−	機関投資家持株比率（＝外国人株式保有比率（除く外国法人判明分）＋信託勘定株式保有比率＋生保特別勘定株式保有比率）
BRDAGEAVE	−	取締役平均年齢
LNSUBSIDI	+	自然対数で標準化した連結子会社数
CAPITALINTENSITY	−	総資産で標準化した有形固定資産
LNNOL	+	自然対数で標準化した繰越欠損金
RRI	+	連結経常利益対個別経常利益（連単倍率）
RD	−	売上高研究開発費比率（＝研究開発費／売上高 *100）
FS	−	全社売上高対海外売上高比率（＝海外売上高／全社売上高 *100）
MV	+	自然対数で標準化した株式時価総額（決算日時点）
BTM	+	過去3年間での平均簿価時価比率（＝1株当たり純資産／株価）
LEVERAGE	+	有利子負債総額／総資産
POSITIVEIN	?	税引前当期純利益がプラスの企業は1，そうで無い企業は0を表すダミー変数
ETR		（法人税・住民税・事業税＋法人税等調整額）／税引前当期純利益
CurrentETR		法人税・住民税・事業税／税引前当期純利益
EBRD_NUM	+	取締役会人数（規模調整）＝取締役会人数／自然対数で標準化した総資産
DIR	−	取締役会役員の株式保有比率
FRGN	−	外国人保有比率（有価証券報告書記載ベース）
CGranking	−	Needs C-ges を通じて算出されるコーポレート・ガバナンスの順位
TOBINQ	(+/−)	トービンの Q＝（株式時価総額＋負債合計）／総資産（子会社，関連会社含み損益加算）
ROA	−	過去3年間の平均総資産経常利益率
DNOL	−	繰越欠損金の保有を確認できた企業 - 年は1，確認されない場合は0を表すダミー変数
PPE	+	自然対数で標準化した有形固定資産総額

H2については，租税負担削減行動の指標であるTAXAVOID変数との関連性を通じて，企業のCGの程度や繰越欠損金の有無，業績等との関係を検証する。租税負担削減行動の程度がCTR採用に与える影響を調査する。

3　変数の特定化

各変数については4.1と4.2での説明に沿った図表8－1の通りに変数を定義した。

本章の分析で用いる財務データは(株)日経デジタル・メディア社が提供する日経 Needs Financial Quest（日経FQ）Ver. 2.0から収集した。分析対象企業は全上場企業の中から金融業（証券・銀行・保険）を除いている。財務データはリサーチ・クエスチョンとの関連から連結財務諸表データを利用し，合併等による決算期間変更の影響を排除するために決算期変更のない事業期間12ヶ月の企業データを用いた。さらにCTR採用企業を多くサンプルに含めるため，3月期決算企業に限定していない。この他，CG関連のデータは，先述の通り，日経 Needs C－ges を利用した。分析期間は伊藤（2003）の結果を踏まえ，会計ビッグバン以降のCG改革の成果が反映され，かつ比較可能な期間として2006～2010年度までの5年間を対象とした[14]。年度ごとのCTR採用企業数は次の図表8－2の通りである。なお，採用企業数には前年度から引き続き採用する企業も含まれている。明らかに2009年度から採用企業数が急増していることが分かる。特に前年度から3倍強の増加である。

その上でデータに欠損が認められる企業はサンプルから外した。さらに異

図表8-2　CTR採用企業数の変化

年次	2006年度	2007年度	2008年度	2009年度	2010年度
採用企業数（企業－年）	48	56	67	221	264

---

[14]　大沼（2010）は Graham and Tucker（2006）の例を踏まえ，タックス・シェルターを利用する場合海外取引を介在させるのが一般的という知見を踏まえて海外売上高＞0の企業に分析を限定した。本研究では，CTR採用と租税負担削減行動の関連性を幅広い見地から分析するというリサーチ・クエスチョンに基づき，海外売上高＝0の企業も分析に加えている。

常値調整のために，主だった変数について，上下1％を削除した。これらの調整の結果，観測データは最大で16,024，最小で15,681企業－年となった。なお，分析で用いるデータの記述統計量は図表8－3の通りである。さらに，CTRダミーが0のサンプル（CTR非採用企業群）と1のサンプル（CTR採用企業群）とでの記述統計量の相違は表3の通りである。

　図表8－3を見ていくと，子会社数LNSUBSIDIについて，全体として平均5社程度であることがわかる[15]。これをCTR採用企業群と非採用企業群とで分けてみると明確に相違することがわかる。図表8－3によると，CTR採用企業群の子会社数は平均で2.89，これに対してCTR非採用企業群は平均1.57と，実に2倍以上異なることがわかる。この相違は1％水準で有意である。H3において推測した通り，CTR採用企業群は連結子会社数が多く，組織構造が錯綜しているという予測と合致した結果といえる。ETRについても，CTR採用企業群が0.295であるのに対し，CTR非採用企業群は0.361と異なっており，全体で見ても0.359である。つまりCTR採用企業群のETRは際だって低いことがわかる。繰越欠損金LNNOLについても，全体の平均は3.87であるものの，CTR採用企業群は7.16である一方でCTR非採用企業群は3.73と約2倍の規模である。この数値もH4－1の推測を裏づけるものといえるであろう。企業規模については，株式時価総額で測定した場合は，CTR採用企業群の方がCTR非採用企業群の平均より1％水準で有意に大規模であることが分かる。取締役会の規模で測定するとCTR採用企業群の方が5％水準で有意に小規模であることがわかる。つまり，企業全体の規模である株式時価総額MVでみた場合はCTR採用企業群の方が大きいのに対し，取締役会の規模EBRD_NUMでみると，CTR採用企業群は小規模であることが分かる。連単倍率RRIについてはCTR採用企業群の方が1％水準で有意に高いことが分かる。CTR採用企業群は親会社単体の業績よりもグループ全体としての業績の方が高いことがわかる。

　これ以外にもCTR採用企業群と非採用企業群とで記述統計量において，統計的に有意な相違が随所で確認できた。中でも，前述以外の変数として，

---

[15] 子会社数については，記述統計量の数値を指数関数で変換して算出した。

図表8-3 記述統計量（CTR採用企業群 VS. CTR非採用企業群）

変数	CTR採用企業群			CTR非採用企業群			全体					平均の差の検定	
	観測数	平均値	標準偏差	観測数	平均値	標準偏差	平均値	標準偏差	最小値	最大値		t値またはz値	p値
IDRTO	654	12.584	14.402	15254	8.354	12.224	8.528	12.350	0.000	50.000		−8.598	p<0.001
IADTADT	657	0.654	0.154	15360	0.681	0.178	0.680	0.177	0.000	1.000		3.895	p<0.001
INST	646	18.275	16.222	15217	12.407	13.744	12.646	13.901	0.000	57.630		−10.544	p<0.001
BRDAGEAVE	657	56.880	6.548	15367	56.548	5.649	56.562	5.689	0.000	74.000		−1.463	p>0.1
LNSUBSIDI	602	2.627	1.236	15263	1.539	1.274	1.581	1.290	0.000	5.231		−20.565	p<0.001
CAPITALINTENSITY	650	0.261	0.191	15054	0.288	0.188	0.287	0.188	0.004	0.847		3.602	p<0.001
LNNOL	601	6.738	2.944	15263	3.681	3.299	3.796	3.338	0.000	10.892		−22.372	p<0.001
RRI	633	1.433	1.577	15231	1.027	1.058	1.044	1.086	0.000	8.670		−8.186	p<0.001
RD	652	0.018	0.030	15212	0.013	0.024	0.013	0.024	0.000	0.178		−5.262	p<0.001
FS	647	0.168	0.231	15217	0.108	0.189	0.110	0.191	0.000	0.825		−7.809	p<0.001
MV	637	10.235	2.125	15227	9.262	1.798	9.301	1.823	0.000	14.296		−13.257	p<0.001
BTM	651	0.950	0.615	15213	0.974	0.655	0.973	0.654	0.000	3.280		0.915	p>0.3
LEVERAGE	648	0.584	0.208	15216	0.498	0.209	0.502	0.210	0.003	0.939		0.915	p<0.001
ETR	657	0.295	0.256	15367	0.361	0.239	0.359	0.240	0.000	1.000		6.892	p<0.001
CurrentETR	654	0.730	0.349	15298	0.765	0.340	0.763	0.341	0.000	1.000		2.551	p<0.05
EBRD_NUM	653	0.720	0.219	15211	0.737	0.232	0.736	0.231	0.000	1.521		1.793	p<0.1
DIR	656	5.541	9.807	15208	9.421	13.389	9.261	13.282	0.000	59.420		7.337	p<0.001
FRGN	646	11.766	12.065	15218	7.503	9.547	7.676	9.699	0.000	48.010		−10.981	p<0.001
CGranking	654	5.704	1.435	15111	5.424	1.413	5.435	1.415	1.130	9.710		−4.967	p<0.001
TOBINQ	648	1.081	0.445	15216	1.028	0.543	1.030	0.539	0.000	4.080		−2.458	p<0.05
ROA	636	3.173	5.152	15068	5.505	5.974	5.411	5.960	−13.801	32.120		9.696	p<0.001
DNOL	657	0.901	0.299	15367	0.615	0.487	0.627	0.484	0.000	1.000		−14.830	p<0.001
PPE	624	9.559	2.588	15057	8.680	2.066	8.715	2.096	2.833	13.939		−10.297	p<0.001

第8章 連結納税制度採用インセンティブとコーポレート・ガバナンス，および租税負担削減行動との関連性

図表8-4 相関係数表

	CTRadoption	IDRTO	IADTADT	INST	BRDAGEAVE	LNSUBSIDI	CAPITALINTENSITY	LNNOL	RRI	RD	FS	MV	BTM	LEVERAGE
CTRadoption	1.000													
IDRTO	0.059	1.000												
IADTADT	−0.022	0.116	1.000											
INST	0.046	0.039	−0.101	1.000										
BRDAGEAVE	−0.001	0.003	−0.215	0.163	1.000									
LNSUBSIDI	0.162	0.033	−0.198	0.510	0.253	1.000								
CAPITALINTENSITY	−0.029	−0.053	−0.089	−0.008	0.159	0.057	1.000							
LNNOL	0.168	0.084	−0.063	0.161	0.051	0.488	0.015	1.000						
RRI	0.078	−0.025	−0.079	0.219	0.127	0.411	0.065	0.110	1.000					
RD	0.028	0.017	−0.046	0.177	0.102	0.128	−0.064	0.077	0.005	1.000				
FS	0.046	−0.023	−0.094	0.354	0.188	0.380	−0.031	0.176	0.145	0.405	1.000			
MV	0.075	0.029	−0.163	0.697	0.286	0.624	0.101	0.204	0.288	0.151	0.281	1.000		
BTM	−0.001	−0.125	−0.093	−0.201	0.265	−0.063	0.074	0.014	0.000	−0.063	−0.084	−0.188	1.000	
LEVERAGE	0.074	−0.016	−0.076	−0.149	0.056	0.165	0.195	0.251	0.065	−0.224	−0.074	−0.114	−0.102	1.000
ETR	−0.055	−0.044	−0.021	0.043	0.045	0.021	0.031	−0.258	0.142	−0.088	−0.098	0.101	−0.024	−0.058
CurrentETR	−0.018	−0.024	0.019	0.123	−0.011	0.016	−0.004	−0.291	0.133	−0.042	−0.020	0.136	−0.103	−0.122
EBRD_NUM	−0.020	0.037	−0.108	0.079	0.145	0.177	0.081	−0.023	0.077	−0.034	0.013	0.190	−0.007	0.026
DIR	−0.049	−0.066	0.182	−0.202	−0.377	−0.299	−0.090	−0.160	−0.111	−0.065	−0.182	−0.296	−0.176	−0.041
FRGN	0.049	0.055	−0.070	0.862	0.109	0.434	−0.055	0.133	0.179	0.168	0.327	0.612	−0.176	−0.188
CGranking	0.024	0.253	0.047	0.533	−0.049	0.233	−0.012	−0.082	0.180	0.106	0.171	0.497	−0.431	−0.221
TOBINQ	0.007	0.066	0.019	0.239	−0.058	0.143	−0.045	0.084	0.045	0.075	0.104	0.299	−0.276	−0.026
ROA	−0.066	0.004	0.100	0.258	−0.175	−0.077	−0.100	−0.378	0.073	0.000	0.023	0.197	−0.402	−0.342
DNOL	0.107	0.064	−0.020	0.040	−0.007	0.361	0.003	0.888	0.112	0.038	0.109	0.054	0.033	0.201
PPE	0.061	−0.064	−0.251	0.494	0.444	0.606	0.564	0.270	0.278	0.076	0.236	0.710	0.103	0.199

	ETR	CurrentETR	EBRD_NUM	DIR	FRGN	CGranking	TOBINQ	ROA	DNOL	PPE
ETR	1.000									
CurrentETR	0.193	1.000								
EBRD_NUM	0.089	0.050	1.000							
DIR	0.041	0.044	−0.133	1.000						
FRGN	0.026	0.107	0.059	−0.160	1.000					
CGranking	0.141	0.256	−0.108	0.013	0.479	1.000				
TOBINQ	−0.018	0.052	0.002	−0.032	0.221	0.350	1.000			
ROA	0.246	0.302	0.030	0.197	0.229	0.571	0.219	1.000		
DNOL	−0.216	−0.289	−0.034	−0.061	0.023	−0.108	0.059	−0.321	1.000	
PPE	0.070	0.016	0.195	−0.393	0.402	0.176	0.057	−0.109	0.117	1.000

全社売上高対海外売上高比率FS，機関投資家持株比率INSTなどは統計的に見てもかなり有意な相違があることが明らかになった。その一方で，一部の変数はあまり大きな相違は見られなかった。

図表8－4はPearson相関係数表を表している。企業の複雑性を表象するLNSUBSIDIとMVとLNNOL，およびINSTとの相関は強い。子会社数が増えるほど株式時価総額は増加する傾向にあり，子会社数が増えるほど繰越欠損金も増加すると解釈できる。規模が大きくなると，社会的なプレゼンスが高まるため，機関投資家からの出資を受けやすくなり機関投資家の持株比率も上がる。一方で子会社の中には業績不振な企業も多く含まれることから，子会社数と繰越欠損金にはプラスの高い相関関係が生まれる。また株式時価総額と海外売上高にも高い相関関係が見て取れる。こうした相関関係の高さが図表8－4以降の結果に影響を与えている可能性は否定できない。

5 分析結果

1 第1段階の分析結果

モデルの分析結果は以下の通りである。図表8－5に示した第1段階の結果から見ていきたい。なお，図表8－5の左表は（2）式の租税負担削減行動の尺度にETRを利用した結果である。右表は同じく租税負担削減行動の尺度にCurrent_ETRを利用した結果である。また，産業ダミーと年次ダミーについての結果については，省略している[16]。第1段階での分析によって，逆ミルズ比率INVERSEMILLSが算出され，第2段階の分析モデルに組み入れられている。

H1を検証する目的で組みいれた外部取締役比率IDRTOと外部監査役比

---

[16] グループ法人税制が2010年度に導入されたことから，2010年度の結果にはグループ法人税制導入のCTR採用に与える影響が反映される。しかし，分析結果から一貫して2010年度の年次ダミーは統計的に有意な数値とはならなかった。グループ法人税制導入年次は2010年度であるものの，導入が10月からだったこと，およびこの2010年度法人税制改正は比較的大規模なものであったことから，年度の変化とCTR採用企業数増加とが即関係するかどうかは疑問が残る。それ以外の年度は統計的に有意なだけに，2010年法人税制改正とCTR採用との関係は不透明である。

図表8-5　第1段階の推定結果

CTRadoption	Coef.	z値	Coef.	z値
IDRTO	0.0006	4.42***	0.0006	4.32***
IADTADT	−0.0039	−0.41	−0.0135	−1.41
INST	−0.0004	−2.53**	−0.0005	−2.72***
BRDAGEAVE	−0.0011	−3.06***	−0.0012	−3.19***
LNSUBSIDI	0.0156	7.18***	0.0187	8.68***
CAPITALINTENSITY	−0.0269	−2.65***	−0.0281	−2.76***
LNNOL	0.0040	5.38***	0.0059	6.17***
RRI	0.0018	1.11	0.0021	1.26
RD	−0.3723	−1.63	0.0495	0.32
FS	−0.0060	−0.51	−0.0111	−0.95
MV	0.0036	2.19**	0.0009	0.54
BTM	−0.0042	−1.28	−0.0009	−0.28
LEVERAGE	0.0478	4.80***	0.0429	4.41***
POSITIVEEIN*RD	0.4967	2.15**	0.1255	0.77
産業・年次ダミー	yes		yes	
Intercept	0.0499	2.07**	0.0819	3.38***

***，**，*は1％水準，5％水準，10％水準で有意（両側検定）

率IADTADTおよび機関投資家持株比率INST，取締役会の平均年齢BRDAGEAVEは対照的な結果となった。まず外部取締役比率IDRTOは両方の分析においてプラスで統計的に有意であった。このことから，取締役会の独立性が確保された企業はCGが機能し，CTRを採用する傾向にある。対照的に外部監査役の多い監査役会を持つ企業は，監査役会自体の独立性は高いといえども，CTR採用という組織再編という重大な経営意思決定に及ぼす影響は限定的であることが分かる。古田（2008）によれば，監査役会の主たる役割は取締役の職務執行への監視にある。その点からすれば，独立性が強い監査役会はあくまで職務執行そのものを引き留める機能を果たすまでの役割は担っていないのだと理解できる。またINSTは有意にマイナスな結果となっている。CTR採用は完全子会社化を進めることになるので子会社に関する情報は相対的に減少する。結果として，子会社に関する情報が入手しにくくなることでモニタリングが機能不全になることを懸念されるため，

機関投資家持株比率INSTが高い企業ほどCTR採用を好まないと推測される。続いて，CGに関係する取締役会の平均年齢BRDAGEAVEについては，平均年齢が上がれば上がるほどCTR採用へ否定的という結果となった。取締役会の平均年齢が上がるほど組織構造を変革するような斬新な意思決定に対して，消極的になり，結果的にCTR採用に否定的となると推測される。

H3-1は組織構造が複雑な企業ほどCTRの採用確率が上がるという推測が根底にある。その一方で，業務発展に伴う有形固定資産の拡大は逆にCTR採用を通じた大規模な組織再編に対する制約条件となり得るという予測も成り立つ。分析結果から子会社数LNSUBSIDIは一貫して統計的に有意でなおかつ予測符号通りとなっている。対照的な仮説として設定したH3-2については，資本集約度CAPITALINTENSITYも有意で予測符号の結果となっている。これらの結果から，H3は支持されたと解釈できる。

H4-1にあるように，繰越欠損金の有無はCTR採用と有意にプラスの関連性を持つと考える。この推測については，繰越欠損金LNNOLの結果を見る限り，統計的に有意でかつ予測符号通りとなっている。繰越欠損金の有効活用がCTR採用の重要な動機であるという予想は，明確に支持されたと考えられる。CTR採用の主要な目的は繰越欠損金の活用にあるという制度趣旨を，企業は十分に理解していることをこの結果は示唆する。その一方で，子会社の業績はCTR採用と有意な関連性を持つというH4-2は，連単倍率RRIの結果からは採択することはできない。ただ統計的には有意ではなかったものの，予測符号通りのプラスとなっていることから，子会社の業績がよい企業ほど，CTR採用に前向きになると解釈される。親会社は繰越欠損金を抱えるほど苦しい状況であるのに対し，子会社によってグループ全体の業績が支えられている企業グループは子会社の好業績を取り込むためにCTRを採用する可能性は高いと解釈される。とはいえ，統計的に有意ではないので，あくまで可能性でしかない。この変数についてはさらなる検証が必要である。

コントロール変数については，次の通りである。RDの結果から，CTR採用による試験研究費税額控除に関するメリットは，実際CTRの採用とは強い関係は持たない。この結果は，CTR採用のメリットである試験研究費

等税額控除の枠の拡大を，企業側はあまりメリットとして捉えられていないことの裏づけと考えられる。なお，試験研究費税額控除のメリットは最終利益が黒字のときに限られる。そこで，最終利益が黒字であることを示すダミー変数 POSITIVEIN と RD の交差項によって，さらなる検証を進めた。結果については一貫して有意とはならなかったものの，黒字企業については試験研究費税額控除のメリットを認識した一部の企業は CTR 採用に傾く。上記の結果を踏まえると，CTR 採用企業を増やす意図を財務省は有するのであれば，試験研究費税額控除のメリットを拡充するように制度改正を行うべきとの示唆が読み取れる。

またグループ全体の業績という見地から踏まえた海外売上高 FS については，明確な結果にはならなかった。両モデルとも予想符号通りであったことから，海外売上高が多い企業ほど租税負担削減行動に積極的であると考えることは可能である。ただし，外国税額控除を多く取り入れるために CTR を採用したという推測は必ずしも的確とはいえない。むしろ海外売上高の少ない企業の方が CTR を採用する可能性が示唆されるのだとすれば，CTR は国内企業のみが連結グループに参加できるという制度に合致した結果と考えられる。また H3 と関連して，海外売上高の多い企業ほど組織構造は複雑であるとの予測をしたものの，統計的に有意な結果ではなかったことから，海外売上高の多寡が租税負担削減行動との関連性を持つかどうかは不明確である。

この他負債比率 LEVERAGE は CTR 採用にプラスに影響することが示される。この結果は，CTR 採用に負債利子の多寡が関わっていることを示唆する。成長性のコントロール変数である BTM の結果を見てみると，予測符号はプラスであったものの，結果はマイナスであり，統計的にも有意とはいえないものであった。

2　第2段階の分析結果

続いて図表8－6は第2段階の推定結果を示す。左側の表は租税負担削減行動の尺度として ETR を利用した結果を示している。右側の表は同じく租税負担削減行動の尺度として Current_ETR を利用した結果を示している。租税負担削減行動に影響を与えた諸要素の影響を通じて H2 の検証を進め

る。特に注目するのが，CGと租税負担削減行動との関連性である。Desai and Dharmapala（2006）はCGが機能しない企業ほど租税負担削減行動に積極的になると説明し，Wilson（2009）はCGの強い企業の租税負担削減行動は企業価値を増加させることを指摘している。第1段階の分析結果からCGの機能する企業とはさまざまな側面を有するものであり，こうした要素が租税負担削減行動と関連性を有するかを検証する。

取締役会の規模EBRDNUMとはCGの状況を反映する重要な変数である。分析結果から，EBRDNUMと租税負担削減行動は一貫して統計的にプラスに有意に関係する。取締役会の規模が大きいとCGが機能せず，結果として租税負担削減行動に消極的となる。大規模な組織改革を伴うCTR採用に後ろ向きになるという現状を裏づける結果となった。一方で取締役会役員の持株比率DIRと外国人持株比率FRGNは，両方のモデルにおいて統計的に有意な結果が得られた訳ではない。そこでCGに関する変数で最も多様な側面を反映した変数として，CGranking変数をH2－2の検証に利用する。この変数はコーポレート・ガバナンスの多様な側面をできるだけ反映させるように開発されたものである。『NEEDS C－ges分析ツールユーザーズガイド』（以下，ユーザーガイド）によると，このデータベースはCGの状況を評価するために，①資本効率[17]，②株式市場評価[18]，③安定性[19]，④株主・資本構成[20]，⑤取締役会（組織）[21]，⑥取締役会（行動）[22]，⑦株主還

---

[17] ユーザーガイドによると，高い資本効率は，良好なガバナンスによる高水準の付加価値創造や高いブランド価値の実現，あるいは技術革新の発生を示すシグナルであり，ガバナンスが良好であれば，優れた経営成果を生み出せる可能性が高いと考えられる。主な詳細項目は，ROA, ROE, キャッシュ・フロー総資産比率等を利用する。

[18] 同じくユーザーガイドによると，優れた株式市場評価は，良好なガバナンスによる有望な投資機会の獲得や将来の成長可能性，高い収益性，低いリスク，経営改善等を市場が評価していることを示すシグナルであり，ガバナンスが良好であれば，市場から高く評価される可能性が高いと考えられる。そこで主な詳細項目としては，トービンのQ，株式リターン，PBR等を利用する。

[19] ユーザーガイドによると，低水準のリスクは，良好なガバナンスによる安定的な経営実現を示すシグナルであり，ガバナンスの悪化は，リスクを増大させる要因と考えられ，企業のリスクは，企業価値の変動や破綻の可能性，深刻な失敗の発生等で観察可能とみる。そこで主な詳細項目については，株価変動，過剰債務，過大な特別損失，三期連続赤字等を挙げる。

[20] 同じくユーザーガイドによると，資本提供者がモニタリングや発言等を通じて，企業経営に緊張感をもたらすことは，良好なガバナンスの実現可能性を高めると考えられる。逆に，こうした圧力を遮断するような手段は，ガバナンス問題を深刻化するものと見なされます。最新版ではメインバンクに関する指標を新たに追加しているとのことである。主な詳細項目としては，安定保有比率，持合比

元[23]，⑧情報開示[24] の 8 つの項目ごとに指標を算出し，ウェイトづけをし

図表8-6　第2段階での推定結果

	ETR		CurrentETR	
	Coef.	z値	Coef.	z値
EBRDNUM	0.666	9.440***	0.298	3.750***
DIR	−0.004	−3.480***	−0.001	−0.790
FRGN	−0.010	−4.640***	−0.002	−0.750
CGranking	0.182	11.480***	0.075	4.210***
TOBINQ	−0.183	−5.120***	0.008	0.190
ROA	0.116	26.420***	0.046	9.920***
DNOL	−0.838	−20.760***	−0.791	−15.960***
PPE	0.089	9.760***	0.014	1.380
INVERSEMILLS	0.004	0.430	−0.043	−1.630
Intercept	−0.732	−6.250***	1.126	8.420***
Wald	800.830	***	873.630	***
N	13792		13567	
pseud R2	0.2873		0.1139	

***，**，*，は 1 %水準，5 %水準，10%水準で有意（両側検定）

率，外国人持株比率，メインバンク持株比率等を用いる。
21)　ユーザーガイドによると，経営執行に対する監督機能を充実させる仕組みは，リスクを低減させ，経営効率を高めると指摘する。取締役会の監督機能を担保するための有力な方法は，執行機能と監督機能を組織的に，あるいは人的に分離することであり，社外取締役関連の指標も含まれる。主な詳細項目に，取締役会規模，執行役員制度，社外取締役，委員会等設置会社等が含まれる。
22)　ユーザーガイドは，ガバナンスの目的は，取締役会に株主価値を高める努力をしてもらうことと説明する。そのためには，経営組織の硬直化を防ぐことや，株主と取締役会の利害を一致させる施策を採用すること等が重要である。これらを表す主な詳細項目として，経営者交代の柔軟性，社長自社株保有金額，役員自社株保有金額，代表者就任後の株式リターン等が含まれる。
23)　余剰資金を過剰に蓄積して，その有効活用を怠れば，経営効率は低下する。加えて，その資金を収益性や成長性の低い分野に投資するリスクも高まる。ユーザーガイドは，企業がこのような状態にあることは，経営者がステークホルダーの貢献に応じた最適分配を目指していないか，私的便益を追求している可能性を示すシグナルと見なし，配当や自社株買い関連の指標を新たに追加している。主な詳細項目として，売上高流動性比率，株主還元比率，一株配当金増加，自社株買い実現率等が用いられる。
24)　開示情報に何らかの異常が確認できる場合，開示姿勢や企業内部の監督機能等に何らかの問題が潜んでいる可能性が考えられる。主な詳細項目には，監査意見，会計方針の変更，株主総会集中度，役員報酬総額の開示，ウェブの充実度等が挙げられる。

て全体的なCGランキングを作成することを目的としている。つまり，どれか1つの指標のみに絞ってCGの状況をランキングするのではなく，総合的な状況を描写することを特徴とする。点数は10点満点でランキングされ，全上場企業が対象となる。本章はこの数値が企業のCGの状況を最も適切に反映したデータとして扱う。図表8－3からも分かるように，全企業のCG評価値が1から10の間に収まるように算出されている。

分析の結果として，両モデルにおいてCGrankingは一貫して有意な結果が得られた。しかし符号の向きからCGが機能している企業ほど租税負担削減行動に対しては消極的となる可能性が示唆された。CGと関係するさまざまな変数とCGのさまざまな側面において租税負担削減行動との関連性は見えてきたものの，総合的な指標をベースに置くと，CGrankingが上昇すると租税負担削減行動の尺度は上昇する，すなわち消極的になるという結果が得られた。

これまでの分析からでは見えない要因の影響をINVERSEMILLSから検証する。図表8－6ではいずれも統計的に有意なものとはならなかった。自己選択バイアスの影響はそれほど強くないと解釈できる[25]。

6　結論と示唆

本章の目的はCTR採用に影響を与える要因を実証的に観測するのとあわせて，CTRを採用する企業の特徴，およびCTR採用数を増やすためには何が必要かを検討してきた。CTR採用の要因の影響を踏まえて，租税負担削減行動を実施する企業は，CGの状況がその行動を組織構造改革という重大な意思決定にどう関連させているかという点について検証することであった。

分析の結果，以下の点が明らかになった。第1に，CGが機能する企業であっても，どの側面が強いかによってCTR採用に前向きになるかどうかが違ってくる。分析結果に基づくと，社外取締役比率が高く平均年齢の若い，

---

25) 分析結果に含めていないが，逆ミルズ比を除く第2段階推定で用いた変数で回帰分析を行った結果は，図表8－6の結果とほぼ変わらないものであった。

かつ規模の小さい取締役会を有する企業はCTRを採用する可能性は高い。しかし，機関投資家の持株比率の高さはマイナスに関係する。Gompers et al.(2003) において指摘されるように，取締役会の独立性の高さという，CGにとって最も重要な属性がCTR採用にプラスに貢献する。

第2に，CTR採用については，制度趣旨からも裏づけられるように繰越欠損金の活用が影響する。あわせて連単倍率が高い企業ほどCTR採用に前向きであることから，親会社は繰越欠損金を抱えるほど業績は振るわないが，子会社の業績は好調な企業ほどCTRを採用する傾向にある。

第3に，有形固定資産は多く持たないが子会社数は多い企業は，CTR採用を検討する可能性が高いと考えられる。CTR採用において完全子会社化を推し進めることで，少数株主持分が減ることによって，利害関係はシンプルになる。また，利害関係がシンプルになることでエイジェンシー・コストを削減することができるようになり，これによって企業価値がより高まることを経営者は期待しているようである。

第4に，取締役会の規模が大きく，CGランキングの高い企業は租税負担削減行動に消極的であることが示唆される。取締役会の規模が小さい企業ほど，機動的に企業行動を進められることから，租税負担削減行動に積極的となる。その一方で，総合的な視点からCGの評価できる企業は，CGのバランスが良好であり，それゆえ租税負担削減行動を推し進めることのプラス面とマイナス面を多面的に検討して，積極的にはならないのだと解釈することができる。

この他，負債比率が高く，企業価値も高い企業がCTR採用の可能性が高いように思われる。大沼・櫻田（2015）においても指摘したが，CTR採用そのものの租税負担削減行動の影響は限定的であると考える。CTR採用に関しては，企業戦略や組織変革という見地，企業価値の向上という点を念頭に置いて，CTR採用の意思決定を下すと解釈される。その一方で，租税負担削減行動については，CGの総合的な尺度の高い企業ほどさまざまな影響を考えて積極的には推し進めないということが明らかとなった。CTR採用しているかどうかは，逆ミルズ比の係数からこの結果に大きく影響を及ぼさないようである。

第8章　連結納税制度採用インセンティブとコーポレート・ガバナンス，および租税負担削減行動との関連性

　CTR そのものは産業界からの要請を受けて導入されたものの，制度設計を進めていくうちに採用できる企業の性格が絞られてきたようである。仮に，政策的見地から CTR 採用企業を増やそうとするのであれば，試験研究費減税と両立させる方途を模索するなど，競争力維持に配慮した産業政策が欠かせない。その一方で，CTR 採用に踏み切る企業数が増えないのは，その採用条件が厳しいということに加え，CG が有効に機能していることが暗黙の条件となっているからではないか。とはいっても，これは CG が機能していないから CTR を採用しないという訳ではない。現に，独立監査人の多い監査役会を有する企業は CG が機能している企業と評価できるはずだが，CTR 採用と有意に関係しない。つまり，CTR 採用のための制度上の条件を緩和し，採用しやすくする一方で，CTR 採用を後押しできるような CG の有効な企業作りが求められるのだと考える。

　なお第2段階の分析結果から，CTR 採用は租税負担削減行動への強い関心を背景とするのかは明確ではなく，CG の有効な企業は租税負担削減行動にあまり積極的ではないことが示された。CTR 採用企業数は全サンプルの4％強程度であり，租税負担削減行動に与える影響は限定的である。採用企業数がどうして増えないのかをより最近のデータで詳細に検証すること，また CTR という制度が企業全体の租税負担削減行動にどういう影響をもたらすのかをさらに検証することが今後の課題である。

第9章
租税負担削減行動と研究開発税制，およびR＆D戦略の関係性

1 はじめに

　企業の研究開発（Research and Development：R＆D）はその企業の成長性を決定する重要な戦略的活動の一つである。R＆Dの成否がその企業の将来を決めるといっても過言ではない。こうした実情を反映しているからか，2000年代の景気回復局面において設備投資水準は低水準だったのに対し，R＆D投資動向は2000年代国内設備投資額を上回っていた（蟻川・河西・宮島　2011）。その一方で，R＆Dはその成否の不確実性から高リスクの投資である。R＆D投資の現在価値が正であっても，収益性の不確実性から経営者は積極的に実行しない可能性は高い[1]。R＆Dはその企業のみならず国全体の競争力に対しても影響を持つことから，政府は何らかの制度的なインセンティブを与える必要性が高い。R＆D投資は国家の競争力のエンジンともいえるため，その支援が必要とされる。こうした趣旨から企業のR＆D投資について，研究開発税制が規定され，主に税額控除によるインセンティブ制度が設定されている。

　R＆Dに関する研究開発税制として，⑴試験研究費の総額に係る税額控除制度，⑵特別試験研究に係る税額控除制度，⑶中小企業技術基盤強化税制，⑷試験研究費の額が増加した場合等の税額控除制度の4制度が規定されている（租税特別措置法第42条の4，租税特別措置法施行令第27条の4）。R＆Dはリスクの高い投資であるものの，研究開発税制を活用することで租税負担削減にも役立てられる。このような税制によるインセンティブが規定され

---

[1]　研究開発支出の価値関連性については中野（2009）を参照。

るR&Dと租税負担削減行動の関連性について分析することを本章は目的とする。

　R&D投資に対する税制上の支援は着々と整えられた一方で，その担い手である企業は，R&D投資をさまざまな裁量的行為，例えば租税負担削減行動とどのように結び付けて検討しているか，あるいは租税負担削減行動の水準とどのように関連させているかは実証的な問題である。なぜなら，R&D投資動向は企業の競争力と直結するといわれながらも，詳細については専門性の問題もあって，よくいえば聖域化，悪くいえば不透明な状況にある。結果として，R&D投資を通じて租税負担削減行動が進められる可能性は十分に高い。本書の第2章でも触れたGraham and Tucker（2006）の紹介するタックス・シェルターの1つであるOIPH（Offshore intellectual property havens：オフショア知的財産避難）は，R&D投資によって開発した知的財産を国外に移転して課税所得を国外に移転するというスキームである。欧米諸国ではこのスキームを通じた租税負担削減の事例が数多く報告されている（例えばApple.inc）。この他，R&D投資資金制約，売上高，コーポレート・ガバナンスなどとの関連性についても，本章は実証的に検証していく。

　本章のもう1つの目的は会計利益と課税所得の差異であるBTD（book－tax differences）に含まれる情報内容について調査することにある。会計利益は企業業績を示す代表的な指標であるものの，経営者の裁量による利益調整の可能性から，業績指標としての役割を懐疑的に見る傾向が強まりつつある。これに対して，従来課税所得は税務当局からの強い監視と，厳しい法規制，および税務当局との見解の不一致がもたらす経済的な不利益の可能性（申告漏れの指摘やこれによる追徴課税など）もあり，操作の加えられにくい業績尺度と考えられてきた（例えば大沼ほか2008など）。Lev and Nissim（2004）は，会計利益に対する課税所得の割合が，その後の5年間の利益変化を予測し得ることを示すとともに，この情報の有用性に関する投資家の反応がアメリカ財務会計基準書第109号（SFAS No. 109）施行後に高まってきていることを示している。そこで，この章ではわが国の会計実務においても，BTDを分析することで，企業行動とR&D投資との間の有機的な結びつきを析

第9章 租税負担削減行動と研究開発税制,およびR＆D戦略の関係性

出できるかどうかを調査する。

　本章の分析からは，以下の点が明らかになった。第1に，租税負担削減行動の水準が上下したとしても，そのことがR＆D投資の水準に影響を与えたとはいいがたい。その一方で，R＆D投資自体は研究開発税制の影響も有り，租税負担削減行動の水準に影響を与える。第2に，R＆D投資は戦略的に前年度並みの水準で投資が進められている。企業の研究開発部門は長期的な視点で着実な形でR＆D投資を推し進めようとしていることが示唆される。第3に，蟻川・河西・宮島（2011）の結果とは異なり，会社創設からの期間が短いほどR＆D投資支出の額が高くなる。第四に，R＆D投資の水準にコーポレート・ガバナンス（CG）の状況は強く影響を及ぼしており，機関投資家の株式所有比率はマイナスに，経営者報酬はプラスに，ともにR＆D投資と有意に関係する。

　分析によって研究開発税制がR＆D投資の水準を左右し，R＆D投資が企業の租税負担削減行動の水準に影響を与えていることを実証的に示したことは，本章の大きな貢献であるといえる。

　本章の構成は次の通りである。第2節で研究開発税制の概要をサーベイする。第3節ではR＆D投資と財務活動の関係について先行研究をレビューした上で，租税負担削減行動とR＆D投資との関係に関する本研究の仮説を構築する。第4節ではデータとリサーチ・デザインを説明し，第5節では分析結果を示す。第6節では追加分析を行い，第7節において結論を示す。

2　研究開発税制と租税負担削減行動の関係

　試験研究費の増加分に対する税額控除という制度は従来からあった。しかし，R＆D体制を強化するため，試験研究費の支出の一部を税額から控除し，企業のR＆Dサポート体制をより強化することが謳われた。平成20年税制改正によって，研究開発税制について，試験研究費の増加分に対する税額控除率の上乗せ措置を改組し，次の措置のいずれかを選択適用できる制度が創設された。この制度における控除税額の上限は，試験研究費の総額に係る税額控除制度または中小企業技術基盤強化税制とは別に，当期の法人税額の10

％相当額が限度とされる（租税特別措置法第42条の4，同施行令第27条の4）[2]。

（1） 平成20年4月1日から平成22年3月31日までの間に開始する各事業年度において，試験研究費の額が比較試験研究費の額を超え，かつ，基準試験研究費の額を超える場合には，試験研究費の額が比較試験研究費の額を超える部分の金額の5％相当額が税額控除できる。
（2） 平成20年4月1日から平成22年3月31日までの間に開始する各事業年度において，試験研究費の額が平均売上金額の10％相当額を超える場合には，その超える部分の金額に税額控除率を乗じた金額が税額控除できることとされる[3]。

この控除額は本体部分（総額型）と，上乗せ部分（増加型または高水準型）を合算して算出される。ただし，試験研究費の本体部分についても上乗せ部分についても，それぞれ，法人税額（事業所得に係る所得税額）の20％および10％が上限とされる[4]。要するに，研究開発税制（試験研究費の税額控除制度）は，3つの要素から成り立つ。まずは恒久措置として，年間で生じた試験研究費の総額の8〜10％は支払法人税額の20％を上限に税額から控除す

---

[2] 試験研究費と研究開発費は厳密にいうと，多少異なる。研究開発費は，研究開発費等に係る会計基準によると次のように説明される。
　「研究とは，新しい知識の発見を目的とした計画的な調査及び探究をいう。開発とは，新しい製品・サービス・生産方法（以下，「製品等」という。）についての計画若しくは設計又は既存の製品等を著しく改良するための計画若しくは設計として，研究の成果その他の知識を具体化することをいう。」。したがって，研究開発費には，人件費，原材料費，固定資産の減価償却費および間接費の配賦額等，研究開発のために費消されたすべての原価が含まれる（研究開発費にかかる会計基準　一，二）。これに対して試験研究費は次のように定義される。「製品の製造又は技術の改良，考案若しくは発明に係る試験研究のために要する費用」（租特法第42条の4第12項第3号ほか）となる。その内容として，次の通りである。
(1)試験研究に要する原材料費，人件費※，経費，(2)委託試験研究費，(3)鉱工業技術研究組合の賦課金
※専門的知識をもって試験研究の業務に専ら従事する者に係るもの
　試験研究費の方が税制支援の対象となるため，範囲が限定されていることが分かる。とはいえ，概ねその内容は重複する。
[3] なお，税額控除率は次式（試験研究費／売上高−0.1）×0.2　によって計算される。
[4] 経済産業省ホームページ（http://www.meti.go.jp/policy/tech_promotion/zei090706.pdf）の説明による。

第9章 租税負担削減行動と研究開発税制，およびR＆D戦略の関係性

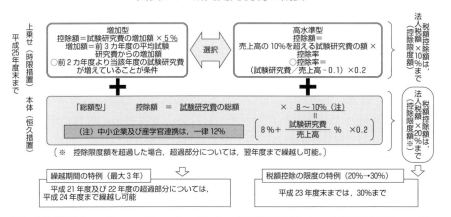

図表9-1 研究開発税制の概要

出所：厚生労働省(http://www.mhlw.go.jp/stf/shingi/2r9852000002b2wi-att/2r9852000002bbpr.pdf)。

ることができる。これが第1の要素である。続いて，試験研究費の前年度からの増加分のうち5％までが第2の要素となる。最後に，平均売上高の10％相当額を超える試験研究費のうち税額控除率を乗じた額が第3の要素となる。第2と第3の要素は選択制で，上限は法人税額の10％とされる。研究開発税制の概要については図表9－1のようになっている（2015年1月現在）。

こうしたR＆D投資に対する税制支援は時として租税負担削減行動のベースとなり得る。図表9－1の制度説明からも明らかなように，R＆D投資に対する税制上の支援は厚く，そのかなりの部分が支払法人税額から控除可能である。節税効果という表現を用いるのであれば，R＆D投資ほどその効果を享受できる分野は珍しい。つまり，研究開発税制を利用して租税負担を軽減するということは，R＆D投資は広義の租税負担削減行動といえよう。であれば，R＆D投資の動機として，租税負担削減行動も関係している可能性は十分に考えられる。

3 先行研究と仮説の展開

租税負担削減行動の水準に影響を与えるものには，大きく分けて外的要因と内的要因が考えられる。外的要因は，財政政策や税制，外部の金融市場な

ど企業外部に存在する経済的要因が考えられる。内的要因は企業内部の人事評価システムや業績評価システム，広く投資を含む組織行動，M＆Aなどの戦略的活動，企業統治構造，内部資金市場などが考えられる[5]。この分類を踏まえると，R＆D投資は租税負担削減行動の内的要因となる。

R＆D投資は税制上の優遇措置が得られることから，租税負担削減行動と何らかの関係があることは推測される。しかし，どのように関連するかを実証的に検証した研究はそれほど多くはない。一方で，R＆D投資税額控除や税制上の支援策が外的要因であると考えてみると，こうした外的要因がR＆D投資動向に与える影響を分析する研究についてはいくつか散見される。R＆D投資税額控除が投資に与える影響を調査したものに，Berger(1993)がある。彼は分析を通じてR＆D投資にR＆D投資税額控除はプラスに働くことを示すことで，税制優遇措置がR＆D投資を促す効果を実証した。税制優遇措置が租税負担削減行動のドライバーとして機能するならば，租税負担削減行動を進めて行くことがR＆D投資の水準を上げる要因となる可能性が示唆される。

R＆D投資の水準に税制上の支援策が関係するとして，企業のR＆D投資と租税負担削減行動とがどのように関係するかというリサーチ・クエスチョンに沿って，本章は以下の仮説を検証する。

H１：他の条件が同一であると仮定して，租税負担削減行動の水準が上がればR＆D投資水準も上がる。

Brown et al.(2009) は，アメリカでは創設間もない新興ハイテク企業がR＆D投資の中心を担い，マクロ的なR＆D投資動向すら担っていたと説明する。その上で，彼らは分析の中で，創設間もない新興ハイテク企業は財務上の制約もあって，持分証券による資金調達を通じてR＆D投資への積極的な資本投下を行っていることを明らかにする。またこうした資金調達源泉

---

5) 実際には各々の要素が単独で租税負担削減行動を促したり，抑制するということは考えにくく，複合的に関係していると考える方が自然である。Hanlon and Heitzman (2010) は内的要因が生じてきたのは，企業が拡大していくことで，所有と経営の分離が生じてきたからであると説明する。

によるＲ＆Ｄ投資を支える要素に，米国税制の存在も同様に明らかにする。
　一方，日本の市場を題材とした研究として蟻川・河西・宮島（2011）は，日本の新興企業では増資のＲ＆Ｄ投資の水準に与える影響は大きくはないことを説明する。日本の新興企業はＲ＆Ｄ投資の中核ではなく資金規模も小さい。それゆえ，日本の新興企業は資金調達に注視する一方で，あまり租税負担削減行動を実行して余裕資金を生み出そうという状況にはないと推測される。言い換えれば，日本産業においてＲ＆Ｄ投資を支えるのは，創設から現在までの期間の長い成熟企業であると推測される。その一方で，単に社歴が長ければどの企業もＲ＆Ｄ投資を実施するわけではなく，そこで以下の仮説を検証する。

　　Ｈ２−１：他の条件が同一であると仮定して，新興企業ほどＲ＆Ｄ投資
　　　　　　　の水準も低い。
　　Ｈ２−２：他の条件が同一であると仮定して，Ｒ＆Ｄ投資水準は設立から
　　　　　　　の年数に応じて変化する。

　Klassen et al.(2004) はＲ＆Ｄ投資に対する税制上の支援と財務上の制約条件が与える影響を分析する。彼らはＲ＆Ｄ投資税額控除の影響を見るために，米国企業とカナダ企業でどういう違いが見られるかを調査した。分析により，税制上の支援はさらなるＲ＆Ｄ投資を米国もカナダも引き出しているが，米国の支援策の方が効果はより高いことを指摘する[6]。
　日本企業はＲ＆Ｄ投資に対して積極的であるといわれる。これが競争力の源泉とされる一方で，不景気なときには不確実性の高いＲ＆Ｄ投資を圧縮する傾向も強い。別の見方をすると，前年度からＲ＆Ｄ投資の水準を上げる企業はそもそもＲ＆Ｄ投資を増加させることに前向きであり，そうした企業の経営者はレントを得るために租税負担削減行動の水準を上げる可能性が示唆される。また２節においても触れたように，研究開発税制は総額部

---

[6] Pandit et al. (2011) はＲ＆Ｄ投資と将来業績との関連性を検証し，Ｒ＆Ｄ投資を積極的に実施する企業あるいは生産性の高い企業ほど，取得した特許の質と業績とが有意に関係し，取得特許の質が低い企業ほど将来業績の変動性が高いことを示す。

分と増額部分を合算して控除額を算出するようになっている。前年度からの増額がさらに翌年度のＲ＆Ｄ投資を促す仕組みとなっている。こうして考えると，前年度のＲ＆Ｄ投資は翌年度のＲ＆Ｄ投資に何らかの貢献が予想される。Ｒ＆Ｄ投資は巨額になることが予想されるため，戦略的に徐々に金額を増やしていく戦略的行動が予想される。それゆえ，前年度投資実績が非常に重要になると考えられる。こうした点を踏まえると，以下の仮説が設定できる。

　　Ｈ３－１：他の条件が同一であると仮定して，前年度のＲ＆Ｄ投資は翌年度のＲ＆Ｄ投資にプラスに関係する。
　　Ｈ３－２：他の条件が同一であると仮定して，前年度からＲ＆Ｄ投資額の変化額の大きい企業はＲ＆Ｄ投資の水準が高まる。

　租税負担削減行動を実行する企業は組織構造として何らかの要因を有するという研究が近年増えている。つまり，租税負担削減行動の水準に影響を与える内的要因に，組織構造やコンプライアンスの程度などが考えられる。Ｒ＆Ｄ投資も組織構造から影響を受けると考えることができる。Cheng（2004）はＣＥＯの報酬変化額はＲ＆Ｄ投資額と有意に関係するという仮説を検証した。分析によって，ＣＥＯのストック・オプション報酬額とＲ＆Ｄ投資の変化額は有意にプラスに関係していることが示された。Ｒ＆Ｄ投資支出の額を増加させるＣＥＯに対して，市場はプラスの評価をしていると考えられる。このことはＣＥＯによる機会主義的なＲ＆Ｄ投資の削減を，市場は律していると見ることができる。アメリカでは報酬委員会がＣＥＯの報酬を決定する仕組みが定着しており，報酬の嵩上げするために実体的利益調整行為の一つとしてＲ＆Ｄ投資の削減を行おうとしても，そうした行為を市場はプラスに評価するわけではないことを示している。この研究を基礎において考えると，組織構造と関係深い問題としてコーポレート・ガバナンス（CG）とＲ＆Ｄ投資動向，および租税負担削減行動はなんからの関係を持つことが示唆される．それゆえ，本章ではCGとＲ＆Ｄ投資動向，および租税負担削減行動の関係について検証する。

Cheng et al. (2012) は活動的なヘッジファンドによって標的とされた企業は租税負担削減行動に対して最初から積極的ではないことを示す。すなわち，活動的なヘッジファンドの標的とされた企業は買収防衛のために，投資活動や営業活動を効率的に進める。そうした行動の結果として，租税負担削減に積極的となり，納税額が減少するというものである。租税負担削減行動は目的ではなく，ヘッジファンドからの圧力の結果という解釈である。

Bushee(1998) は機関投資家の持株比率が高い企業では，収益性向上のためにR＆D投資の切り捨てを機関投資家から迫られるという推論に対する反論を試みている。一定の条件を満たした機関投資家の持株比率が高い企業では経営者はR＆D投資の切り捨てを選ばないと説明する。

大沼 (2011) はRego and Wilson(2012) をベースに，経営者報酬の決定要因として租税負担削減行動の水準が関係していることを示す。Core et al.(1999) はCGの弱さにより経営者報酬が過剰になることを指摘し，その上で，超過報酬が事後的な企業パフォーマンスに悪影響をもたらし得ることを示している。この他 Carcello et al.(2002) などは，分析においてCGの強度を客観的に示す指標として，社外取締役の取締役に占める割合である社外取締役比率を用いる。またChen et al.(2012) の分析を参考に，取締役会の規模と取締役会の平均年齢とR＆D投資の関係についても検証する。本章では機関投資家の株式保有割合と社外取締役の割合，取締役会規模および取締役会の平均年齢をCGの尺度と見なし，以下の仮説を提示する。

H4－1：他の条件が同一であると仮定して，機関投資家の持ち株割合が高い企業ほど，R＆D投資水準は高い。

H4－2：他の条件が同一であると仮定して，社外取締役比率が高い企業ほど，R＆D投資水準は高い。

H4－3：他の条件が同一であると仮定して，取締役会の規模が小さい企業ほどR＆D投資を積極的に行う。

H4－4：他の条件が同一であると仮定して，取締役会の平均年齢が低い企業ほどR＆D投資を積極的に行う。

H4－3についていえば，取締役会規模が小さい企業ほどR＆D投資に前向きであると予想される。H4－4についても取締役会の平均年齢も，R＆D投資の水準に影響を与えると予想される。新規投資に積極的な対応をするか，保守的であるかについては，年齢は大きく関係する[7]。

　以上の仮説は租税負担削減行動はR＆D投資支出を促すというリサーチ・クエスチョンを基礎に設定されている。しかし，研究開発税制を念頭に置くと，R＆D投資を積極的に実施した結果，試験研究費税額控除額が増加し，結果として租税負担割合が下がる。つまり，租税負担削減行動の水準は上昇することになる。これまでの仮説で想定していた因果関係とは逆の関係が存在すると考えることができる。そこで次の仮説を設定する。

H5：他の条件が同一であると仮定して，R＆D投資の水準が上昇すると，租税負担削減行動の水準も上昇する。

4　リサーチ・デザイン

1　リサーチ・デザイン

　本章ではBerger(1983)とBrown et al.(2009)のモデルをベースに次式によって仮説を検証する。Brown et al.(2009)と同様に以下の基本モデルは，不完全競争下にある企業において，投資に調整コストが生じることを前提としたモデルである。さらに，Berger(1983)を参考に，R＆D投資に租税支払額の多寡が関係すると想定し，租税支払額とR＆D投資の関連性も検証する。その一方で，研究開発税制のR＆D投資支出に与えた影響も検証したい。そこで以下の（1）式をメインに置く。

$$RD_{jt} = \beta_0 + \beta_1 S_{jt} + \beta_2 LEV_{jt} + \beta_3 Days_{jt} + \beta_4 Days_{jt} * Dq_k + \beta_5 RD_{jt-1} + \beta_6 RDZeisei_t + \beta_7 TAX_{jt} + \beta_8 ROA_{jt} + \beta_9 RD\_ind_{jt}$$

---

[7]　H4－4は取締役会の平均年齢が低い企業ほどR＆D投資に積極的としたが，高い企業であっても技術に熟知した取締役がいると，逆の関係も予想される。

$$+ \sum_{k} INDUSTRY + \sum_{7} YEAR + \varepsilon_t \qquad \cdots (1)$$

ここでRDは企業jのt期におけるR＆D投資支出，Sは売上高を表す。Brown et al.(2009)に従い，自由選択性資金の余裕度がR＆D投資に与える影響を見るために，有利子負債総額LEVを変数として採用する。いずれの変数も前期末総資産で標準化されている。企業の実質的な創設時期からの日数を対数変換して算出したDaysも分析で用いる。しかし，創設からどの程度の時期になるとR＆D投資に変化が現れるかを見るため，Daysの4分位ダミーDqを利用した交差項も設定する。また業績の影響を見るために総資産経常利益率ROAも設定する。この他，R＆D投資が2008年より研究開発税制が導入された影響を見るため，2008年度以降に研究開発税制が導入された影響を見るためのダミー変数RDZeiseiをモデルに加える。TAXは次節で述べるように，当該企業の租税負担削減行動の程度を示す変数を意味する。モデルにはR＆D投資支出の有無を示す変数RD_ind，産業ダミー(INDUSTRY)と年時ダミー(YEAR)もコントロール変数として含めている。εは攪乱項である。

Brown et al.(2009)のモデルは被説明変数のラグを説明変数に含むダイナミック・パネルデータ・モデルであるが，本章では年度ダミーを変数に含めるため，パネルデータモデルではなく，通常のクロスセクショナル回帰モデルを使用する[8]。

2 データと記述統計

データは前章までと同様，(株)日経デジタル・マーケティング社が提供する日経Needs－Financial Quest（日経FQ）Ver.2.0と日経NEEDS C－gesを利用した。分析対象企業は，全上場企業の中から，日経FQによりデータが入手可能な企業に限定した。業種については金融関係を除く全業種を対象とし，合併等による財務データへの影響を排除するため，決算期間は12ヶ月の3月決算企業に限定してデータを収集した。財務データについてはリサーチ・クエスチョンとの関連性から連結財務諸表データを利用した。ただ

---

[8] 分析そのものについてはDrukker (2008)を参考に進めた。

し，税率の変更や，損益計算書の表示区分の変更，2000年3月期からの税効果会計基準全面適用などを考慮に入れ，さらに2002年法人税制改正とデータの入手可能性を踏まえ，2005～2011年度の7年間の連結財務データを利用した。また，データの分散不均一性を考慮して，TAXとDaysを除くすべての変数は前期末の総資産でデフレートした。

一方で，試験研究費税額控除は課税所得がプラスでなければ行使できない。それゆえ，研究開発費への税制の効果を見るためには，当期純利益が黒字の企業に対する影響を検証する必要がある。そこで，分析ではROAがプラスの企業のみに絞って分析を実施した。結果としてH1から4の検証に用いた観測数は，最大11,578企業－年となった。

最初の租税負担削減行動の指標として，第3章で説明したETR（GAAP effective tax rate），およびCurrent ETR（Current effective tax rate）を利用する。

これら2つの指標では，その値が小さくなるにつれて税負担が減少し，租税負担削減行動に対して経営者は積極的であると見なされる。

続く租税負担削減行動の指標として，BTDを利用する。計算方法は第3章にある以下の（2）式の通りである。課税所得を推定するとき，本章も以下の（2）式を利用する。

$$BTD = BI - TI$$
$$= BI - \frac{CTE}{TR} \quad \cdots (2)$$

BI ＝税金等調整前利益
TI ＝課税所得
CTE ＝法人税および住民・事業税合計
TR ＝法人税率

BTDは会計利益と課税所得の差額である。会計利益が一定であると仮定すると，租税負担削減行動の水準が上がるほどBTDは大きくなると予想される。本章では，推定課税所得計算に法人税率を利用する[9]。

続く租税負担削減行動の指標として，第3章で説明した永久差異（Permanent Differences：Permdiff）[10]とFrank et al.（2009）において開発された裁量的永久差異（Discretionary Permanent Differences：DTAX）を本章においても利用する。裁量的永久差異を計算するモデルについてはDesai and Dharmapala（2006）やDyreng et al.（2006）などがあるが，本章ではデータの入手しやすさ，計算の厳密性などから，Frank et al.（2009）のモデルの信頼性が最も高いと考える。ただ，Frank et al.（2009）による裁量的永久差異モデルは，海外売上高をコントロールしていない。海外売上高は期間を跨ぐことや計上の時期をずらすことで，裁量的に調整することの可能な数値である。第3章で示したモデルに海外売上高をコントロール変数として追加されている点が第3章で示したモデルとの主要な相違である。いずれの変数も前期末総資産の値でデフレートしている。

第9章の分析で用いるPermdiffと裁量的永久差異DTAXの算出モデルと変数の定義は以下の通りである。

Permdiff ＝ 永久差異 ＝ BTD － 一時差異

$$= \left(BI - \frac{CTE}{TR} \right) - \frac{DTE}{TR}$$

$$Permdiff_{it} = \delta_0 + \delta_1 INTANG_{it} + \delta_2 UNCON1_{it} + \delta_3 UNCON2_{it} + \delta_4 MI_{it}$$
$$+ \delta_5 TTE_{it} + \delta_6 \Delta NOL_{it} + \delta_7 Permdiff_{it-1} + \delta_8 FR_{i,t} + \mu_{it}$$
$$\cdots (3)$$

---

9) 大沼（2010）では税効果会計で用いられる法定実効税率を課税所得を推定するために利用したものの，住民税率は地域により異なり，法人事業税についても外形標準課税制度が2004年度から導入されていることから，算出過程プロセスの情報が不確実である。そこで，本章は法人税率をTRとして利用する。こうした課税所得の推定について，平井・後藤・山下（2009）は，繰越欠損金や税額控除を十分に加味していないので実際の課税所得とは異なるため，測定誤差が相当に予想されることを指摘する。さらに彼らはこのような推定を行ったときに平均で約6％の誤差が含まれることを指摘している。
10) Rego and Wilson（2012）にあるように，一時差異は財務会計と税務会計での単なる認識時点の相違を反映してしまう。結果として経営者の租税負担削減行動をより反映させる指標としては，BTDから一時差異を控除した指標がより適切となる。そこで本章は永久差異も租税負担削減尺度の1つとして検討した。

BI　　　　＝税金等調整前利益
CTE　　　＝法人税および住民・事業税合計
DTE　　　＝法人税等調整額
TR　　　　＝法定実効税率
INTANG　＝のれん償却額
UNCON 1 ＝持ち分法による投資損失
UNCON 2 ＝持ち分法による投資利益
MI　　　　＝少数株主損益
TTE　　　＝法人税等費用＝法人税および住民・事業税＋法人税等調整額
FR　　　　＝海外売上高
Δ NOL　＝前年度からの繰越欠損金の変化分
μ　　　　＝裁量的永久差異＝租税回避変数＝DTAX

これによって算出された裁量的永久差異を本章では経営者の裁量が最も反映された租税負担削減行動を示す変数として分析を進める。Permdiffについても DTAX についても，BTD と同様に，租税負担削減行動の水準が上がるほど大きくなると予想される。

先行研究に従い，解釈しやすいよう ETR と Current_ETR は 0 から 1 の範囲内に収まるよう調整した。その範囲を超えた場合，0 か 1 に修正（winsorize）した。基本モデルにおいて使用される各変数の記述統計量は図表 9 − 2 の通りである。基本サンプルでは，BTD がマイナスであることから，会計利益よりも課税所得の方が平均的に大きいことが分かる。

続いて，Pearson 相関係数については図表 9 − 3 の通りである。特段に注意をすべき関係は見いだせない。

図表9-2 記述統計量

stats	mean	S.D.	25% percentile	50% percentile	75% percentile
RD	0.0158	0.1178	0	0.0044	0.0195
DRD	−0.0034	0.4810	−0.0004	0	0.0004
FCF	0.0110	0.2908	−0.0159	0.0198	0.0540
days	18849.8700	7984.611	13449	20265	23581
SIZE	23.5422	1.8405	22.2143	23.3027	24.6539
FS	0.1402	0.2436	0	0	0.2085
LEV	0.0916	0.1110	0.0005	0.0523	0.1424
BTM	1.3643	1.0814	0.6724	1.1218	1.7532
COMP	0.0077	0.0626	0	0.0012	0.0075
inst	14.8311	15.6774	1.5900	9.4300	24.0400
idrto	9.2090	13.6398	0	0	16.6667
EBRD_NUM	0.7605	0.2572	0.5781	0.7195	0.8958
BRD_AGE AV	57.5916	5.0772	56	59	61
ETR	0.3577	0.2318	0.2124	0.3971	0.4638
CurrentETR	0.7679	0.3302	0.6452	0.9530	1
BTD	−0.0307	0.1062	−0.0428	−0.0189	−0.0013
Permdiff	−0.0319	0.1054	−0.0417	−0.0209	−0.0067
yearcashETR	0.3973	0.2423	0.2968	0.4113	0.4930
yearETR	0.4136	0.2452	0.3390	0.4225	0.4909
DTAX	−0.0094	0.1066	−0.0134	−0.0019	0.0054
Daccrual	−0.0253	0.6690	−0.0623	−0.0313	−0.0007
defROA	0.0486	0.0757	0.0198	0.0432	0.0757
defNOL	0.0401	0.2987	0	0.0032	0.0188

図表9-3 相関係数表

	RD	DRD	FCF	days	SIZE	FS	LEVl	BTM	COMP	inst	idrto	EBRD_NUM	BRD_AGE_AV	ETR	CurrentETR	BTD	Permdiff	yearcashETR
RD	1																	
DRD	-0.0264	1																
FCF	-0.0290	-0.0084	1															
days	0.0136	0.0227	0.0222	1														
SIZE	0.1996	0.0095	0.0006	0.2171	1													
FS	0.3028	0.0037	-0.0033	0.1589	0.3058	1												
LEV1	-0.1260	-0.0128	-0.0324	0.0688	0.1431	-0.0226	1											
BTM	-0.1197	0.0180	0.0506	0.0980	-0.4338	-0.1270	-0.1017	1										
COMP	0.0473	-0.0499	-0.0873	-0.2247	-0.2444	-0.1200	-0.0662	-0.0172	1									
inst	0.2085	0.0114	0.0099	0.1486	0.7540	0.3465	0.0489	-0.2624	-0.1746	1								
idrto	0.1047	-0.0272	-0.0213	-0.0812	0.1027	0.0252	0.0385	-0.0932	0.0347	0.1220	1							
EBRD_NUM	-0.0157	-0.0078	0.0071	0.1519	0.2367	0.0474	0.0457	-0.1100	-0.0426	0.1195	-0.0062	1						
BRD_AGE_AV	0.0781	0.0090	0.0568	0.4828	0.2582	0.1441	0.0252	0.0694	-0.1921	0.1713	0.0569	0.1334	1					
ETR	-0.0799	0.0130	0.0541	0.0197	0.1093	-0.0516	-0.0273	-0.1047	-0.0889	0.0453	-0.0488	0.1034	0.0654	1				
CurrentETR	0.0082	-0.0189	0.0579	-0.0369	0.1088	0.0092	-0.0929	-0.1744	0.0081	0.0983	0.0001	0.0468	-0.0072	0.1586	1			
BTD	-0.0170	0.0245	0.1697	0.2321	0.0985	0.0795	0.0387	-0.0112	-0.2291	0.0315	-0.0659	0.0499	0.2674	0.0549	-0.0623	1		
Permdiff	-0.0149	0.0192	0.1547	0.1885	0.1057	0.0667	0.0377	-0.0699	-0.2134	0.0367	-0.0522	0.0468	0.2151	0.0796	-0.0528	0.8692	1	
yearcashETR	-0.0359	0.0264	0.0170	-0.0138	0.0742	-0.0405	0.0057	-0.0329	-0.0775	0.0343	-0.0651	0.0776	0.0150	0.2362	0.0573	0.0135	0.0447	1
yearETR	-0.0503	0.0279	0.0296	0.0455	0.0519	-0.0427	0.0006	0.0249	-0.0840	0.0070	-0.0761	0.0682	0.0741	0.2286	-0.0130	0.0714	0.0408	0.8513
DATAX	-0.0274	0.0279	0.0300	0.0419	0.0637	-0.0296	-0.0320	-0.1147	-0.0886	0.0274	-0.0315	0.0270	0.0487	0.0766	0.0130	0.4899	0.5743	0.0420
Daccrual	-0.0266	0.0055	-0.1362	-0.0134	0.1411	0.0196	-0.0552	-0.1458	-0.0490	0.1086	-0.0344	0.0098	-0.0232	0.0969	0.0603	0.0384	0.0542	0.0690
defROA	0.0356	0.0210	0.1188	-0.1172	0.2715	0.1093	-0.1285	-0.3627	-0.1599	0.2240	-0.0179	0.0483	-0.0725	0.2211	0.1755	0.2060	0.2633	0.1579

	yearETR	DATAX	Daccrual	defROA	defNOL
yearETR	1				
DATAX	0.0275	1			
Daccrual	0.0514	0.0872	1		
defROA	0.1083	0.2850	0.3425	1	
defNOL	-0.1479	0.2853	-0.1396	-0.2841	1

5　分析結果

1　H1と2の分析結果

　最初にH1の「他の条件が同一であると仮定して，他の条件が同一であると仮定して，租税負担削減行動の水準が上がればR＆D投資水準も上がる。」とH2「他の条件が同一であると仮定して，新興企業ほど租税負担削減行動の水準も低く，R＆D投資の水準も低い。」について検証する。分析についてはBrown et al. (2009) の基本モデルを基礎としたモデル（1）を利用し，全サンプルを使っている。分析結果については図表9－4にまとめられている。

　売上高はR＆D投資の水準とも有意に関係している。R＆D投資は売上高の一定分を予算として決定されるというBerger (1983) の知見とかなり合致した結果と考えられる。またBrown et al. (2009) が示す通り，前年度研究開発費が概ね統計的に有意にプラスに影響を与えている。企業は戦略的に，R＆D投資支出の額を前年度の投資額に合わせるように決定していくものであると推測される。これは設備投資などと同様，継続的に投資額を累積させていくことが，R＆D投資を成功に導く手段であると経営者は理解しているからであろう。

　その一方でレバレッジとは有意な負の関係が見て取れる。レバレッジの高さは金利コストを引き上げるとともに，信用リスクを高めることにも繋がる。結果として，レバレッジが高いと資金制約条件となるため，R＆D投資は抑えられことになる。

　研究開発税制の影響を見るために設定した研究開発税制ダミーは，すべてのモデルにおいて一貫してマイナスであったものの，有意にはならなかった。つまり，研究開発税制はR＆D投資支出にとって，有意に関係しているかどうかは明確にならなかった。研究開発税制の導入がR＆D投資の水準に必ずしも影響を与えているとはいえないようである。

　続いて，H2についてはdaysについての分析結果から，企業創設からの

図表9-4 H1と2の分析結果

変数(予測符号)	model1	model2	model3	model4	model5
Sales (+)	0.0004	0.0004	0.0003	0.0004	0.0004
(t値)	(2.54)**	(2.71)***	(2.44)**	(2.58)***	(2.46)**
LEV (−)	−0.0014	−0.0014	−0.0014	−0.0014	−0.0014
(t値)	(−2.37)**	(−2.42)**	(−2.44)**	(−2.46)**	(−2.50)**
Rdzeisei (+)	−0.0002	−0.0003	−0.0002	−0.0002	−0.0002
(t値)	(−0.81)	(−1.02)	(−0.79)	(−0.77)	(−0.83)
RDt−1 (+)	0.9409	0.9379	0.9434	0.9426	0.9425
(t値)	(37.93)***	(37.50)***	(37.96)***	(37.97)***	(38.29)***
defROA (?)	−0.0010	−0.0011	−0.0037	−0.0015	−0.0012
(t値)	(−0.31)	(−0.32)	(−0.86)	(−0.36)	(−0.38)
RD_ind (+)	0.0016	0.0016	0.0016	0.0016	0.0016
(t値)	(5.22)***	(5.22)***	(5.27)***	(5.22)***	(5.21)***
Daysdef (−)	−0.0009	−0.0008	−0.0009	−0.0009	−0.0009
(t値)	(−2.03)**	(−1.90)*	(−2.07)**	(−2.12)**	(−2.10)**
days_quantile1#daysdef(?)	−0.0001	−0.0001	−0.0001	−0.0001	−0.0001
(t値)	(−1.33)	(−1.20)	(−1.34)	(−1.38)	(−1.37)
days_quantile2#daysdef(?)	0	0	0	0	0
(t値)	(−1.62)	(−1.47)	(−1.62)	(−1.66)*	(−1.66)*
days_quantile3#daysdef(?)	0	0	0	0	0
(t値)	(−2.31)**	(−2.20)**	(−2.26)**	(−2.33)**	(−2.32)**
ETR (−)	−0.0006				
(t値)	(−1.65)*				
CurrentETR (−)		−0.0003			
(t値)		(−0.87)			
BTD (+)			−0.006		
(t値)			(−1.25)		
Permdiff (+)				−0.0008	
(t値)				(−0.16)	
DTAX (+)					−0.0002
(t値)					(−0.12)
Year dummy	yes	yes	yes	yes	yes
Industry dummy	yes	yes	yes	yes	yes
intercept	0.0073	0.0068	0.0070	0.0074	0.0074
	(1.68)*	(1.57)	(1.67)*	(1.73)*	(1.71)*
Adj-R-squared	0.9023	0.9021	0.9029	0.9027	0.9027
N	11537	11518	11578	11578	11578

***, **, * は1%水準, 5%水準, 10%水準で有意

期間が短いほどR＆D投資支出の額が高くなる。この結果は，蟻川・河西・宮島（2011）の分析結果と一貫しない。蟻川・河西・宮島（2011）の指摘によれば，日本企業は新興企業よりも成熟企業の方がR＆D投資に前向きであると説明される。ところが，本研究の分析結果によれば，日本企業は創設期から若い企業ほどR＆D投資支出が高くなる傾向がある。会社創設からの期間の長短がR＆D投資支出の額に影響を与えていることを本研究は示唆する。交差項の結果から，55年（メディアン）を超える古参企業ほどR＆D投資に消極的になるということをこの結果は示唆する。

　図表9－3を通じて，租税負担削減行動を実施することでR＆D投資支出が増加するというH1を裏づける明確な結果は，ETRについては有意であったものの，得られなかった。租税負担削減行動を実施したとしても，R＆D投資を変化させるとまではいうことは難しいようである。租税負担削減行動の水準が上がっていっても，そのこと自体はR＆D投資動向とは関係するとはいえないようである。

2　H3と4の分析結果

　H3－1とH3－2の主目的は，前年度研究開発投資および前年度からの変化分が当期のR＆D投資動向に与える影響を検証することにある。またH4の一連の仮説は，R＆D投資にコーポレート・ガバナンス（CG）の状況がどう関係するかを調査することにある。

　H3と4の分析については，以下のモデル（4）を利用する。

$$RD_{jt} = \gamma_0 + \gamma_1 S_{jt} + \gamma_2 LEV_{jt} + \gamma_3 Days_{jt} + \gamma_4 Days_{jt} * Dq_k + \gamma_5 RD_{jt-1}$$
$$+ \gamma_6 RDZeisei_t + \gamma_7 TAX_{jt} + \gamma_8 ROA_{jt} + \gamma_9 RD\_ind_{jt} + \gamma_{10} \Delta RD_{j,t-1}$$
$$+ \gamma_{11} \sum_{k=1}^{5} CGvar_{k,t} + \gamma_{12} \sum_{k} Control + \sum INDUSTRY$$
$$+ \sum_{7} YEAR + \varepsilon_t \qquad \cdots (4)$$

　基本モデルであるモデル（1）に，H3を検証するために，前年度からのR＆D投資支出の額の変化額を取り込むΔRD（表ではDRD）も含める。H4を検証するためのコーポレート・ガバナンス変数CGvarも追加する。

蟻川・河西・宮島（2011）によると，株式所有構造の変化とＲ＆Ｄ投資の関係について，外国人投資家を含む機関投資家による株式所有の増加は，配当に対する選好が強いため，企業にＲ＆Ｄ投資を含む長期的な投資の減少をもたらす可能性を示唆する（Bushee 1998）。同時に社外取締役比率が高いほどCGが強固といわれる（Carcello et al. 2002）。それゆえ，社外取締役比率の高い企業ほど，長期的な視点で実行されるＲ＆Ｄ投資に対して積極的であることが推測される。また取締役報酬は取締役への有効なモニタリング・システムと一般に理解される。取締役への報酬総額が多ければ，経営者のモチベーションも高まると予想されるので，Ｒ＆Ｄ投資に対しても積極的になることが予想される。本章は，以上の解釈とChen et al.（2012）を参考に，コーポレート・ガバナンス変数CGvarとして次の5変数を採用する。

inst ＝機関投資家による株式所有比率
idrto ＝取締役会における社外取締役比率
EBRD_NUM ＝取締役会人数／自然対数変換した総資産
BRD_AGEAV ＝取締役の平均年齢。
COMP ＝取締役への報酬総額（報酬＋賞与＋退職給与引当金繰入額）

この他，追加のコントロール変数として株式時価総額を対数変換したSize，成長性を表す簿価時価比率BTM，繰越欠損金の影響を見るためにNOLを追加した。分析結果は図表9－5の通りである。

図表9－5によると，前年度の研究開発費が統計的に有意であるのは，これまでの分析結果と首尾一貫している。一方，前年度からのＲ＆Ｄ投資増加分は一貫して統計的に有意ではない。つまり，Ｒ＆Ｄ投資額は前年度からの影響が大きく，変化額から関係するわけではない。2008年度税制改正による影響を見るため，RDZeiseiとの交差項もモデルに組み入れて分析を行ったが，有意な結果とはならなかった。仮説では，Ｒ＆Ｄ投資の戦略的な狙いとしては前年度からのＲ＆Ｄ投資支出の変化額が翌年度のＲ＆Ｄ投資に影響するわけではなく，前年度投資額がプラスに影響する。税制改正の影響も明確に示されることはなかった。

一方で，コーポレート・ガバナンス変数の分析結果については，機関投資

第9章 租税負担削減行動と研究開発税制，およびR＆D戦略の関係性

図表9-5　H3と４の分析結果

変数（予測符号）	model1	model2	model3	model4	model5
Sales（＋）	0.0007	0.0007	0.0006	0.0006	0.0006
（t値）	(3.62)***	(3.60)***	(3.70)***	(3.69)***	(3.53)***
LEV（－）	－0.0008	－0.0009	－0.0009	－0.0009	－0.0008
（t値）	(－1.42)	(－1.60)	(－1.58)	(－1.52)	(－1.47)
Daysdef（＋）	－0.0007	－0.0007	－0.0007	－0.0007	－0.0007
（t値）	(－1.55)	(－1.53)	(－1.53)	(－1.56)	(－1.58)
Rdzeisei（＋）	0.0002	0.0002	0.0002	0.0002	0.0001
（t値）	(0.54)	(0.52)	(0.59)	(0.58)	(0.47)
DRD（？）	－0.0765	－0.0775	－0.0763	－0.0767	－0.0774
（t値）	(－0.92)	(－0.93)	(－0.92)	(－0.93)	(－0.93)
Rdzeisei・DRD（＋）	0.1266	0.1280	0.1256	0.1263	0.1275
（t値）	(1.26)	(1.28)	(1.26)	(1.26)	(1.27)
RDt－1（＋）	0.9442	0.9441	0.9446	0.9444	0.9442
（t値）	(35.15)***	(35.07)***	(35.05)***	(35.07)***	(35.24)***
SIZE（＋）	0.0004	0.0004	0.0003	0.0003	0.0004
（t値）	(2.78)***	(2.76)***	(2.79)***	(2.81)***	(2.82)***
BTM（＋）	0	0	0	0	0
（t値）	(0.30)	(0.10)	(－0.20)	(－0.04)	(0.27)
NOL（－）	0	0	0.0001	0	0
（t値）	(－0.17)	(－0.09)	(0.38)	(0.20)	(0.06)
defROA（？）	－0.0012	－0.0010	－0.0036	－0.0023	－0.0016
（t値）	(－0.38)	(－0.31)	(－0.84)	(－0.59)	(－0.57)
RD_ind（＋）	0.0011	0.0010	0.0011	0.0011	0.0011
（t値）	(4.00)***	(3.98)***	(4.09)***	(4.03)***	(4.01)***
days_quantile1#daysdef(?)	0	0	0	0	0
（t値）	(－0.69)	(－0.66)	(－0.66)	(－0.70)	(－0.71)
days_quantile2#daysdef(?)	0	0	0	0	0
（t値）	(－0.64)	(－0.61)	(－0.52)	(－0.58)	(－0.62)
days_quantile3#daysdef(?)	0	0	0	0	0
（t値）	(－1.84)*	(－1.79)*	(－1.74)*	(－1.80)*	(－1.83)*
Inst（－）	0	0	0	0	0
（t値）	(－1.96)*	(－1.90)*	(－1.94)*	(－1.95)*	(－1.94)*
Idrto（＋）	0	0	0	0	0
（t値）	(0.64)	(0.61)	(0.67)	(0.68)	(0.67)
EBRD_NUM（－）	－0.0002	－0.0002	－0.0002	－0.0002	－0.0002
（t値）	(－0.91)	(－0.93)	(－0.97)	(－0.97)	(－0.98)
BRD_AGEAV（－）	0	0	0	0	0
（t値）	(－0.11)	(－0.17)	(－0.01)	(－0.17)	(－0.25)

COMP (+)	0.0604	0.0601	0.0597	0.0602	0.0606
(t値)	(2.67)***	(2.61)***	(2.66)***	(2.68)***	(2.69)***
ETR (−)	−0.0007				
(t値)	(−1.90)*				
CurrentETR (−)		−0.0004			
(t値)		(−1.30)			
BTD (+)			−0.0062		
(t値)			(−1.10)		
Permdiff (+)				−0.0030	
(t値)				(−0.60)	
DTAX (+)					0.0016
(t値)					(0.50)
Year dummy	yes	yes	yes	yes	yes
Industry dummy	yes	yes	yes	yes	yes
intercept	−0.0030	−0.0029	−0.0035	−0.0031	−0.0029
(t値)	(−0.57)	(−0.54)	(−0.67)	(−0.58)	(−0.55)
Adj-R-squared	0.9146	0.9145	0.9146	0.9145	0.9145
N	11288	11272	11322	11322	11322

***，**，*は1％水準，5％水準，10％水準で有意

家の株式所有比率がR＆D投資支出額に対してマイナスに有意で有り，経営者報酬はR＆D投資に対してプラスに有意である。経営者報酬が多いほどR＆D投資は積極的になるようである。報酬額が経営者にとって，R＆D投資に対する強いインセンティブを生むことが推測される。その一方で，機関投資家の持株比率が高まるほど社外からのモニタリングが機能すると予想されるが，そういった企業ほどR＆D投資に抑制的な影響が及ぶ。Bushee（1998）の指摘と異なり，日本企業について機関投資家はR＆D投資のような成果の不確実な投資に対してあまり肯定的な立場をとらないと考えられる。R＆D投資は巨額になりやすい反面，その内容は専門的で，ややもすると不透明に映るようである。このため，本研究のような結果が生まれたのだと推測される。

一方で取締役会の人数や平均年齢はR＆D投資支出に対して特に有意な反応を示さなかった。取締役会の性質とR＆D投資の水準はそれほど明確に関係するわけではない。現場での判断を取締役会も追認するため，取締役会の属性はR＆D投資と余り強い関係を持たないと推測される。

3　H5の分析結果

　これまでの分析結果から明らかになったのは，租税負担削減行動を積極的に実施したとしても，そのことでR＆D投資が増加するわけではないということである。では因果関係を逆にして，R＆D投資の増減が租税負担削減行動の水準に対して影響を与えているというのが，H5の趣旨である。分析については，これまで使用してきた変数を主に使用しつつ，以下のモデル（5）を設定する。またコーポレート・ガバナンス変数として裁量的会計発生高（Discretionary Accruals）も追加する。裁量的会計発生高については第6章でも用いたKasznik（1999）をベースとしたCFO修正ジョーンズモデルを通じて算出した[11]。裁量的会計発生高の租税負担削減行動尺度との関係は一貫したものではないので，予測符号は特に設定しない。

　H5の検証に用いた分析モデルは次の通りである。変数の定義はこれまでの分析モデルと共通する。

$$TAX_{jt} = \gamma_0 + \gamma_1 RD_{jt} + \gamma_2 FCF_{jt} + \gamma_3 LEV_{jt} + \gamma_5 SIZE_{jt} + \gamma_6 BTM_{jt} + \gamma_7 \sum_{k=1}^{5} CGvar_{k,t} + \sum_{k} INDUSTRY + \sum_{7} YEAR + \varepsilon_t \cdots (5)$$

　図表9－6は裁量的会計発生高を含まない分析結果で有り，図表9－7は裁量的会計発生高を含む分析結果である。ETRとCurrent_ETRについては，いずれの表においても統計的に有意であった。ETRとCurrent_ETRの含意としては，低ければ低いほど租税負担削減行動に積極的と判断される。つまり分析結果から，R＆D投資支出が増えるほどに租税負担削減行動の水準も上がると見られる。加えて，DTAXも統計的にプラスに有意であった。DTAXは経営者による裁量的永久差異である。R＆D投資支出が増えるほどR＆D税額控除額が増加し，租税負担削減行動の水準が上昇するのだと考えられる。一方でDTAXは裁量的な租税負担削減指標であることから，

---

11)　裁量的会計発生高をコーポレート・ガバナンス変数の1つとするのは，この変数の多寡が経営者の規律の高さを反映していると考えられるからである。

R＆D投資支出が増えるほどそうした裁量的な租税負担削減行動は難しくなることが示唆される。

　またフリー・キャッシュ・フローが増えるほど，租税負担削減行動の水準が上昇する。経営者の自由裁量のもとで使用できる資金が増加すればするほど，その資金を増やすために租税負担削減行動へ投資する行動が推測される。

図表9-6　H5の分析結果

変数（予測符号）	model	mode2	mode3	mode4	mode5
	ETR	Current_ETR	BTD	Permdiff	DTAX
RD（−）	−0.5194	−0.3431	−0.0449	−0.0534	−0.1088
（t値）	(−5.78) ***	(−2.55) **	(−1.14)	(−1.33)	(−2.37) **
FCF（＋）	0.0757	0.1472	0.0816	0.0785	0.0160
（t値）	(4.70) ***	(5.46) ***	(3.34) ***	(3.23) ***	(0.59)
LEV（−）	−0.1573	−0.4283	0.0096	0.0032	−0.0685
（t値）	(−7.87) ***	(−14.41) ***	(1.39)	(0.45)	(−7.87) ***
SIZE（＋）	0.0126	0.0020	0.0013	0.0010	0.0001
（t値）	(6.90) ***	(0.79)	(1.68) *	(1.29)	(0.10)
BTM（−）	−0.0160	−0.0493	−0.0040	−0.0078	−0.0134
（t値）	(−6.64) ***	(−12.68) ***	(−4.11) ***	(−7.40) ***	(−8.74) ***
Inst（−）	−0.0004	0.0017	−0.0003	−0.0003	−0.0001
（t値）	(−2.31) **	(6.89) ***	(−5.31) ***	(−4.81) ***	(−1.60)
Idrto（＋）	−0.0010	−0.0007	−0.0003	−0.0003	−0.0004
（t値）	(−6.87) ***	(−3.29) ***	(−4.95) ***	(−4.61) ***	(−4.67) ***
EBRD_NUM（？）	0.0490	0.0263	0.0025	0.0023	0.0041
（t値）	(6.81) ***	(2.56) **	(1.22)	(1.07)	(1.27)
BRD_AGEAV（−）	0.0035	0.0002	0.0029	0.0025	0.0010
（t値）	(7.65) ***	(0.28)	(8.88) ***	(7.75) ***	(2.58) ***
COMP（＋）	−0.7334	0.4756	−0.7074	−0.7259	−0.5771
（t値）	(−5.35) ***	(3.64) ***	(−5.60) ***	(−5.63) ***	(−2.56) **
Year dummy	yes	yes	yes	yes	yes
Industry dummy	yes	yes	yes	yes	yes
intercept	−0.0680	0.8187	−0.2029	−0.1740	−0.0410
（t値）	(−1.21)	(10.30) ***	(−8.64) ***	(−7.24) ***	(−1.02)
R-squared	0.0738	0.0865	0.1703	0.1446	0.0473
Adj-R-squared	0.0710	0.0837	0.1678	0.1419	0.0444
N	15147	15117	15218	15218	15218

***，**，* は1％水準，5％水準，10％水準で有意

第9章 租税負担削減行動と研究開発税制，およびR＆D戦略の関係性

図表9-7 H5の分析結果（2）

変数（予測符号）	model1	model2	model3	model4	model5
	ETR	Current_ETR	BTD	Permdiff	DTAX
RD（−）	−0.4852	−0.3199	−0.0337	−0.0404	−0.0940
（t値）	(−5.41)***	(−2.37)**	(−0.87)	(−1.02)	(−2.03)**
FCF（＋）	0.0927	0.1587	0.0866	0.0844	0.0226
（t値）	(5.67)***	(6.50)***	(3.62)***	(3.56)***	(0.79)
LEV（−）	−0.1427	−0.4183	0.0142	0.0086	−0.0624
（t値）	(−7.08)***	(−13.98)***	(2.10)**	(1.22)	(−6.44)***
SIZE（＋）	0.0113	0.0012	0.0009	0.0006	−0.0004
（t値）	(6.18)***	(0.47)	(1.23)	(0.75)	(−0.40)
BTM（−）	−0.0146	−0.0484	−0.0036	−0.0073	−0.0129
（t値）	(−6.02)***	(−12.33)***	(−3.65)***	(−6.87)***	(−7.74)***
Inst（−）	−0.0004	0.0017	−0.0003	−0.0003	−0.0001
（t値）	(−2.36)**	(6.86)***	(−5.28)***	(−4.76)***	(−1.57)
Idrto（＋）	−0.0010	−0.0007	−0.0003	−0.0003	−0.0003
（t値）	(−6.53)***	(−3.13)***	(−4.82)***	(−4.45)***	(−4.32)***
EBRD_NUM（?）	0.0507	0.0274	0.0030	0.0030	0.0049
（t値）	(7.05)***	(2.67)***	(1.54)	(1.42)	(1.61)
BRD_AGEAV（−）	0.0036	0.0003	0.0029	0.0025	0.0010
（t値）	(7.92)***	(0.40)	(9.03)***	(7.93)***	(2.68)***
COMP（＋）	−0.6893	0.5049	−0.6688	−0.6808	−0.5257
（t値）	(−5.32)***	(3.79)***	(−5.72)***	(−5.75)***	(−2.45)**
Daccrual（?）	0.1916	0.1295	0.0585	0.0683	0.0779
（t値）	(3.88)***	(3.16)***	(2.54)**	(2.83)***	(2.39)**
Year dummy	yes	yes	yes	yes	yes
Industry dummy	yes	yes	yes	yes	yes
intercept	−0.0452	0.8340	−0.1951	−0.1648	−0.0306
（t値）	(−0.81)	(10.49)***	(−8.78)***	(−7.27)***	(−0.81)
R-squared	0.0791	0.0877	0.1763	0.1520	0.0531
Adj-R-squared	0.0761	0.0848	0.1737	0.1493	0.0501
N	15147	15117	15218	15218	15218

***，**，*は1％水準，5％水準，10％水準で有意

　取締役会の独立性や規模，平均年齢と租税負担削減行動との間には一定の関係が見いだせる。機関投資家の持株比率が高いほど租税負担削減行動は抑制される。

6 追加分析

1 同時性の推定

　前節までの分析では,すべての変数を外生変数(exogenous)としている。こうした分析モデルで検証する一方で,R＆D投資と租税負担削減行動が同時に決定する可能性についての考察も欠かせないと考える。特に5.3での因果関係を逆に考えてみる場合,R＆D投資と租税負担削減変数が同時に決定していると考えた方が理解しやすい。こうしたR＆D投資の内生性をコントロールして分析を行うことで,本研究の頑健性が立証されると考える。

　これに加え,研究開発税制は試験研究費が一定額を上回らないと適用されない。また税額控除によるインセンティブ制度となるので,そもそも黒字法人であるときに研究開発税制の恩恵を被ることができる。租税負担削減行動も基本的に利益が計上できる黒字法人でこそ実行できる。そこで,研究開発税制を利用するために,利益を嵩上げするための利益調整を実施し,同時に租税負担削減行動を進めるというストーリーが推測される。

　この推測のもと,追加分析として,以下のように同時方程式を設定して,2段階最小二乗法(2SLS)を追加分析として実施する。第1段階の分析モデルとしてはモデル(6)を使用し,第2段階としてモデル(7)を利用して分析を行う。分析モデルは以下の通りである。

$$RD_{jt} = \beta_0 + \beta_1 FCF_{jt} + \beta_2 LEV_{jt} + \beta_3 Size_{jt} + \beta_4 BTM_{jt} + \beta_5 \sum_{k=1}^{5} CGvar_{k,t}$$
$$+ \beta_6 TAX_{jt} + \beta_7 Daccrual_{jt} + \beta_8 IV_j + \sum_k INDUSTRY + \sum_7 YEAR$$
$$+ \varepsilon_t \qquad \cdots (6)$$

$$TAX_{jt} = \alpha_0 + \alpha_1 FCF_{jt} + \alpha_2 LEV_{jt} + \alpha_3 Size_{jt} + \alpha_4 BTM_{jt}$$
$$+ \alpha_5 \sum_{k=1}^{5} CGvar_{k,t} + \alpha_6 RD_{jt} + \alpha_7 Daccrual_{jt} + \sum_k INDUSTRY + \varepsilon_t$$
$$\cdots (7)$$

図表9-8 仮説5の分析結果 追加分析

変数（予測符号）	model1	model2	model3	model4	model5
	ETR	Current_ETR	BTD	Permdiff	DTAX
RD（−）	−0.5329	−0.3949	0.0057	−0.0272	−0.0995
（t値）	(−4.62)***	(−2.44)**	(0.18)	(−0.83)	(−2.25)**
FCF（＋）	0.0981	0.1616	0.0872	0.0850	0.0204
（t値）	(6.58)***	(7.71)***	(21.76)***	(20.24)***	(3.58)***
LEV（−）	−0.1515	−0.4179	0.0153	0.0085	−0.0606
（t値）	(−7.12)***	(−13.98)***	(2.67)***	(1.41)	(−7.43)***
SIZE（＋）	0.0116	0.0002	0.0012	0.0011	−0.0006
（t値）	(5.72)***	(0.07)	(2.28)**	(1.92)*	(−0.81)
BTM（−）	−0.0166	−0.0491	−0.0032	−0.0068	−0.0130
（t値）	(−6.78)***	(−14.24)***	(−4.85)***	(−9.86)***	(−13.89)***
Inst（−）	−0.0004	0.0019	−0.0003	−0.0003	−0.0001
（t値）	(−2.15)**	(6.46)***	(−6.18)***	(−5.04)***	(−0.70)
Idrto（＋）	−0.0010	−0.0006	−0.0004	−0.0004	−0.0004
（t値）	(−6.05)***	(−2.63)***	(−9.35)***	(−8.42)***	(−5.90)***
EBRD_NUM（?）	0.0471	0.0255	0.0036	0.0038	0.0054
（t値）	(5.79)***	(2.23)**	(1.66)*	(1.65)*	(1.72)*
BRD_AGEAV（−）	0.0038	−0.0002	0.0031	0.0027	0.0008
（t値）	(8.11)***	(−0.33)	(24.11)***	(20.14)***	(4.66)***
COMP（＋）	−0.6629	0.5655	−0.6645	−0.6690	−0.5191
（t値）	(−5.57)***	(3.38)***	(−22.02)***	(−21.14)***	(−12.10)***
Daccrual（?）	0.1850	0.1148	0.0422	0.0547	0.0666
（t値）	(8.36)***	(3.70)***	(7.16)***	(8.85)***	(7.96)***
Year dummy	yes	yes	yes	yes	yes
Industry dummy	yes	yes	yes	yes	yes
intercept	−0.0052	0.8217	−0.2145	−0.1854	−0.0071
（t値）	(−0.08)	(9.51)***	(−12.92)***	(−10.65)***	(−0.30)
R-squared	0.0787	0.0892	0.1873	0.1648	0.0547
Adj-R-squared	0.0753	0.0859	0.1843	0.1618	0.0513
N	12956	12928	13016	13016	13016

***, **, *は1％水準，5％水準，10％水準で有意

　また2SLSを利用するにあっては，操作変数（instrumental variables：IV）が必要となる。本研究ではTAX変数と相関の高い変数としてROAと裁量的会計発生高（Discretionary Accruals）をそれぞれ利用した。裁量的会計発生高を操作変数として利用するのは，先のストーリーにおいて，租税負担削減行動を実行するためには利益調整が必要と予想されるからである。

モデル（8）とモデル（9）を使用して実施した2SLSの分析結果は図表9-8の通りである。なお第1段階の結果は省略している。

図表9-7の結果とは係数や検定統計量に多少の相違が見られるものの，概ね共通したものとなっていることが分かる。図表9-8の結果からも，R＆D投資支出を増やすほど租税負担削減行動の水準が上昇することが分かる。H5については，2SLSによる検証でも同じ結果が得られたことになる。この他，図表9-6および9-7の分析結果と同様，CG変数はいずれのモデルにおいても有意な結果となっている。ETRとCurrent ETRを独立変数としたmodel 1とmodel 2の結果を中心に見ていくと，社外取締役の構成比率が上がるほど租税負担削減行動は積極的になる。これがDTAXを独立変数とするmodel 5の結果を見てみると，社外取締役の取締役会構成比率が上がるほど裁量的な租税負担削減行動は減少する。再びmodel 1とmodel 2の結果を見ていくと，取締役会の規模が大きくなるほど租税負担削減行動は消極的となり，model 5の結果をもとに考えると，裁量的な租税負担削減行動に対しては積極的となる。取締役会の規模が大きくなると，高リスクの租税負担削減行動に積極的に取り組みやすいという傾向が示唆される。またDaccrualが高いと租税負担削減行動をしにくくなるというmodel 1とmodel 2の結果は，大沼（2010）と一貫した結果となっている。

2　代替的な租税負担削減指標による追加分析

前節までに使用してきた租税負担削減指標以外にも，いくつかの指標は指摘されている。その代表としては，第3章で説明したDyreng et al.（2008）に基づく，Cash_ETRおよびYears_ETRもある。なお，このときの変数の定義はこれまでの通りである。本章では，Rego and Wilson（2012）に準じて，N＝5年として計算する。この租税回避比率を用いて，モデル（1）をもとにR＆D投資との関連性を分析する。分析結果は図表9-9の通りである。

Cash_ETRおよびYears_ETRは長期的な租税負担削減行動の尺度であるが，R＆D投資に与える影響を経営者の裁量的な租税負担削減行動から見てみる。他の租税負担削減指標と同様，R＆D投資に対して有意な関係にはない。その意味で，前節の分析と一貫して租税負担削減行動を実行するこ

第9章 租税負担削減行動と研究開発税制，およびR＆D戦略の関係性

図表9-9 追加分析の結果

列1	model1	model2
	Cash_ETR	Years_ETR
sales（＋）	0.0004	0.0004
（t値）	(2.47) **	(2.48) **
LEV（－）	－0.0014	－0.0014
（t値）	(－2.49) **	(－2.50) **
Rdzeisei（＋）	－0.0002	－0.0002
（t値）	(－0.84)	(－0.84)
RDt－1（＋）	0.9425	0.9424
（t値）	(38.33) ***	(38.33) ***
defROA（？）	－0.0013	－0.0014
（t値）	(－0.38)	(－0.40)
cash_ETR（－）	0	
（t値）	(0.10)	
year_ETR（－）		－0.0003
（t値）		(－0.90)
RD_ind（＋）	0.0016	0.0016
（t値）	(5.25) ***	(5.26) ***
daysdef（－）	－0.0009	－0.0009
（t値）	(－2.11) **	(－2.11) **
days_quantile1#c.daysdef（？）	－0.0001	－0.0001
（t値）	(－1.38)	(－1.38)
days_quantile2#c.daysdef（？）	0	0
（t値）	(－1.66) *	(－1.67) *
days_quantile3#c.daysdef（？）	0	0
（t値）	(－2.33) **	(－2.34) **
Year dummy	yes	yes
Industry dummy	yes	yes
intercept	0.0085	0.0087
（t値）	(1.92) *	(1.95) *
R-squared	0.9031	0.9031
Adj-R-squared	0.9027	0.9027
N	11578	11578

***，**，*は1％水準，5％水準，10％水準で有意

とがR＆D投資を増減させるような影響を持つわけではない。符号の向きから，経営者の長期的な租税負担削減行動はR＆D投資に負の影響を与えていることは判明したものの，統計的に有意な結果とはいえない。その一方で，それ以外の変数についてはこれまでの分析モデルと同様の関係性が導出された。

7　示唆と今後の課題

　本章はR＆D投資水準に何が影響するかを，日本企業の財務データを利用して包括的に調査した。本章で特に注目したのが，資金制約条件と租税負担削減行動の水準である。資金制約条件としては，フリー・キャッシュ・フローとレバレッジなどが考えられる。その一方で，租税負担削減行動の水準に影響を与えるものには，大きく分けて外的要因と内的要因が考えられる。外的要因は，財政政策や税制，外部の金融市場など企業外部に存在する経済的要因が考えられる。内的要因は企業内部の人事評価システムや業績評価システム，広く投資を含む組織行動，M＆Aなどの戦略的活動，企業統治構造，内部資金市場などが考えられる。この分類を踏まえると，R＆D投資は租税負担削減行動の内的要因となる。

　こうしたR＆D投資には税制上の優遇措置が与えられることから，租税負担削減行動と何らかの関係があることは推測される。しかし，どのように関連するかを実証的に検証した研究はそれほど多くはない。R＆D投資税額控除や税制上の支援策が外的要因であると考えてみると，さまざまな外的要因がR＆D投資動向，引いては租税負担削減行動に与える影響を分析視座に加える研究はChen et al.（2012）を含め余り多くはない。

　本章の分析からは，以下の点が明らかになった。第1に，租税負担削減行動の水準が上下したとしても，そのことがR＆D投資の水準に影響を与えたとはいいがたい。その一方で，R＆D投資自体は研究開発税制の影響も有り，租税負担削減行動の水準に影響を与える。つまり，因果関係としては，R＆D投資が租税負担削減行動に影響を与えているというものである。第2に，R＆D投資は戦略的に前年度並みの水準で投資が進められている。

第9章　租税負担削減行動と研究開発税制，およびＲ＆Ｄ戦略の関係性

企業の研究開発部門は長期的な視点で着実な形でＲ＆Ｄ投資を推し進めようとしていることが示唆される。第3に，蟻川・河西・宮島（2011）の結果とは異なり，会社創設からの期間が短いほどＲ＆Ｄ投資支出の額が高くなる。ただし，その特徴が現れるのは創業から55年を超える長期継続企業である。先行研究と分析結果が異なってしまった理由は明確ではないが，本章の分析の方が観測数と調査期間は長いことが原因と考えられる。とはいえ，この点についてはさらなる検証が必要である。第4に，Ｒ＆Ｄ投資の水準にコーポレート・ガバナンスの状況は強く影響を及ぼしており，機関投資家の株式所有比率と社外取締役比率，取締役会の平均年齢，経営者報酬がプラスに有意に関係する。

　その一方で，分析結果には注意が必要である。検証を通じて，一貫して研究開発税制ダミーはマイナスに有意であった。Ｒ＆Ｄ投資の水準に研究開発税制が関係していることは分かるものの，予測符号とは逆向きである。この点についてはさらなる検証が必要である。またＲ＆Ｄ投資の水準に対して租税負担削減行動の水準は有意な関係を持たないのという点についてはもう少し分析が必要である。とはいえ，分析によって研究開発税制がＲ＆Ｄ投資の水準を左右し，Ｒ＆Ｄ投資支出が企業の租税負担削減行動の水準に影響を与えていることを示したことは大きな貢献であるといえる。

第 V 部

全体のまとめ

第10章
租税負担削減行動を取り巻く社会情勢と今後の方向

1　本書の要約

　本書は租税負担削減行動という経済的な事象を，財務データを使用して会計的かつ財務的に分析することを目的としていた。一方で，この分野の研究は，わが国でも端緒についたばかりである。本書の特徴は，3Mというディメンジョンに沿って租税負担削減行動を分析していくところにある。

　この3MとはManagement（経営者），Market（市場），そしてMandates（命令・強制力）である。やや強引であるが，経営者と市場，制度の3つの側面から検証してきた。最初のディメンジョンとして，経営者の意向が働く形で実行される租税負担削減行動に関する検証を行う。続いて，租税負担削減行動を市場はどう評価するかという市場からの評価というディメンジョンについて検証する。最後に，租税制度を利用した形で進められる租税負担削減行動は経営者や市場とどう結びついているかを検証する。3Mが相互に結びつきながら，実際には租税負担削減行動は進められる。

　本書のもう1つの特徴は，日本企業を対象とした研究ということにある。もちろん，データベース上の制約もあり，日本人である筆者が日本企業の分析を行うのは自然である。ただ，それ以上に，租税負担削減行動の状況に日本企業のある種の特徴が反映されると，筆者は考えている。この考えを反映しているのが，総論の1つとして執筆した第1章である。

　第1章では，本書の冒頭にあたり，日本企業の租税負担削減行動について概観した。わが国の法人税率は徐々に引き下げられている一方で，課税ベースの拡大は進んでいるという点を踏まえて考えても租税負担は減少しつつある。しかもETRが30％，20％，10％を下回る企業数は2009年以降着実に増

加してきている。そこでさらに租税負担削減の状況を調査するために，このデータについてさらなる分析を行った。租税負担削減の状況について，会計ビッグバンの影響をできるだけ調整するために調査年度を2002年度から2012年度に絞り，税金等調整前当期純利益が黒字の企業に限定して，ETRについて調査を行った。観測期間においてETRが0〜30％に収まる企業数を調べたところ，観測数は3,016企業－年となった。そのうち，繰越欠損金を計上する企業数は2,536企業－年であり，実に84％の企業が繰越欠損金のお陰で租税負担率の引き下げに成功している。つまりわが国の租税負担削減行動のドライバーは繰越欠損金が有力と考えられる[1]。

　以上から，強く明言できないものの，租税負担削減行動を常に実行している企業は一定数いると見なしてもよい。ただ，日本企業で租税負担削減行動を実行する企業は先進的なタックス・シェルターや移転価格操作を利用しているというよりも，過年度の繰越欠損金の有効活用がメイン・ツールと考えられる。すなわち，この結果より日本企業の租税負担削減行動は極端に攻撃的なものではないという推論を抱くことになった。それでも進められる租税負担削減行動とは一体何か。この推論と疑問をもとに，第2章と第3章では租税負担削減行動の法学的な見地からの検討を行った。また，第3章では主に租税負担削減行動の文献調査を通じたその理論的含意を検証した。

　第2章は租税負担削減行動の現状と実態を分析する。租税負担削減行動は，これまでの説明を通じて，節税行為と脱税行為，そして租税回避行為の3領域から構成されていることを明確にしてきた。再び，この3領域の相違を法学的な見地から説明した。その上で，渡辺（2005）と八ツ尾（2011）を参考に，租税回避行為の実例としてオウブンシャ・ホールディング事件を取り上げて，日本において租税負担削減行動を進めることの功罪を見てきた。また判例を詳細に分析することで，租税負担削減行動の難しさを改めて確認した。あわせて，Graham and Tucker（2006）の論述をもとに，租税負担削減行動の中心概念である租税回避行為の具体例であるタックス・シェルターにつ

---

1) 第1章においても触れたが，繰越欠損金を利用せずに租税負担の削減に成功している企業も479企業－年存在し，同じ企業が何度も実行している。

いて説明した。

　第3章は租税負担削減行動についての諸研究を取り上げて，租税負担削減行動についての実証研究がどこから始まってどこに向かいつつあるかを振り返る。租税負担削減行動に関わる諸研究を包括的にレビューしたことで，コーポレート・ガバナンス（CG）との関係が明確になった。特に，Desai and Dharmapala（2006）は租税負担削減行動に向けた意思決定は，経営者報酬およびCGには強い関連性があり，ガバナンスがうまく行われていない企業ほど租税負担削減行動が実行されやすいと主張する。彼らは，CGの強い環境では経営者は自己の利益を追求しにくい状況になる。その環境では企業価値の増大を念頭に経営を行うので,経営者は過度の自己利益の追求（レント・エクストラクション）は求めない。反対にCGの弱い環境でも経営者は企業価値の増大は求めつつも，自己の利益も追求する。その場合もタックス・シェルターを利用して税引き後利益の最大化を検討するはずである。つまり，CGが強くても弱くてもどちらにしても，経営者は税引後利益の最大化を進めるために租税負担削減行動に向かう。両者を分けるのは企業価値と経営者報酬の連動性の強さである。CGが機能する企業では租税負担削減行動が行われてもそれがレント・エクストラクションに繋がるわけではなく，企業価値の増加に結びつくと予想されるのである。

　第4章からは3Mというディメンジョンに従って実証研究を進める。まずManagement（経営者）の目的という視点から，租税負担削減行動を分析した。

　第4章では利益調整と租税負担削減行動との関連性を検証する。経営者の利益調整行動については首藤（2010）などにおいてもかなり詳細に分析されている。租税負担削減行動も一定の目的を達成するために実施されるとFrank et al.（2009）において指摘されている。そこで，第4章は利益調整行動と租税負担削減行動との関係の調査を目的とした。さらに，租税負担削減行動とグループの地域セグメントとの関係を調査して，どの地域の営業活動と関係があるかを分析する。分析により，利益調整行動と租税負担削減行動は互いを調整し合う関係にあることが分かった。BTDの拡大は経営者の利益調整行動に一因があることが明らかとなった。また利益調整行動と租税

負担削減行動には一定の関係が存在することが認められた。

　ただし，これは先行研究で示されたアメリカの検証結果とは対立するものである。日本企業はアメリカ企業と比較して租税負担削減行動と利益調整行動を同時に進めるというよりも，どちらかに重点を置き，結果一方が減少するという関係が示唆される。これはモデル分析の結果から，わが国の租税制度が主たる要因になっていると考えられる。さらに，地域セグメントとの関連性についていえば，タックス・ヘイブンおよび北米において売上を得た（事業を行っている）ということが，租税回避変数の性質を決める重要な要素であると示唆される。

　第5章は，経営者報酬と租税負担削減行動との関係について実証研究を進める。分析の結果，経営者報酬と租税負担削減行動はプラスの関係にあった。租税負担削減行動の進展は経営者報酬の決定について，ポジティブな影響を持つことが明らかになった。利益連動型報酬制度を採用する企業の存在を前提として考えると，租税負担削減行動を積極的に進める企業ほど経営者報酬は向上しやすいと考えられる。つまり，租税負担削減行動を企業は，税務当局からの調査リスクは高いとはいえ，企業価値最大化に向けた経営者行動であると評価していると解釈できる。CGの強度を説明する各変数とも，概ね有意な結果が得られた。また租税負担削減行動を積極的に実行している企業ほど，CGと経営者報酬の関連性は高いことが示された。

　続いてMarketに議論を進めた。このセクションでは租税負担削減行動を市場はどう評価するかという視点で検証を行う。

　第6章は移転価格税制についての分析を進める。移転価格税制にある移転価格とは，ある企業が海外に子会社関連会社を有する場合，それらの企業との間で取引を行う際の価格のことをいう。この価格の設定次第では，課税所得の源泉となる利益がどちらか一方に移転してしまい，国際的な課税の不平等が生じてしまう可能性がある。移転価格税制とは，国外関連者と行った取引の移転価格が外部の独立した第三者との間の取引であったならば適用されたであろう価格（独立企業間価格）に比べて差（仕入れが高すぎる，または，販売価額が安すぎる）がある場合，独立企業間価格で行われたものと見なして利益および課税所得を再計算し，実際の課税額との差額を納税させる制度

を指す[2]。第6章では移転価格税制の概要および動向にふれた後,移転価格税制の適用に関する新聞報道について,資本市場はどのような反応をするかイベント・スタディ分析を実施する。移転価格は設定によって国内での収益を犠牲にして海外での収益を増加させられる。すなわち,税率の低い地域に収益を移転することで,グループ全体の収益を増やして支払税額を減少させることができる。いうなれば,移転価格操作も租税負担削減行動の範疇に入ってくる。移転価格税制に関する新聞報道に対する資本市場の反応は,いわば移転価格操作という租税負担削減行動への資本市場の評価と見なすことができる。

分析の結果,TPT適用の新聞報道に対して資本市場は,有意にネガティブな反応を示していたことを明らかになった。第6章はさらにこのイベント・スタディ分析の結果を基礎に,超過収益率(AR)を累積させた累積超過収益率(CAR)を利用して,CARに内在するどの要素が反応し,何が市場への反応を引き起こしたかを重回帰分析を実施した。この結果,無形資産や実効税率,企業統治に関する変数がこれらの反応と有意に関係することが検証された。こうした分析を踏まえて,TPTに関して摘発される企業は,CGに懸念をもたれていると判断される。すなわち,これまでの分析から指摘されてきたレント・エクストラクションを投資家は疑っていることが,市場反応の根底にあると考えられる。

第7章では企業のCGの状況を反映する活動として,IR活動に焦点を当てる。ディスクロージャーへの積極性と株主資本コストとの関係についての分析を通じ,日本証券アナリスト協会からIR活動を表彰されるIR優良企業への市場からのポジティブ・フィードバックの存在を検証する。本章の分析によって,第1にディスクロージャー優良企業ほど株主資本コストは低下することが明らかになった。第2に,株主資本コストと利益の質との間には負の関係(分析結果は正である)が成り立っていることが明らかになった。本章では利益の質を経営者による利益調整の度合いで測定したが,利益の質

---

[2] こうした移転価格税制の骨子はOECD租税委員会のガイドライン(OECD guideline)に概ね沿った形で形成されている。各国はある程度国際的に共通のルールで,移転価格税制の運用を行っている。詳細は第6章に譲る。

が高い企業ほど株主資本コストは小さくなる傾向があった。これはIR等ディスクロージャーへの評価を総合評価ポイントでコントロールしたときにも同様に有意な結果となった。第3に，ETR（実効税率）の高低も株主資本コストに影響を与えていることも明らかになった。ETRを上げるような非効率な支出は利益の質も悪化させ，株主資本コストの上昇につながっている。言い換えると，租税負担削減行動は資本コストの引き下げに有用であることが結果から示された。

続いて，Mandatesをキーワードに，租税制度と租税負担削減行動の関連性を検証する。ここで分析の俎上に挙げるのは，連結納税制度とR&D投資についての研究開発税制である。租税制度とこれを利用して租税負担の削減を推し進める経営者の意向や組織構造との関連性を分析することが，このパートにおける筆者の目的である。

第8章は連結納税制度（CTR）を採用する企業の特徴は何かを検証することが，この章の最大のリサーチ・クエスチョンである。CTR加入のためには完全親子会社関係を構築し，企業グループの組織構造そのものを大きく見直す必要がある。このため，経営者はCTR採用に向けて大きな決断を迫られる。この決断を促す要因として，経営戦略，組織構造，統治構造を含むさまざまな影響がその意思決定に関与すると推測される。第8章のもう1つの狙いは，CTR採用に租税負担削減行動がどう関係するかという点を明らかにすることであった。その上で，CTR採用という関係を前提とした上で，租税負担削減行動とCGがどのようにこの意思決定へと結びつくかを主に検証した。

第8章の分析により以下の点が明らかになった。第1に，CGが機能する企業であっても，どの側面が強いかによってCTR採用に前向きになるかどうかが違ってくる。分析結果に基づくと，社外取締役比率が高く平均年齢の若い，かつ規模の小さい取締役会を有する企業はCTRを採用する可能性は高い。しかし，機関投資家の持株比率の高さはマイナスに関係する。Gompers et al.(2003) なども指摘するように，取締役会の独立性の高さという，CGにとって最も重要な属性がCTR採用にプラスに貢献する。第2に，CTR採用については，制度趣旨からも裏づけられるように繰越欠損金の活

用が影響する。CTR採用企業群と非採用企業群で比較しても，採用企業群の方が租税負担削減行動のレベルを示すETR（実効税率）が有意に低いことが分かった。

第3に有形固定資産は多く持たないが子会社数は多い企業は，CTR採用を検討する可能性が高いと考えられる。CTR採用において完全子会社化を推し進めることで，利害関係はシンプルになる。また，少数株主持分が減ることによって，企業集団以外への利益流出を回避できる。これによってエイジェンシーコストが減少し，企業価値もより高まることを経営者サイドは期待しているようである。このことは第2の発見事項と関係するが，統計的に有意ではなかったものの，連単倍率が高い企業ほどCTR採用確率は高まる可能性が示された。子会社の業績は好調なものの親会社の業績が振るわない企業がCTRを採用することを示唆する。つまり，子会社の好業績をグループ業績に取り込み，企業グループ全体としての企業価値最大化を目的として，経営者はCTRを採用する。第4に，CGが機能する企業ほど租税負担削減行動にあまり積極的ではない。その一方で，この結果はCTRを採用するかどうかにあまり影響を及ぼさない。

総合的に考えると，CTRの採用にはエイジェンシー・コストを削減して企業価値を高めるという狙いが根底にある。その一方で，租税負担削減行動への影響は限定的であると考える。CTR採用に関しては，企業戦略や組織変革という見地，企業価値の向上という点を念頭に置いて，CTR採用の意思決定を下すと解釈される。その一方で，租税負担削減行動については，CGの総合的な尺度の高い企業ほどさまざまな影響を考えて積極的には推し進めないということが明らかとなった。

ところで，CTR採用企業数は最近増加傾向とはいえ，その経済的便益を踏まえても決して多いとはいえない。第8章の分析を踏まえて，政策的見地から仮にCTR採用企業を増やそうとするのであれば，試験研究費減税と両立させる方途を模索するなど，競争力維持に配慮した産業政策が欠かせないであろう。それと同時に，CTR採用の暗黙の条件にCGが有効に機能する組織ということが示唆されたのであるから，CGが有効に機能するようなインセンティブを設けるというのも考えられる。例えば外部取締役の数を増や

したり，機関投資家の意見を経営により反映させるようにしたり，業績連動型の報酬体系を導入するなどCG改革を実施すれば，租税特別措置が得られるというのはどうか。ただしその条件として，外部利害関係者との情報の非対称性を減少させて透明性の向上を図ることが，企業が最初に行うべき課題であろう。

　第9章はR＆D投資に関する租税制度である研究開発税制を中心に据えて，この制度とさまざまな裁量的行為，例えば租税負担削減行動とどのように結び付けて検討しているか，あるいは租税負担削減行動の水準はどのようにR＆D投資に関連させているかを検証する。R＆D投資は企業の競争力と直結するといわれながらも，詳細については専門性の問題もあって，よくいえば聖域化，悪くいえば不透明な状況にある。結果として，R＆D投資を通じて租税負担削減行動が進められる可能性は十分に高い。それだけではなく，R＆D投資と租税負担削減行動の関連性，および企業のCGの状況との関係についてもこの章では検証を行った。

　第9章の分析から以下の点が明らかになった。第1に，租税負担削減行動の水準が上下したとしても，そのことがR＆D投資の水準に影響を与えたとはいいがたい。その一方で，R＆D投資自体は研究開発税制の影響も有り，租税負担削減行動の水準に影響を与える。つまり，因果関係としては，R＆D投資が租税負担削減行動に影響を与えているというものである。第2に，R＆D投資は戦略的に前年度並みの水準で投資が進められている。企業の研究開発部門は長期的な視点で着実な形でR＆D投資を推し進めようとしていることが示唆される。第3に，蟻川・河西・宮島（2011）の結果とは異なり，会社創設からの期間が短いほどR＆D投資支出の額が高くなる。ただし，その特徴が現れるのは創業から55年を超える長期継続企業である。先行研究と分析結果が異なってしまった理由は明確ではないが，本研究の方が観測数と調査期間は長いことが原因と考えられる。とはいえ，この点についてはさらなる検証が必要である。第4に，R＆D投資の水準にCGの状況は強く影響を及ぼしており，機関投資家の株式所有比率と社外取締役比率，取締役会の平均年齢，経営者報酬がプラスに有意に関係する。

　このように，租税負担削減行動を誘導する要因は多様であるものの，全体

を振り返ると租税負担削減行動とは企業のCGに根差して実行される戦略的行動の1つと見なすことができる。

2　本書における問題意識と発見

　ここ数年でタックス・ヘイブンやタックス・シェルター，オフショア・ファイナンス，租税回避行為，マネー・ロンダリング，OECDのタックス・ヘイブン・ブラックリストなどを題材とした書籍や新聞記事，雑誌記事を多く目にするようになった。その中でも，特に問題となるのが，タックス・ヘイブンを通じた租税回避行為となるであろう。特に最近は，AppleやGoogle.com，Starbucksなどによる大規模な税務計画には大変な注目が集まっている。

　本書では日本企業による租税負担削減行動をさまざまな角度から検証してきた。前提となるのは，欧米企業と違い，日本企業は良い意味でも悪い意味でも，そこまで攻撃的な租税負担削減行動は実施していないという知見である。第1章においても触れたように，この10年間でETRを低く押し下げている日本企業のほとんどは，赤字であったり，繰越欠損金を抱えるような業績の芳しくないものである。

　しかし欧米での攻撃的な租税負担削減行動の広がりは日本企業の動向にもいずれ，いや，すでに影響を及ぼしているであろう。それでも，仮に日本企業の租税負担削減行動は欧米企業の租税負担削減行動と比較して攻撃的ではないとすれば，それは何に起因するか。筆者は本書の背後に流れるテーマ，それがCGの国際的相違と考える。日本的CGと欧米企業のCGの相違が租税負担削減行動への積極性の相違に影響をもたらしていると考えることができる。日本的CGと欧米企業CGの最大の相違は，CGの有効性を通じて経営者が企業価値の向上をどの程度意識しているかにあるのではないかと筆者

---

3)　安倍内閣の『日本再興戦略2014』にも，日本企業の中長期的な収益性・生産性を高めるためには，コーポレート・ガバナンスの強化によって経営者の意識を改革することが必要と主張している。すなわち，日本企業の経営者は企業価値向上への意識がやや弱いことが問題となっており，そのマインドセットを変えていくためにはCG強化が先決と解釈することができる。

は考える[3]。つまり，分析結果が欧米におけるそれと相違するのは，租税負担削減行動がどの程度企業価値創造に結びつくかを経営者が意識しているかどうかと関係するように思われる。日本企業の経営者はCGを強めて企業価値を高めるという視点はそこまで徹底されていない。CGを重視しながら，これまでの租税負担削減行動に関する分析を振り返ってみる。

　Managementの側面からすれば海外業務が租税負担削減行動のトリガーとなるし，経営者報酬が租税負担削減行動実行のインセンティブになる。Marketの側面からすれば，移転価格税制適用の報道はレント・エクストラクションを投資家に疑わせるものである。しかし，租税負担削減行動を進めることで透明性が高まるのであれば，資本コストは引き下がる。Mandatesの側面からすれば，組織の複雑性を減少させるために，またはR&D投資に役立つのであれば租税負担削減行動は企業価値を増加させるのに貢献する。

　つまり，租税回避行為を含む租税負担削減行動のすべてが問題なのではない。実行することで，情報の非対称性が解消し，経営者のアラインメント効果が高まり，企業価値創造に繋がるのであれば，個別企業レベルでは問題とはいえない。ただ，第8章の分析結果を踏まえるとCGが機能する企業は積極的に租税負担削減行動を進めてはいない。それゆえ，どの企業も積極的に租税負担削減行動は進めて行くべきとまで言い切ることは難しい。しかし，個別企業レベルで考えた場合，租税負担削減行動は企業価値創造に繋がる限りにおいて，進めて行くべき企業戦略ではないかと考える。こうした企業価値に貢献するという見地で考える限り，租税負担削減行動は否定されるものではないと断言する。

　もちろん企業からすれば租税負担削減行動は合理的なコスト削減であったとしても，財政悪化に悩む先進各国の税務当局は「自国で生まれた企業利益は自国に還元されるべきだ」[4]という主張から租税負担削減行動には強く反発するだろう。志賀（2013）が主張するように，租税は文明のコストという言説はその通りである。

　ただ，租税負担は企業が社会で存在していくための最小限度のコストであ

4）　日本経済新聞朝刊「法人税の研究（3）」2013年1月10日。

るべきで，必要以上の負担をすることはその他の利害関係者に負担をもたらすことになる。企業にはさまざまな利害関係者がおり，社会的なコンプライアンスを遵守する以上の過度の租税負担は非効率的である。企業経営者は利害関係者の利益を最大化するための経営努力の一つとして，社会的な道義の範囲内において租税負担削減行動を実行するべきである。それは無駄な費用を削減するという点からも決して問題ある行動ではないと考える。

3　今後の課題

このように本書の分析とその結果得られた知見を振り返ってきたが，まだまだ租税負担削減行動についてはハッキリしないことが多い。各章の結果について，まだ十分に検討がなされていない点をまとめたいと思う。

第4章の分析により，利益調整行動と租税負担削減行動は互いを調整し合う関係にあることが分かった。BTDの拡大は経営者の利益調整行動に一因があることが明らかとなった。また利益調整行動と租税負担削減行動には一定の関係が存在することが認められた。

ただし，これは先行研究で示されたアメリカの検証結果とは対立するものである。日本企業はアメリカ企業と比較して租税負担削減行動と利益調整行動を同時に進めるというよりも，どちらかに重点を置き，結果一方が減少するという関係が示唆される。これはモデル分析の結果から，わが国の租税制度が主たる要因になっていると考えられる。さらに，地域セグメントとの関連性についていえば，タックス・ヘイブンおよび北米において売上を得た（事業を行っている）ということが，租税回避変数の性質を決める重要な要素であると示唆される。一方で，本章で利用したリサーチ・デザインについては，まだまだ不十分な点も見られる。特に，租税負担削減行動と利益調整行動の関係が明確に説明されたとは言い難い。因果関係についても明確になったとはいえない。さらに，それぞれの租税回避変数をもう少し精緻化する必要性は高い。例えばDesai and Dharmapala（2006）の租税回避変数はHealy流の会計発生高で経営者裁量をコントロールしているが，もう少し検討の余地はある。Jonesの裁量的発生高で計算した変数でもよいのではないかと思わ

れる。Frank et al.（2009）のリサーチデザインについても，日本の制度に沿ってもう少しアレンジが必要と思われる。結果のインプリケーションをもう少し詰めて，もう少し有用なサジェスチョンが得られるよう検証の必要性を感じる。

　第5章の分析から，租税負担削減行動自体は高リスクであるものの，経営者報酬に対してプラスに機能することが明らかになった。その一方で，ストック・オプションとCGの有効性は経営者報酬の決定に関連することから，租税負担削減行動という高リスクな経営者行動はCGと共鳴しながら，経営者報酬を高める方向で反映していると推測される。第5章の分析からはいくつかの疑問が浮かび上がる。1つは，元々CGと経営者報酬の関連性が高い企業ほど，租税負担削減行動を評価するという土壌があるという企業統治源泉仮説（governance oriented hypothesis）が成り立つのか。もう1つは，租税負担削減行動を実行することで経営者報酬はCGの強度から強く影響を受けるようになるという企業統治結果仮説（governance resulted hypothesis）が成り立つのか。どちらが企業実態に合っているかは不明であるものの，租税負担削減行動がCGの強度にとっての原因となるのか，結果となるかは今後の研究の課題である。

　第6章の分析の結果から，TPT適用報道に対して，資本市場は統計的に有意にネガティブな反応を示している。こうした市場反応の源泉を検証するために，後段では超過収益率の累積値であるCARを従属変数とした重回帰分析を行った。回帰分析の結果から，子会社数，海外売上高比率，無形固定資産，広告宣伝費比率，実効税率，当座比率などが有意な値を示した。今回の検証では，合法的な節税行動の代理変数であるレバレッジの影響についての分析は，十分なものではないとの反省はある。今後はさまざまな影響をコントロールして，市場反応が何に起因するかをさらに深く検証する必要がある。また，無形固定資産のどの項目について反応が顕著なのかについても同様に，検証を行う余地があると思われる。

　第7章はBotosan（1997）やBotosan and Plumlee（2002）の知見を参考にしながら，ディスクロージャーへの積極性と株主資本コストとの間にある関係の分析を通じて，IR優良企業への市場からのポジティブ・フィードバ

ックは何であるかを検証することを目的としていた。研究成果は第7章で説明した通りであるが，反対に，課題はいくつも残されている。第1に，いくつかのコントロール変数が有意な結果にならなかったことと，予想とは異なる符号結果となった点である。これについては，異常値の処理などに原因があるかもしれない。これについては今後の検討課題となる。第2に，暗黙裏に成立している事前の資本コストとしてPEGモデルに基づく株主資本コストを推定して利用したが，日経FQの1株当たり予想利益を分析で利用する例は少ない。また資本コスト研究ではより長期の予想利益を利用するのが一般的である。その意味で，もう少し信頼性の高いデータベースを利用すると，異なった結果が得られる可能性は高い。第3に，異常利益の持続性を一切無視した点である。これについては企業ごとに差異があるはずだが，分析上省いてしまった。結果として本書の株主資本コストには過分の測定誤差が含まれることが予想される。第4に，事前の株主資本コスト推定モデルは複数ある以上，複数の資本コストの下で頑健性を検証すべきである。これらの諸課題は，その他の事前の株主資本コスト推計モデルの結果とあわせて分析を行うなどの対応も必要となる。さらに，第7章の分析では総じて仮説通りの結果を得たものの，複数年度で同じような結果になるのかについて，今後も検証を重ねる必要性は高いと考えられる。

　続いて第8章はCTR採用に影響を与える要因を実証的に観測するのとあわせて，CTRを採用する企業の特徴，およびCTR採用数を増やすためには何が必要かを検討することを目的としてきた。前述の通り，CTR採用に関しては，租税回避という視点よりも，企業戦略や組織変革，CGの強化という見地から採用されていると推測される。一方で，CTR採用が租税負担削減行動への強い関心を背景とするのかは明確ではなく，CGの有効な企業は租税負担削減行動にあまり積極的ではないことが結果から示された。CTR採用企業数は全サンプルの4％強程度であり，租税負担削減行動に与える影響は限定的である。採用企業数がどうしてそれほど多くないのか，またCTRという制度が企業全体の租税負担削減行動にどういう影響をもたらすのかをさらに検証することが今後の課題である。本章第1節ではある程度の私感は述べたものの，まだ実証レベルには至っていない。その上で，CTR

採用が租税負担削減行動の水準を高めることに貢献するのかどうかははっきりしなかった点についても，今後の課題となる。想起される改善点として，分析手法の改良が考えられる。この点に関するさらなる分析が必要である。

　第9章の分析結果については，本章第1節で述べた通りである。ただし分析結果には注意が必要である。検証を通じて，一貫して研究開発税制ダミーはマイナスに有意であった。Ｒ＆Ｄ投資の水準に研究開発税制が関係していることは分かるものの，予測符号とは逆向きである。この点についてはさらなる検証が必要である。またＲ＆Ｄ投資の水準に対して租税負担削減行動の水準は有意な関係を持たないのという点についてはもう少し分析が必要である。

　その上で，本書の最大の課題は租税負担削減行動が企業行動そのものに及ぼす影響があまり明確になっていないということである。租税負担削減行動の動機や目的については，その一面を明らかにできたのではないかと考えている。しかし，租税負担削減行動が企業に及ぼす影響についてはそれほど明らかにできたとは，必ずしもいえない。例えば，租税負担削減行動によって，フリー・キャッシュ・フローが増加すると考える方が自然であろう。増加したフリー・キャッシュ・フローを企業価値の向上に投資しているかどうかで，その租税負担削減行動が第3章で述べたアラインメント効果を持つかレント・エクストラクションになるかハッキリするはずである。しかし，この点については，実のところ余り明確になっていない。そもそも租税負担削減行動によってフリー・キャッシュ・フローが増加するのかどうかすらまったくもって不明確である。

　またBoone et al. (2013) は，経営者が性格的な面で，あるいは信心深いかどうかで租税負担削減行動への積極性に相違が生まれると指摘する。租税負担削減行動を推し進めるかどうかは，経営者のパーソナリティに原因があるという仮説も考えられる。近年企業行動のドライバーに経営者の性格や気質が関係するという系譜の研究も増えてきている（例えばChatterjee and Hambrick 2011, Gerstner et al. 2013など）。租税負担削減行動についても同様のリサーチ・クエスチョンをもとに分析することも可能と考えられる。

　租税負担削減行動の解明はまだまだ道半ばであり，今後はこうした未解決の課題を少しでも解消できるように研究を進めていきたい。

あとがき

　租税負担削減行動に関する社会の注目は増す一方である。その一方で，学術的な検証はまだ途上である。欧米の学会では租税負担削減行動の実証分析は大変盛んであり，注目度も高い。日本においても重要性は広く認知されているものの，実証的に分析する研究者はそれほど多くはない。本書のきっかけは，租税負担削減行動とは何かを明らかにしたいという動機と共に，税務会計の実証研究を学会において認知して欲しいという目的も大きい。ただ，実証研究は奥深く，どこまで分析を進めたとしても，きっと底が見えない。まだまだ自分は研鑽が足りないことを痛感する。おそらくお読みになった読者の方も不満を残すかもしれない。それゆえ，本書は筆者にとってもあくまで「通過点」であると認識している。研究が進めば進むほどさらに課題が見つかるというのは第10章でも述べたとおりである。この過程に終わりはないのであろう。そうは言っても，本書は一つの橋頭堡としての研究成果であることは強調したい。

　文字通りの小書となってしまったものの，本書を上梓するまでに本当に沢山の皆様の助力がなければありえなかった。何より，研究者としての道を開いてくださった小樽商科大学前学長で筆者が小樽商科大学大学院修士課程在学時に指導教員だった山本眞樹夫先生には感謝してもし尽くせないご恩で一杯である。その学恩に負けず劣らず大変お世話になったのが一橋大学大学院博士課程での指導教員であった伊藤邦雄先生にも，心からお礼申し上げたい。筆者が研究者として，また大学教員として今あるのは，お二人の存在がなければあり得なかった。特に伊藤先生には，博士課程修了後現在に至るまで常にご指導を頂いてきた。先日，一橋大学において退職記念最終講義があったものの，まだまだ現役真っ只中である。今後ともご指導ご鞭撻のほどお願いしたい。

　この租税負担削減行動という用語を生み出すきっかけともなった，青山学院大学の山下裕企先生と神戸大学の鈴木健嗣先生との出会いがなければ本書は生まれなかった。とくに山下先生との研究プロジェクトはいろいろな形で私の目を開かせてくれた。心から感謝したい。

本書の第 6 章を生み出すきっかけとなった共著者である北海道大学の櫻田譲先生，弘前大学の加藤恵吉先生にも感謝したい。特に櫻田先生とのプロジェクトがなければ，第 6 章だけでなく，第 8 章も生まれなかった。深く感謝したい。

　本書を生み出すまで何度となく励ましてくれた一橋大学の中野誠先生，加賀谷哲之先生の存在は筆者の心の支えだった。中野先生は筆者がもっとも信頼を寄せる先輩であり，公私にわたる相談をさせて頂いたが，いつも親身になって応えてくれた。中野先生との出会いがなければこうして研究を続けていられなかったと思う。そして，加賀谷先生には草稿の段階からコメントを頂き，本書を学術性に耐えうるものにして頂いたという恩を感じる。同じく一橋大学の福川裕徳先生には研究内容ばかりでなく，研究者としてのあり方，方向性についてもアドバイスをもらえた。福川先生と大学院で一緒に学んだということをこれほど誇らしく思うことはない。

　本書は本当に沢山の皆さんとの出会いから生まれた。最大のものは，伊藤先生との出会いであり，伊藤ゼミナールの皆さんとの出会いが本書を生んだと言っても過言ではない。伊藤ゼミナール出身の先輩後輩の皆さん，特に千葉大学の大塚成男先生，横浜市立大学の中條祐介先生，横浜国立大学の前山政之先生，一橋大学の蜂谷豊彦先生，野間幹晴先生，円谷昭一先生，東京工業大学の永田京子先生，東北大学の米谷健司先生，東京経済大学の金鉉玉先生，青山学院大学の矢澤憲一先生，法政大学の竹口圭輔先生，川島健司先生，田中優希先生，中京大学の矢部謙介先生，成城大学の青木康晴先生，亜細亜大学の鈴木智大先生，河内山拓磨先生，甲南大学の伊藤健顕先生，大分大学の中村美保先生，越智大先生，4 月から横浜国立大学に就職する高須悠介先生（伊藤ゼミというより中野ゼミになるかもしれないが），他にも書き切れないほどの沢山の方々との出会いは，筆者のかけがえのない宝物である。今後とも叱咤激励の程をお願いしたい。特に野間先生には一橋大学大学院国際企業戦略研究科 (ICS) で夏期集中講義を持たせて頂いている。その講義において受講生から毎回頂く厳しいコメントは，本書を書き上げていくのに大変有益なものだった。また同じ講師陣としての中央大学大学院の明石英司先生との出会いは租税制度をしっかり調査する重要性を改めて確認するきっかけとなった。

あとがき

　伊藤ゼミナールの皆様以外にも，一橋大学における伊藤研究会でいつもご一緒頂く専修大学の椛田龍三先生，日本大学の挽直治先生，東京経済大学の小野武美先生，文教大学の白田佳子先生，慶應義塾大学の太田康広先生，新潟大学の加井久雄先生，首都大学東京の浅野敬志先生，千葉経済大学の小野正芳先生，青山学院大学の町田祥弘先生，大阪市立大学の宮川壽夫先生，他多数の皆様との議論は筆者の糧となった。

　本書はさまざまな形で学会報告してきた研究成果をまとめ上げたものである。それ故租税負担削減行動の経済的属性を追求するという点において根底で繋がっているものの，各々の論文はそれぞれ一つの研究成果だと思っている。この成果を生み出すまでにはさまざまな方々の助言やアドバイス，叱咤激励を受けてきた。特に，伊藤ゼミナールの後輩でもある名古屋市立大学の奥田真也先生の主催する税務行動研究会での数々のコメントは，本書を生み出す最大の後押しになったといえる。参加者である神戸大学の鈴木一水先生，中央大学の山田哲弘先生，立命館大学の松浦総一先生，新潟大学の稲村由美先生，高崎経済大学の平井裕久先生，慶應義塾大学の村上裕太郎先生，横浜市立大学の高橋隆幸先生には御礼を申し上げたい。税務会計学会でお世話になっている専修大学教授で一橋大学名誉教授の安藤英義先生，横浜国立大学の齋藤真哉先生，日本大学の藤井誠先生，甲南大学の古田美保先生，日本会計研究学会等では神戸大学名誉教授の古賀智敏先生，神戸大学の與三野禎倫先生，北海道大学の蟹江章先生，吉見宏先生，久保淳司先生，他書き切れないほど多数の先生からのコメントやアドバイスは本当にありがたかった。

　近年では国内だけではなく，Asia-Pacific Conference on International Accounting Issues, European Accounting Association, American Accounting Association, Asian Academic Accounting Association などでも発表の機会を頂いてきた。そこでの出会いも筆者の議論を高めてくれた。こうした学会での出会いも筆者にとって大きな貢献である。立命館大学の西谷順平先生，愛知学院大学の西海学先生，早稲田大学の竹原均先生，他多数の皆様には感謝してもし尽くせない。

　筆者がかつて在籍した小樽商科大学での出会いも本書完成にさまざまな貢献を果たしてくれた。特に小樽商科大学名誉教授である久野光朗先生との出

会いは私に会計学のすばらしさと難しさを実感させてくれた。久野先生とともに，札幌学院大学の渡辺和夫先生と北星学園大学の松本康一郎先生は小樽商科大学を離れてもいつまでも筆者のメンターである。そもそも大学院生時代は税務会計とは無縁であったが，小樽商科大学赴任によって税務会計論の講座を持たせてもらえるようになった。思えばその時の研究分野のシフトが本書に繋がっている。また小樽商科大学で同僚だった神戸大学の梶原武久先生にはいろいろな意味でお世話になった。また，久野先生が主宰する久野研究会での議論は大変有益で筆者の血となり肉となった。久野研究会でご一緒させて頂いた函館大学の片山郁夫先生，北海学園大学の今村聡先生，札幌学院大学の原晴生先生，岐阜経済大学の石坂信一郎先生，北海道情報大学の長井敏行先生，他にも沢山の先生方から教えを頂いた。この時にじっくりと英語文献と向き合った経験が筆者を鍛えてくれたと思う。

筆者は小樽商科大学在任時，2004年から2005年の1年間，ノースカロライナ大学チャペル・ヒル校大学院キーナン・フラグラー・ビジネス・スクールに1年間在外研究の機会を得た。この時に自分の研究の方向性が決まったといえる。その意味で在外研究の機会を与えてくれた当時の小樽商科大学執行部の皆さんに感謝したい。また彼の地において，さまざまな研究機会を与えてくれたDouglas Shackelford先生，Edward Maydew先生，Robert Bushman先生，John Hand先生，他皆さんとの出会いがなければ本書は生まれなかった。残念ながら本書は英語では執筆されていないので，各章を何とか英語論文にして発表し，諸先生にいつか読んでもらいたいと思っている。

また現勤務先の東京理科大学・経営学部の皆さんにも感謝したい。今あるこの環境がなければ研究成果を出版しようという気持ちにならなかったかもしれない。また教員の皆さんだけでなく事務職員の皆さんのさまざまなサポートがなければ研究を続けていくことはできなかった。感謝したい。

出版については，同文舘出版の中島治久社長のGOサインがなければ出版することはできなかった。そして，市場性のない本書を出版までつなげてくれたのは同社編集部の青柳裕之氏の存在なくしてあり得ない。記して感謝申し上げたい。また本書の基礎をなす研究に関しては科学研究補助金の支援を受けている。心からご支援に感謝したい。

あとがき

　最後に本書は家族の理解なくしては生まれなかった。父昭が大学・大学院と進学していくことに理解を示して援助してくれたからこそ，筆者は研究を続けてこられた。母ミチ子にも感謝したい。思えば大学院進学は研究者を目指してではなく，公認会計士合格までのつなぎのはずだった。公認会計士になるという夢は叶わなかったものの，幸運なことに，会計研究と会計教育を生業として生きてこられたのも両親のお陰だと思う。また妻・泰子と息子・良，娘・愛にはいろいろ無理をさせてしまった。でも家族の存在がなければ本書は生まれなかった。家庭の安らぎがあるからこそ今の自分がある。心から感謝したい。本当にありがとう。

2015年2月　東村山にて

大沼　宏

参考文献

〔欧文献〕

Armstrong, C., J. Blouin and D. Larcker. 2009. The Incentives for Tax Planning. *WorkingPaper*.

Armstrong, C., Barth, M., Jagolinzer, A. D. and E. Riedl. 2010. Market Reaction to the Adoption of IFRS in Europe. *The Accounting Review* 85 (1): 31-61.

Atwood, T. J., M. S. Drake and J. N. Myers. 2012. Home Country Tax System Characteristics and Corporate Tax Avoidance: International Evidence. *The Accounting Review* 87 (6): 1831-1860.

Ayers, B. C., Jiang, J. and S. K. Laplante. 2009. Taxable income as a performance measure: the effects of tax planning and earnings quality. *Contemporary accounting Research* 26 (1): 15-54.

Ayers, B., Laplante, S. K. and S. McGurire. 2010. Credit Ratings and Taxes: The Effect of Book-Tax Differences on Ratings Changes. *Contemporary Accounting Research* 27 (2): 359-402.

Badertscher, B. A., Katz, S. P. and S. O. Rego. 2013. The Separation of Ownership and Control and Corporate Tax Avoidance. *Journal of Accounting and Economics*.56 (2/3): 228-250.

Bagnoli, M. and S. G. Watts. 2007. Financial Reporting and Supplemental Voluntary Disclosures. *Journal of Accounting Research* 45 (5): 885-913.

Balsm, S. 1998. Discretionary Accounting Choices and CEO Compensation. *Contemporary Accounting Research* 15 (3): 229-252.

Berger, P. G. 1993. Explicit and Implicit Tax Effects of the R&D Tax Credit. *Journal of Accounting Research* 31 (2): 131-171.

Blaylock, B., Shevlin, T. and R. Wilson. 2012. Tax Avoidance, Large Positive Temporary Book-Tax Differences, and Earnings Persistence. *The Accounting Review* 87 (1): 91-120.

Blundell, R. and S. Bond. 1998. Initial Conditions and Moment Restrictions in Dynamic Panel Data Models. *Journal of Econometrics* 87: 115-143.

Bond, S. and C. Meghir. 1994. Dynamic Investment Models and the Financial Policy.

Review of Economic Studies 61：197-222.

Boone, J., Khurana, I. K. and K. K. Raman. 2013. Religiosity and Tax Avoidance. *Journal of American Taxation Association* 35（1）：53-84.

Botosan, C. 1997. Disclosure Level and the Cost of Equity Capital. *The Accounting Review* 72（3）：323-49.

Botosan, C. and M. Plumlee. 2002. A Re-examination of Disclosure Level and the Expected Cost of Equity Capital. *Journal of Accounting Research* 40（1）：21-40.

Botosan, C. and M. Plumlee. 2005. Assessing Alternative Proxies for the Expected Risk Premium. *The Accounting Review* 80（1）：21-53.

Brown, J. 2011. The Spread of Aggressive Corporate Tax Reporting：A Detailed Examination of the Corporate-Owned Life Insurance Shelter. *The Accounting Review* 86（1）：23-57.

Brown, R. J., S. M. Fazzari and B. C. Peterson. 2009. Financing Innovation and Growth：Cash Flow, External Equity, and the 1990s R&D Boom. *Journal of Finance* 64（1）：151-185.

Brown, S. J. and J. B. Warner. 1985. Using Daily Stock Returns. The Case of Event Studies. *Journal of Financial Economics* 14（1）：3-31.

Bushee, B. J. 1998. The Influence of Institutional Investors on Myopic R&D Investment Behavior. *The Accounting Review* 73（3）：305-333.

Bushman, R., Chen, Q., Engel, E., and A. Smith. 2004. Financial Accounting Information, Organizational Complexity and Corporate Governance Systems. *Journal of Accounting and Economics* 37（1）：167-201.

Campbell, K., Gordon, L. A., Loeb, M. P. and L. Zhou. 2003. The Economic Cost of Publicly Announced Information Security Breaches：Empirical Evidence From the Stock Market. *Journal of Computer Security* 11：431-448.

Carcello, J., D. Hermanson, T. Neal and R. Riley, Jr. 2002. Board Characteristics and Audit Fees. *Contemporary Accounting Research* 19（3）：365-384.

Cavusoglu, H., Mishra, B. and S. Raghunathan. 2004. The Effect of Internet Security Breach Announcements on Market Value：Capital Market Reactions for Breached Firms and Internet Security Developers. *International Journal of Electronic Commerce* 9（1）：69-104.

Chatterjee, A. and D. C. Hambrick. 2011. Executive Personality, Capability Cues, and

Risk Taking: How Narcissistic CEOs React to Their Successes and Stumbles. *Administrative Science Quarterly* 56 (2): 202-237.

Chauvin, K. W. and C. Shenoy. 2001. Stock price decreases prior to executive stock option grants. *Journal of Corporate Finance* 7 (1): 53-76.

Chavagneux, C. and R. Palan. 2006. Les Paradis Fiscaux. La Découverte, Paris. (杉村昌昭訳. 2007.『タックス・ヘイブン：グローバル経済を動かす闇のシステム』作品社)

Chen, C. X., Lu, H. and T. Sougiansis. 2012. The Agency Problem, Corporate Governance, and the Asymmetrical Behavior of Selling, General, and Administrative Costs. *Contemporary Accounting Research* 29 (1): 252-282.

Chen, S., Chen, X., Cheng, Q. and T. Shevlin. 2010. Are Family Firms More Tax Aggressive Than Non-Family Firms? *Journal of Financial Economics* 95 (1): 41-61.

Cheng A. C. S., H. H. Huang, Y. Li and J. Stanfield. 2012. The Effect of Hedge Fund Activism on Corporate Tax Avoidance. *The Accounting Review* 87 (5): 1493-1526.

Cheng, S. 2004. R&D Expenditures and CEO Compensation. *The Accounting Review* 79 (2): 305-328.

Chyz, J. A., Leung, W. S. C., Li, O. Z. and O. M. Rui. 2009. Labor Unions and Tax Aggressiveness. *Journal of Financial Economics* 108 (3): 675-698.

Claus, J. and J. Thomas. 2001. Equity Premia as low as three percent? Empirical Evidence from Analysts' Earnings Forecasts for Domestic and International Stock Markets. *Journal of Finance* 56 (5): 1629-1666.

Cook, K. A. and T. C. Omer. 2009. The Cost of Independence: Evidence from Firm's Decisions to Dismiss Auditors as Tax-Service Providers. *Working Paper*.

Core, J., R. W. Holthausen and D. F. Larcker, 1999. Corporate Governance, Chief Executive Officer Compensation and Firm Performance. *Journal of Financial Economics* 51 (3): 371-406.

Crocker K. and J. Slemrod. 2005. Corporate Tax Evasion with Agency costs. *Journal of Public Economics* 89 (9/10): 1593-1610.

Croyd, C. B., Mills, L. and C. D. Weaver. 2003. Firm Valuation Effects of the Expatriation of U. S. Corporations to Tax-Haven Countries. *Journal of American Taxation Association* 25 (supplement): 87-109.

Dechow, P. and I. Dichev. 2002. The Quality of Accruals and Earnings: The Role of

Accrual Estimation Errors. *The Accounting Review* 77 (Supplement): 35-59.

Dechow, P., Sloan, R. and A. Sweeney. 1995. Detecting earnings management. *The Accounting Review* 70 (2): pp. 193-226.

Desai, M. A. and D. Dharmapala. 2009c. Corporate Tax Avoidance and Firm Value. *The Review of Economics and Statistics* 91 (3): 537-546.

Desai, M. and D. Dharmapala. 2006. Corporate tax avoidance and High-powered incentives. *Journal of Financial Economics* 79 (3): 145-179.

Desai, M. A. and D. Dharmapala. 2009a. Earnings Management, Corporate Tax Shelters, and Book-Tax Alignment. *National Tax Journal* 62 (1): 169-186.

Desai, M. A. and D. Dharmapala. 2009b. Taxes, Institutions, and Foreign Diversification Opportunities. *Journal of Public Economics* 93 (5/6): 703-714.

Desai, M., and D. Dharmapala. 2009c. Corporate Tax Avoidance and Firm Value. *The Review of Economics and Statistics* 91 (3): 537-546.

Dhaliwal, D. S., Gleason, C. A. and L. F. Mills. 2004. Last-Chance Earnings Management: Using the Tax Expense to Meet Analysts' Forecasts. *Contemporary Accounting Research* 21 (4): 431-459.

Dhaliwal, D., Heitzman, S. and O. Z. Li. 2006. Taxes, Leverage, and the Cost of Equity Capital. *Journal of Accounting Research* 44 (4): 691-723.

Dhaliwal, D., Krull, L. and O. Z. Li. 2007. Did the 2003 Tax Act Reduce the Cost of Equity Capital? *Journal of Accounting & Economics* 43 (1): 121-150.

Donohoe, M. P. and W. R. Knechel. 2014. Does corporate tax aggressiveness influence audit pricing? *Contemporary Accounting Research* 31 (1): 284-308.

Drukker, D. M. 2008. Econometric analysis of dynamic panel-data models using Stata. Summer North American Stata Users Group meeting. Slide.

Dyreng, S. D., Hanlon M. and E. L. Maydew. 2008. Long-Run Corporate Tax Avoidance. *The Accounting Review* 83 (1): 61-82.

Dyreng, S. D., Hanlon, M. and E. L. Maydew. 2010. The Effect of Executives on Corporate Tax Avoidance. *The Accounting Review* 85 (4): 1163-1189.

Easley, D., and M. O'hara. 2004. Information and the Cost of Capital. *Journal of Finance* 59 (4): 1553-83.

Easton, P. 2004. PE Ratios, PEG Ratios, and Estimating the Implied Expected Rate of Return on Equity Capital. *The Accounting Review* 79 (1): 73-95.

Easton, P., and S. Monahan. 2005. An Evaluation of Accounting Based Measures of Expected Returns. *The Accounting Review* 80 (2): 501-538.

Elton, E. 1999. Expected Return, Realized Return, and Asset Pricing Tests. *Journal of Finance* 54 (4): 1199-220.

Fama, E. and K. R. French. 1992. The Cross-Section of Expected Stock Returns. *Journal of Finance* 47 (2): 427-465.

Francis, J., D. Nanda, and P. Olsson. 2008. Voluntary Disclosure, Earnings Quality, and Cost of Capital. *Journal of Accounting Research* 46 (1): 53-99.

Francis, J., R. Lafond, P. Olsson and K. Schipper. 2004. Costs of Equity and Earnings Attributes. *The Accounting Review* 79 (4): 967-1010.

Francis, J., R. Lafond, P. Olsson and K. Schipper. 2005. The Market Pricing of Accruals Quality. *Journal of Accounting & Economics* 39 (2): 295-327.

Francis, J. R., I. K. Khurana and R. Pereira. 2005. Disclosure Incentives and Effects on Cost of Capital around the World. *The Accounting Review* 80 (4): 1125-1162

Frank, M. M., Lynch, L. J. and S. O. Rego. 2009. Tax Reporting Aggressiveness and Its Relation to Aggressive Financial Reporting. *The Accounting Review 84* (2): 467-496.

Frank, M. M., Lynch, L. J., Rego. S. O. and R. Zhao. 2012. Are Aggressive Reporting Practices Indicative of Risk-Taking Corporate Environments? *Working Paper*.

Frank, M., Lynch, L. and S. Rego. 2007. Are Financial and Tax Reporting Aggressiveness Reflective of Broader Corporate Policies? *Working Paper*, Darden Graduate School of Business.

Frank, M., Lynch, L. and S. Rego. 2009. Tax Reporting Aggressiveness and Its Relation to Aggressive Financial Reporting. *The Accounting Review* 84 (2): 467-496.

Frankel, R. M. McNichols and P. Wilson. 1995. To Warn or Not to Warn: Management Disclosures in the Face of an Earnings Surprise. *The Accounting Review* 70 (1): 135-50.

Gaertner, F. B. 2010. CEO After-Tax Compensation Incentives and Corporate Tax Avoidance. *Working Paper*.

Gerstner W., König, A, Enders, A. and D. C. Hambrick. 2013. CEO Narcissism, Audience Engagement and Organizational Adoption of Technological

Discontinuities. *Administrative Science Quarterly* 58（2）：257-291.

Gatzlaff, K. M. and K. A. McCullough. 2010. The Effect of Data Breaches on Shareholder Wealth. *Risk Management and Insurance Review* 13（1）：61-83.

Gebhardt, W. C. Lee and B. Swaminathan. 2001. Toward an Implied Cost of Capital. *Journal of Accounting Research* 39（1）：135-76.

Ghosh, C., E. Giambona, J. Harding, O. Sezer and C. F. Sirmans. 2010. The Role of Managerial Stock Option Programs in Governance：Evidence from REIT Stock Repurchases, *Real Estate Economics* 38（1）：31-55.

Gode D. and P. Mohanram. 2003. Inferring the Cost of Capital Using the Ohlson-Juettner Model. *Review of Accounting Studies* 8（4）：399-431.

Gompers, P. A., J. L. Ishii and A. Mertrick. 2003. Corporate governance and equity prices. *Quarterly Journal of Economics* 118（1）：107-155.

Graham, J. 1996a. Debt and tbe marginal tax rate. *Journal of Financial Economics* 41（1）：41-73.

Graham, J. 1996b. Proxies for the Corporate Marginal Tax Rate *Journal of Financial Economics* 42（2）：187-221.

Graham, J. and A. Tucker. 2006. Tax Shelters and Corporate Debt Policy. *Journal of Financial Economics* 81（3）：563-594.

Hanlon, M, Krishnan, G. V. and L. F. Mills. 2012. Audit Fees and Book-Tax Differences. *Journal of American Taxation Association* 34（1）：55-86

Hanlon, M. 2003. What Can We Infer about a Firm's Taxable Income from Its Financial Statements? *National Tax Journal.* 56（4）：831-863.

Hanlon, M. and S. Heitzman. 2010. A Review of Tax Research. *Journal of Accounting and Economics* 50（2-3）：127-178

Hanlon, M., 2005. The persistence and pricing of earnings, accruals and cash flows when firms have large book-tax differences. *The Accounting Review.* 80（1）：137-166.

Hanlon, M., Mills, L. and J. Slemrod. 2005. An Empirical Examination of Corporate Tax Noncompliance. *Working paper.*

Hanlon, M., Laplante, S. K. and T. Shevlin. 2005. Evidence for the possible information loss of conforming book income and taxable income. *Journal of Law and Economics.* 48（2）：407-442.

Hanlon, M. and J. Slemrod. 2009. What does tax aggressiveness signal? Evidence from stock price reactions to news about tax shelter involvement. *Journal of Public Economics.* 93（1/2）：126-141.

Healy, P. M., Hutton, A. P. and K. Palepu. 1999. Stock Performance and Intermediation Changes Surrounding Sustained Increases in Disclosure. *Contemporary Accounting Research.* 16（3）：485-520.

Healy, P. M. and J. M. Whalen. 1999. A Review of the Earnings Management Literature and Its Implications for Standard Setting. *Accounting Horizon.* 13（4）：pp. 365-383

Heckman, J. J. 1979. Sample selection bias as a specification error. *Econometrica.* 47（1）：153-161.

Henderson, B. C., Masli, A., Richardson, V. J. and J. Sanchez. 2010. Layoffs and Chief Executive Officer（CEO）Compensation：Does CEO Power Influence the Relationship? *Journal of Accounting Auditing and Finance.* 25（4）：531-558

Hoffman, W. H. Jr. 1961. The Theory of Tax Avoidance. *The Accounting Review.* 36（2）：274-281

Hogan, B. 2010. The Association between Changes in Auditor Provided Tax Service and Corporate Tax Avoidance. *Working Paper.*

Hoopes. J. L. D. Mescall and J. A. Mitman. 2012. Do IRS Audits Deter Corporate Tax Avoidance? *The Accounting Review.* 87（5）：1603-1639.

Hribar, P. and D. Collins. 2002. Errors in estimating accruals：Implications for empirical research. *Journal of Accounting Research.* 40（1）：pp. 105-139.

Jensen M. and W. Meckling. 1976. Theory of the Firm：Managerial Behavior, Agency Costs and Ownership Structure. *Journal of Financial Economics.* 3（4）：305-360.

Jonestone, K., Li, C. and K. H. Rupley. 2011. Changes in Corporate Governance Associated with the Revelation of Internal Control Material Weaknesses and Their Subsequent Remediation. *Contemporary Accounting Research.* 28（1）：331-383.

Joulfaian, D. 2009. Debt and Corporate Tax Evasion. *Working Paper.*

Kasznik, R. 1999. On the Association between Voluntary Disclosure and Earnings Management. *Journal of Accounting Research* 37（1）：57-81

Khurana, I. K. and W. J. Moser. 2013. Institutional Shareholders' Investment Horizons and Tax Avoidance. *Journal of American Taxation Association* 35 (1): 111-134

Kim, J. B., Li, O. Z. and Y. Li. 2011. Corporate tax avoidance and stock price crash risk: Firm-level analysis. *Journal of Financial Economics* 100 (3): 639-662

Klassen, K. J., Pittman, J. and J. A. Reed. 2004. A Cross-national Comparison of R&D Expenditure Decisions: Tax Incentives and Financial Constraints. *Contemporary Accounting Research.* 21 (3): 639-680.

Lang, M. and R. Lundholm. 2000. Voluntary Disclosure and Equity Offerings: Reducing Information asymmetry or Hyping the Stock. *Contemporary Accounting Research* 17 (4): 623-662.

Lang, M., Lins, K. V. and M. Maffett. 2012. Transparency, Liquidity, and Valuation: International Evidence on When Transparency Matters Most. *Journal of accounting research* 50 (3): 729-774

Lassila, D. R., Omer, T. C., Shelley, M. K. and L. M. Smith. 2010. Do Complexity, Governance, and Auditor Independence Influence whether Firms Retain Their Auditors for Tax Services? *Journal of the American Taxation Association* 32(1): 1-23.

Lennox, C. S., Francis, J. R. and Z. Wang. 2012. Selection Models in Accounting Research. *The Accounting Review* 87 (2): 589-616.

Lev, B. and D. Nissim. 2004. Taxable Income, Future Earnings, and Equity Values, *The Accounting Review* 79 (4): 1039-1074.

Lisowsky, P. 2009. Seeking Shelter: Empirically Modeling Tax Shelters Using Financial Statement Information. *The Accounting Review* 85 (5): 1693-1720

Lisowsky, P., Mescall, D., Novack, G. and J. Pittman. 2010. The Importance of Tax Aggressiveness to Corporate Borrowing Costs. *Working Paper.*

Manzon, Gil B., Jr., and G. A. Plesko. 2002. The Relation between Financial and Tax Reporting Measures of Income. *Tax Law Review* 55: 175-214.

Mcguire, S. T., Omer, T. C. and D. Wang. 2012. Tax Avoidance: Does Tax-Specific Industry Expertise Make a difference? *The Accounting Review* 87 (3): 975-1003.

Mills, L., Nutter, S. and C. Schwab. 2013. The Effect of Political Sensitivity and Bargaining Power on Taxes: Evidence from Federal Contractors. *The Accounting Review* 88 (3): 977-1005.

Ohlson, J. and B. Jeuttner-Nauroth. 2005. Expected EPS and EPS Growth as Determinants of Value. *Review of Accounting Studies* 10（2／3）：349-65.

Ohnuma, H. 2014. Dawes Executive Compensation Reflect Equity Risk Incentives And Corporate Tax Avoidance? A Japanese Perspective. *Corporate Ownership and Control.* 11（2）：60-71.

Omer, T., Bedard, J. and D. Falsetta. 2006. Auditor-Provided Tax Services：The Effects of a Changing Regulatory Environment. *The Accounting Review* 81（5）：1095-1117.

Palan, R., Murphy, R. and C. Chavagneux. 2010. TAX HAVENS：How Globalization Really Works. Cornell University Press.（青柳伸子訳，林尚毅解説．2013.『(徹底解明) タックスヘイブン：グローバル経済の見えざる中心のメカニズムと実態』作品社）

Pandit, S., Wesley, C. E. and T. Zach. 2011. The Effect of Research and Development (R&D) Inputs and Outputs on the Relation between the Uncertainty of Future Operating Performance and R&D Expenditures. *Journal of Accounting, Auditing, and Finance* 26（1）：121-144.

Penman, S. 2001. Discussion of "Back to Basics：Forecasting the Revenues of Intemet Firms" and "A Rude Awakening：Intemet Shakeout in 2000". *Review of Accounting Studies* 6（2／3）：361-364.

Penman, S. 2003. The Quality of Financial Statements：Perspectives from the Recent Stock Market Bubble. *Accounting Horizons.*（supplement）：77-96

Phillips, J. D. 2003. Corporate Tax Planning Effectiveness：the Role of Compensation based Incentives. *The Accounting Review* 78（3）：847-874.

Prather, L. J., Chu, T. and P. Bayes. 2009. Market Reaction to Announcements to Expense Options, *Journal of Econometric Finance,* 33：223-245.

Rajgopal, S. and T. Shevlin. 2002. Empirical Evidence On The Relation Between Stock Option Compensation and Risk Taking. *Journal of Accounting and Economics* 33（2）：145-171.

Rego, S. and R. Wilson. 2008. Executive Compensation, Tax Reporting Aggressiveness, and Future Firm Performance. *Working Paper.* University of Iowa.

Rego, S. and R. Wilson. 2012. Equity Risk Incentives and Corporate Tax Aggressiveness. *Journal of accounting research* 50（3）：775-810.

Robinson, J., Sikes, S. and C. Weaver. 2010. Performance Measurement of Corporate

Tax Departments. *The Accounting Review* 85（3）：1035-1064.

Scholes, M., Wolfson, M., Erickson, M., Maydew, E. and T. Shevlin. 2009. *Taxes and Business Strategy：A Planning Approach*. 4 th edition. Upper Saddle River, NJ：Prentice Hall.（坂林孝郎訳『MBA 税務工学入門：タックス・アンド・ビジネス・ストラテジー』中央経済社）

Sengupta, P. 1998. Corporate Disclosure Quality and the Cost of Debt. *The Accounting Review* 73（4）：459-474.

Shackelford, D. and T. Shevlin. 2001. Empirical tax research in accounting. *Journal of Accounting and Economics* 31（1-3）：321-387.

Shaxxon, N. 2011. TREASURE ISLANDS. Tax Havens and the Men Who Stole the World. The Random House Group Ltd.（藤井清美訳. 2012.『タックスヘイブンの闇：世界の富は盗まれている！』朝日新聞出版）.

Shevlin, T. 1990. Estimating Corporate Marginal Tax Rates with Asymmetric Tax Treatment of Gains and Losses. *Journal of American Taxation Association* 11（2）：51-68.

Tang, Roger Y. W. 1992. Transfer Pricing in the 1990's：Tax and management perspectives. Quorum Books.

Tucker, J. W. 2007. Is Openness Penalized? Stock Returns around Earnings Warnings. *The Accounting Review* 82（4）：1055-1087.

U. S. Department of the Treasury. 1999. The problem of corporate tax shelters：discussion, analysis and legislative proposals. Washington, D. C., U. S. GPO.

Verrecchia, R. 1983. Discretionary Disclosure. *Journal of Accounting and Economics* 5（3）：179-194.

White, H. 1980. A Heteroskedasticity-Consistent covariance matrix estimator and A Direct Test For Heteroskedasticity. *Econometrica* 48（4）：817-838.

Wilson, R. 2009. An Examination of Corporate Tax Shelter Participants. *The Accounting Review* 84（3）：969-999.

Wooldridge J. M. 2002. *Econometric Analysis of Cross Section and Panel Data*. The MIT press.

Yang, J., Chi, J. and M. Young. 2011. A Review of Corporate Governance in China. *Asian-Pacific Economic Literature*. 25（1）：15-28.

〔和文献〕

明石英司.2012.『あっそうか！ビジネス法人税のちょっと深い話』中央経済社.

蟻川靖浩・河西卓也・宮島英昭.2011.「R&D投資と資金調達・所有構造」宮島英昭編著『日本の企業統治』東洋経済新報社：341-366.

伊藤邦雄.1996.『会計制度のダイナミズム』岩波書店.

伊藤邦雄.2003.「コーポレート・ガバナンスと会計制度：金融商品時価会計導入の経済的影響を中心として」『ファイナンシャル・レビュー』財務省財務総合政策研究所：34-63.

伊藤邦雄・円谷昭一.2010.「ディスクロージャー戦略と企業価値」『新たな情報開示モデルとIR』日本インベスター・リレーションズ学会研究分科会報告．第3章.

伊藤邦雄編.2012.『企業会計研究のダイナミズム』中央経済社.

大沼宏・山下裕企・鈴木健嗣.2009.「会計利益と課税所得の情報内容の変化」『管理会計研究』18（1）：19-31.

大沼宏.2010.「租税回避と経営者裁量との関係性」『会計』177（6）：100-113.

大沼宏.2011.「移転価格税制についての自発的開示とその影響」『IRの実証的効果測定』日本IR学会研究分科会最終報告：177-190.

大沼宏.2012.「税負担削減行動と経営者報酬の関連性」『産業経理』71（4）：112-121.

大沼宏.2012.「租税負担削減行動と経営者報酬のミッシング・リンク」伊藤邦雄編著『企業会計研究のダイナミズム』中央経済社　第10章.

大沼宏・櫻田譲・加藤惠吉.2011.「移転価格税制の適用と資本市場の評価」税務会計研究学会（第23回大会 研究報告要旨集）：94-98.

大沼宏・櫻田譲.2015.「連結納税制度の採用インセンティブとコーポレート・ガバナンスとの関連性」ワーキング・ペーパー.

大倉雄次郎.2009.「連結納税制度導入状況とその課題」『関西大学商学論集』54（3）：1-13.

奥田真也・山下裕企.2011.「日本における長期カレント実効税率の実体と規定要因」『産業経理』71（1）：45-54.

音川和久.2000.「IR活動の資本コスト低減効果」『会計』158（4）：73-85.

音川和久・村宮克彦.2006.「企業情報の開示と株主資本コストの関連性：アナリストの情報精度の観点から」『会計』169（1）：79-83.

乙政正太.2000.「役員賞与のカットと会計的裁量行動」『会計』158（1）：43-54.

参考文献

加藤惠吉．2010.「移転価格税制をめぐる最近の状況と動向」『人文社会論叢（社会科学編）』23：101-110.

加藤惠吉．2011.「移転価格税制に対する市場の反応：無形資産への課税情報の分析を中心として」『人文社会論叢（社会科学編）』26：73-87.

加藤惠吉・大沼宏・櫻田譲．2015.「移転価格税制の適用と資本市場の評価に関する実証研究」（掲載予定）．

金子宏．2014.『租税法（第19版）』弘文堂．

川田剛．2004.「判例，裁決例からみた国際課税の動向（27）オランダ子会社による第三者株式割当てに係る親会社への寄附金課税（東京高裁平成16.1.28判決）」『国際税務』24（4）：56-71.

河本幹正．2000.「連結納税制度に係る税務上の諸問題」『税務大学校論叢』35：1 -47.

久保克行．2010.『コーポレート・ガバナンス－経営者の交代と報酬はどうあるべきか－』日本経済新聞社．

国税庁．2013『平成24事務年度の「相互協議の状況」について』http://www.nta.go.jp/kohyo/press/press/2013/sogo_kyogi/index.html

米谷健司．2005.「会計利益情報と課税所得情報の有用性」『一橋論叢』134（5）：155-178.

後藤雅敏・北川教央．2010.「資本コストの推計」桜井久勝『企業価値評価の実証分析』中央経済社．第14章.

志賀櫻．2013.『タックス・ヘイブン：逃げていく税金』岩波書店．

首藤昭信．2010.『日本企業の利益調整』中央経済社．

新日本アーンスト＆ヤング税理士法人編．2011.『グループ法人税制・連結納税制度の実務ガイダンス』中央経済社．

砂川伸幸．2002.「株式持合いと持合解消：エントレンチメント・アプローチ」（神戸大学大学院ディスカッション・ペーパー・シリーズ）．

租税回避行為研究特別委員会．2008.『租税回避行為：その否認の現状の問題点と課題＜最終報告＞』（税務会計研究学会）．

租税調査会研究報告第20号．2010.『会計基準のコンバージェンスと確定決算主義』日本公認会計士協会．

武田隆二．1998.『法人税法精説（平成10年版）』森山書店．

武田昌輔．2002.「税法上の事実認定問題管見」『税務事例』34（10）：1 - 8 .

辻本臣哉・伊藤彰俊．2011.「買収防衛策導入アナウンスメントと株主価値：内部コン

トロール・メカニズムと企業特殊的資産の影響」『経営財務研究』30（1・2）：18-37.
中里実．2002.『タックスシェルター』有斐閣.
中島茂幸・櫻田譲編著．2008.『ベーシック税務会計1（法人税法）』創成社.
中野誠．2009.『業績格差と無形資産：日米欧の実証研究』東洋経済新報社.
成道秀雄．2009.「確定決算主義か分離主義か：アメリカの状況を含めて」『税研』25（1）：46-52.
『日本再興戦略2014』http：//www.kantei.go.jp/jp/headline/seicho_senryaku2013.html#c001
畑中浩介．2010.『企業グループの税務戦略：グループ法人税制・連結納税制度の戦略的活用』TKC出版.
平井裕久・後藤晃範・山下裕企．2009.「利益持続性の検証における推定課税所得の有効性」『愛知経営論集』159：27-44.
藤井厳喜．2013.『アングラマネー：タックス・ヘイブンから見た世界経済入門』幻冬舎.
古田清和．2008.「社外監査役の担い手としての公認会計士」『甲南会計研究』2：69-83.
本庄資．2002.『国際的租税回避：基礎研究』税務経理協会.
宮本寛爾．1983『国際管理会計の基礎：振替価格の研究』中央経済社.
宮島英昭・青木英孝・新田敬祐．2002.「経営者交代の効果とガバナンスの影響：経営者のエントレンチメント・コストからの接近」『早稲田大学ファイナンス総合研究所ワーキング・ペーパー・シリーズ』WIF02-002.
宮島英昭．2011.「日本の企業統治の進化をいかにとらえるか」宮島英昭編著『日本の企業統治』東洋経済新報社.
村上祐太郎．2010.「第9章 移転価格税制における二国間事前確認制度（BAPA）のモデル分析」太田康広編著．2010.『分析的会計研究：企業会計のモデル分析』中央経済社.
村宮克彦．2005.「経営者が公表する予想利益の制度と資本コスト」『証券アナリストジャーナル』43（9）：83-97.
森田果．2014.『実証分析入門：データから「因果関係」を読み解く作法』日本評論社.
八ツ尾順一．2011.『租税回避の事例研究』清文社.
山下裕企・音川和久．2009.「日本企業における株式持合が税負担削減行動に与える影響」神戸大学Discussion Paper Series 2009-40.
山下裕企・奥田真也．2006.「日本の会計利益と課税所得の差異に関する分析」『会計プログレス』7：32-45.

参考文献

山下裕企・大沼宏・鈴木健嗣.2011.「申告所得公示制度の廃止が企業の租税負担削減行動に及ぼす影響」『会計』180（1）：101-114.

山本諭・佐々木隆文.2010.「コーポレートガバナンスと経営者報酬」『証券アナリストジャーナル』48（6）：34-43.

李璟娜・上總康行.2009「日本企業の国際移転価格の設定に関する実態調査：海外現地法人の業績評価と移転価格税制の側面から」『メルコ管理会計研究』2：111-126.

渡辺智之.2005.『税務戦略入門：タックス・プランニングの基本と事例』東洋経済新報社.

渡辺充.2004.「法人税法22条2項と新株の第三者割当ての課税適状」『税務事例』36（8）：1-7.

索 引

A〜Z

BTD ·· 69, 190

C corporation ··· 48
CGranking 変数 ··································· 183
Contested liability acceleration strategy ·· 38
Contingent-payment installment sales ···· 37
Corporate-owned life insurance ············ 36
Cross-border dividend capture ············· 37

FATF ·· 8

Heckman の 2 段階選択モデル ············ 156

Lease-in, Lease-out ······························· 35
Liquidation, recontribution ··················· 37

Offshore intellectual property havens ····· 38

PEG モデル ·· 143

R&D ··· 189

S corporation ······································· 48

Transfer pricing ···································· 36

あ

IR 活動 ·· 135
アラインメント効果 ······················ 52, 55

一時差異 ··· 70
移転価格 ··· 109
移転価格税制 ································· 5, 16
イベント・スタディ分析 ····················· 17

ウィルコクスンの符合付順位和検定 ····· 119

永久差異 ································· 70, 138
エイジェンシー・コスト ·················· 229
エイジェンシー問題 ··················· 53, 93
エイジェンシー理論 ························ 161

オウブンシャ・ホールディング事件 ······ 15

か

外国税額控除 ····································· 159
株主資本コスト ································· 136

機会主義的 ·· 196
基本三法 ··· 110
逆ミルズ比 ·· 156

繰越欠損金 ·· 13
グループ法人税制 ······························ 172

経営者報酬 ･････････････････････ 92
限界税率 ･････････････････････････ 63
原価基準法 ･････････････････････ 110
研究開発税制 ･･････････････････ 191
攻撃防御法 ･･････････････････････ 27
コーポレート・ガバナンス ･･････ 47, 52
国際財務報告基準 ･････････････ 113
固定効果モデル ････････････････ 97
コントロール変数 ･････････････ 62, 102
コンプライアンス ･･････････････ 124

さ

再販売価格基準法 ･････････････ 110
裁量的永久差異 ･････････ 62, 75, 201
裁量的会計発生高 ･･････････････ 74

試験研究費税額控除 ･･･････････ 159
自己選択バイアス ･････････････ 156
事前の株主資本コスト ････････ 141
事前の資本コスト ･････････････ 141
実質課税の原則 ････････････････ 20
実体的利益調整行為 ･･･････････ 196
使途秘匿金 ･････････････････････ 145
資本資産価格形成モデル ･･････ 140
資本集約度 ･････････････････････ 168
3ファクター・モデル ･･････ 115, 141

税務計画 ･････････････････････････ 41
税務戦略 ･････････････････････････ 69
節税行為 ･････････････････････････ 10

操作変数 ･･････････････････････ 130

租税回避行為 ･････････････････ 9, 19
租税回避比率 ･･･････････････････ 57
租税回避変数 ･･･････････････････ 57
租税根拠論 ･････････････････････････ 3
租税負担削減行動 ････････････････ 3

た

タックス・シェルター ･････････ 33
タックス・ヘイブン ･･･････････････ 6
タックス・ヘイブン・リスト ･････ 89
脱税行為 ････････････････････････････ 9

地域ダミー変数 ････････････････ 85
超過収益率 ･････････････････････ 110
超過報酬 ･･･････････････････････ 124

同族企業 ･････････････････････････ 45
独立価格比準法 ････････････････ 110
独立監査役 ･････････････････････ 167
独立企業間価格 ･･････････････ 17, 109

な

内国歳入法 ･････････････････････ 42
内生関係 ･･･････････････････････ 97
内部利益率 ････････････････････ 141

2段階最小二乗法 ･･････････････ 97

は

パネル分析 ･････････････････････ 97

不均一分散 ………………………… 130
複雑性 ……………………………… 168

ヘッジファンド …………………… 197
変量効果モデル ……………………… 97

法人税法22条 2 項 ……………… 28, 29
ポジティブ・フィードバック ……… 135
ボンディング ……………………… 125

ま

未認識租税便益 …………………… 63
民主主義的租税観 ………………… 4

無形資産 …………………………… 111

明示的税金 ………………………… 22

モラルハザード問題 ……………… 122

ら

利益調整 …………………………… 22
利益の質 ……………………… 43, 138
利益連動型報酬制度 ……………… 50
リスク・インセンティブ ………… 163

累積超過収益率 …………………… 110

レピュテーション・リスク ……… 168
連結納税制度 ……………………… 155
連単倍率 …………………………… 169
レント ……………………………… 195
レント・エクストラクション …… 47, 124

【著者紹介】

大沼　宏（おおぬま　ひろし）
東京理科大学経営学部准教授。

1969年　北海道生まれ
1992年　東京都立大学経済学部卒業
1994年　小樽商科大学大学院商学研究科修士課程修了
1997年　一橋大学大学院商学研究科博士課程単位修得退学
同　年　小樽商科大学商学部商学科講師，1998年助教授，2004年から2005年までノースカロライナ大学チャペルヒル校キーナン・フラグラー・ビジネス・スクール客員研究員，
2006年　東京理科大学経営学部助教授（2007年から准教授），現在に至る。

〈主要業績〉
『無形資産の会計』（共著，中央経済社，2006年）
『現代会計研究のダイナミズム』（共著，中央経済社，2012年）
『ベーシック企業会計（第2版）』（編著，創成社，2013年）
『MBAのための財務会計（三訂版）』（共著，同文舘出版，2014年）
「申告所得公示制度の廃止が企業の税負担削減行動に及ぼす影響」『会計』第180巻第1号，101-114頁，2011年。※山下裕企氏，鈴木健嗣氏と共著。
「IFRSと確定決算主義」『企業會計』第65巻第5号，49-54頁，2013年。
Does Executive Compensation Reflect Equity Risk Incentives and Corporate Tax Avoidance? A Japanese Perspective, *Corporate Ownership and Control*, Vol. 11 No. 2, pp. 60-71, 2014.
ほか。

〈E-mail〉
hiroshi_Onuma@rs.tus.ac.jp

平成27年3月2日　初版発行　　　　　略称：租税負担削減

租税負担削減行動の経済的要因
―租税負担削減行動インセンティブの実証分析―

著　者　Ⓒ　大　沼　　　宏
発 行 者　　　中　島　治　久

発行所　**同 文 舘 出 版 株 式 会 社**
東京都千代田区神田神保町1-41　〒101-0051
営業（03）3294-1801　　編集（03）3294-1803
振替 00100-8-42935　http://www.dobunkan.co.jp

Printed in Japan 2015　　　　　印刷・製本　藤原印刷

ISBN978-4-495-17641-9

JCOPY〈（社）出版者著作権管理機構 委託出版物〉
本書の無断複写は著作権法上での例外を除き禁じられています。複写される場合は，そのつど事前に，（社）出版者著作権管理機構（電話 03-3513-6969，FAX 03-3513-6979, e-mail: info@jcopy.or.jp）の許諾を得てください。